U0103610

數字經濟的
內涵與路徑

黃奇帆·朱巖·邵平　著

開明書店

作者簡介

黃奇帆，研究員，中國金融四十人論壇學術顧問，國家創新與發展戰略研究會學術委員會常務副主任。曾任重慶市市長、第十二屆全國人民代表大會財政經濟委員會副主任委員。

黃奇帆對經濟體系的運行機制和政府經濟管理具有深入的理論思考和豐富的實踐經驗，經濟學研究能力突出，學術造詣很深。對資本市場、金融風險防範、產業結構轉型升級、支柱產業集群化發展、數字經濟、房地產發展、城鄉地票制度、國際貿易格局等方面有深入的研究。

朱巖，清華大學經濟管理學院管理科學與工程系教授、博士生導師，清華大學國家治理與全球治理研究院研究員；現任清華大學互聯網產業研究院院長、經濟管理學院先進信息技術應用實驗室主任。分別於1994年、1998年取得清華大學本科、博士學位。主要研究領域為數字產業化和產業數字化、數字經濟、產業區塊鏈等。

朱巖教授目前兼任中國網絡社會組織聯合會數字經濟專委會副主任委員、中國技術經濟學會產業數字金融技術應用實驗室主任兼區塊鏈分會理事長、中國信息化百人會成員、中國數字經濟百人會專家、中國工業經濟學會互聯網經濟與產業創新發展委員會副主任、成都信息工程大學區塊鏈產業學院學術院長等職務。

邵平，聚量集團、聚均科技董事長兼 CEO 。邵平先生在金融領域工作三十餘年，具有深厚的專業理論功底和豐富的實踐經驗。曾擔任中國民生銀行副行長，平安銀行行長、CEO 。

曾獲得 2014 年「全國互聯網金融年度領軍人物」、2015 年度「新銳銀行家」、2016 年度「戰略銀行家」等稱號，並被《財富》雜誌評為「2016 年度中國最具影響力的 50 位商業領袖」之一。曾擔任國務院參事室金融研究中心專家。

序一

　　數字經濟是數字技術與人類社會全面融合的產物，是人類經濟社會系統發展的新階段，對中國未來社會建設具有舉足輕重的作用。中共十八大以來，中央對發展數字經濟做了大量部署，提出了加快數字產業化、產業數字化，加強數字社會、數字政府、數字生態建設，尤其是把數據作為基本生產要素進行市場化配置。與全球各國相比，這些系統化的數字經濟政策都更具有前瞻性和可操作性，是中國發展數字經濟的有力保障。

　　對數字經濟的理解，不同領域的人有不同的看法，這些看法大體上分為三個角度：技術、市場和治理。技術是最普遍的角度，可以說數字經濟到目前為止還主要是以技術專家為主來推動的，無論是國外的谷歌、蘋果，還是國內的百度、華為，都充分體現了技術創新的巨大價值。但是不可否認的是，僅就數字相關技術而言，中國還存在大量需要突破的關鍵點。不過在某些特定技術領域和應用場景上，比如數據安全領域，中國已經取得了一定的突破。早期的市場視角，更準確地說，是資本市場對數字技術的理解，他們更關注網絡傳輸的無限可達性所引發的流量聚集，並給出了不同於工業企業的價值評估模型，從而掀起了互聯網公司、數字科技公司一輪又一輪的上市熱潮，數字科技企業幾乎成為高市盈率的代名詞。隨着政府遏制資本無序擴張，數字技術開始回歸到與實體市場的深度融合上，數字市場進入了一個更加理性發展的階段。治理的視角是從數字政府建設的角度展開的，更強調數字技術發展的公平性，各國政府都高度重視技術進步所帶來的各種治理問題，並依託數字技術努力出台各種數字治理

新工具，為數字技術發展營造更好的生態環境。

因為擁有不同視角的人的理解不同，所以市面上出現了大量不同觀點的數字經濟著作，總體而言，從技術角度入手的著作較多，也不乏對數字市場、數字治理深入探討的論著，這些著作為中國數字經濟理論和實踐體系的建立提供了大量觀點和素材。但如何把這三個視角統一起來，系統性地給出數字經濟的內涵和發展路徑？到目前為止還缺少這類的專著。因為這個問題是跨學科的問題，回答它需要對技術、經濟、治理等多個學科領域有深入的理解，既要體現理論體系的前瞻性和完整性，又要具有現實性和可操作性。所以它既不是傳統意義上的技術應用問題，也不是用經典經濟學方法能簡單解釋的問題。

《數字經濟的內涵與路徑》這本書的第一作者黃奇帆教授，既是中國知名的經濟學家、復旦大學的客座教授，也曾經是主政一方的官員。他獨特的閱歷使他具備了不同於一般學者的分析視角。基於多年支持地方發展數字經濟的實踐經驗和深厚的經濟治理理論功底，黃奇帆教授聯合清華大學朱巖教授和平安銀行原行長邵平先生，對中國數字經濟的內涵和發展路徑進行了分析和總結，推出了這本語言平實、內涵豐富的著作。

這本書不是一般意義上的經濟理論著作，也不是數字技術視角的著作。從一開始，這本書就從哲學的高度提出了數字邏輯的重要性，並通過東西方哲學理念的對比，指出了為什麼中國能夠孕育並發展世界領先的數字經濟。這一論點對所有數字技術工作者都有重要的意義，從系統思維模式層面為技術自身以及技術與市場的融合發展指明了方向。在數字邏輯指引下，這本書提出了「實體空間＋數字空間」是人類未來的生存空間，我們應該研究在數字技術背景下這兩個空間的協同發展規律，並基於此建立數字經濟的理論體系和技術體系。這本書的理論框架包括數字生產力、數字生產關係、數據要素（數據要素化和要素數據化）、數字應用（產業互聯網、數字金融）、數字治理等方面。這一框架體系把技術、市場、治理等幾個視角統一在一起，建立了「圍繞如何激活數據要素，發展數字生產力，建立數字化生產關係」的數字經濟發展主線，從政治經濟學的視角，

描述了一個中國原創的數字經濟理論體系。

　　這本書對數字生產力的解讀是我最關注的章節之一。對傳統生產力中的勞動對象、勞動資料和勞動者，作者給出了數字時代對應的理解，提出算法（勞動工具）、連接信息（勞動對象）、分析師（勞動者）是數字生產力的表現形式，並在這一邏輯下分析了勞動對象的「五全」特性，指出「五全」信息是數字生產力巨大創造力的基礎。新基建是國家培育數字生產力的重大舉措，這本書也從產業角度給出了對新基建的理解，尤其是提出了新基建孕育新產業的方向，這對各行業積極參與新基建有一定的指導意義。

　　這本書的另一個貢獻是較為系統地分析了與數字生產力匹配的數字化生產關係。針對生產關係中的生產資料所有制、人們在生產中的地位和交換關係、產品的分配方式，書中分別探討了數字化所帶來的轉變，並重點分析了在區塊鏈、雲計算等技術支持下，網狀對等人際關係的形態和價值，提出了「智慧人口紅利」這一重要概念。發展數字經濟有助於釋放中國的「智慧人口紅利」，無論是政府還是企業，都要以有利於智慧人口紅利釋放為目標來變革生產關係，做好基於數字技術的制度變革。這些關於數字化生產關係特徵的探討，為深入理解數字經濟所帶來的制度變革提供了很好的思考方向。

　　此外，這本書對平台經濟、產業互聯網的構建、數字治理等方面也有着獨特的看法，充分體現了作者對中國產業未來發展和數字政府建設的深刻洞察。針對平台經濟反壟斷等問題，作者在書中也給出了自己的見解。數字金融是數字經濟的重要組成，中國產業數字金融的發展到了一個需要建立自己的金融模型的階段。這個金融模型一定是建立在數字技術所帶來的新型信用體系基礎上，服務中國數字實體經濟的發展。這本書面向中國中小微企業的需要，提出了要利用數字技術打造交易信用體系，通過算法與傳統金融業一道建立「產業數字金融」模式。這一模式是對傳統金融理論的完善，是數字技術與金融理論創新融合的典型代表。我作為中國產業數字金融實驗室的專家組長參與了這一理論體系的提出過程，也深刻感受

到了數字技術與傳統領域融合的巨大潛力。

　　總之,《數字經濟的內涵與路徑》是作者在數字經濟領域多年積累的成果,其中的大量新穎觀點非常值得廣大讀者深思。做強做優做大中國的數字經濟是一個複雜的系統工程,需要打破舊的條條框框,需要各個學科的交叉融合,需要不斷提出並印證新觀點。這本書對探索中國數字經濟理論體系和實踐都具有一定的指導意義,也衷心希望更多專家學者共同參與到數字關鍵技術攻關和數字經濟建設的偉大事業之中。

中國工程院院士

序二

　　國家《「十四五」數字經濟發展規劃》指出:「數字經濟是繼農業經濟、工業經濟之後的主要經濟形態,是以數據資源為關鍵要素,以現代信息網絡為主要載體,以信息通信技術融合應用、全要素數字化轉型為重要推動力,促進公平與效率更加統一的新經濟形態。」習近平在《不斷做強做優做大我國數字經濟》一文中高度評價數字經濟的意義,指出:「數字經濟發展速度之快、輻射範圍之廣、影響程度之深前所未有,正在成為重組全球要素資源、重塑全球經濟結構、改變全球競爭格局的關鍵力量。」

　　一方面,數字經濟是在工業經濟基礎上發展起來的,數字化對工業經濟的滲透孕育着數字經濟,從工業經濟向數字經濟形態的發展是一個過程,將包含數字形態的工業經濟從工業經濟中分離是很難的,至今國內外關於數字經濟在 GDP(國內生產總值)中佔比的計算尚未達成共識。另一方面,數字經濟的數字化屬性和突出數據作為生產要素的作用使得數字經濟與工業經濟有很大的不同,新要素、新動能、新資產、新業態、新模式等不僅體現了新的生產力,也推動生產關係的變革,帶來了監管與治理的新思考。總之,數字經濟在理論與實踐上都面臨很多新問題和新挑戰。

　　這本書從人類社會經濟發展的哲學邏輯出發,力圖梳理數字經濟發展的理論體系。首先分析生產要素,數字經濟的全要素生產率在傳統的土地、資本、勞動力、技術等基礎上增加了數據,生產場所從農田、工廠擴展到網絡,生產的組織結構從樹狀發展到網狀。新的生產要素推動生產關係的變革,機械化和電氣化時代優化出層級化管理、精細化分工和標準化

生產，即一種不斷細化分解的思維模式，這種對應於西方社會還原論的哲學思想在工業經濟時代發揮了積極作用。而信息化時代的網絡化組織、智能化生產和個性化服務則強化了對跨時空協作的需求，體現了系統論的思維，與中國傳統哲學思維不謀而合。數字經濟的內在邏輯是一種廣泛連接的社會經濟系統，需要還原論與系統論思維的完美結合，創造出能更好地發揮數字生產力的新的生產關係。

在生產要素中，數據最能反映數字經濟的屬性，但數據只是對事實、概念或指令的一種形式化表示，數據要通過開發才能起到要素的作用，即數據需要經過採集、傳輸、計算、存儲和分析等過程才能成為有價值的信息和知識，才能在生產、業務、決策和管理中發揮重要作用。這本書重點論述了通過數據資源化、數據資產化和數據資本化實現數據要素化的過程，剖析了數據確權、定價、交易等難點，以及信用和數據安全等挑戰，並提出了解決思路。這本書還深入研究了要素數據化，在數字時代，土地、資本、勞動力和技術這些傳統生產要素因與數據要素結合，將被賦予新的價值。抓住傳統生產要素與數據要素融合帶來的機遇，並創新市場化配置方式是數字經濟時代的新命題，這本書結合中國國情提出了需要注意的問題和推進方法。

這本書分析了金融的主要形態隨技術革命發展的演變，探討了數字金融發展的成績、問題與對策，重點論述了從消費金融服務到產業金融服務創新，給出了產業金融數字化轉型方案和建設中國特色金融體系的建議，其中關於發展數字人民幣需要注意的問題和促進數字金融對中小企業支持的做法值得重視。

任何一種經濟形態都需要有相應的監管框架，社會的治理和政府的職能需要與數字經濟發展相適應，有效的市場需要有為的政府來規範。不過，數字經濟時代很多新業態是前所未有的，競爭與壟斷等市場行為在數字經濟時代也有不同的表現形式，這給政府監管如何把握時與度提出了不少難題。這本書不但不迴避這些矛盾與問題，反而給出了相應的回答。

這本書不僅是一本經濟著作，還設有專門的章節分別介紹了關鍵的數

字技術、數字新基建、數字產業化與產業數字化，並收集了一些數字經濟實踐的成功案例。三位作者深入學習和領會習近平關於數字經濟的論述，認真研究國內外與數字經濟有關的政策與實踐，結合在工作中的體會，以探尋數字經濟發展規律為己任，形成了這本著作。這本書內容全面，信息技術與數字經濟相融，發展機遇與風險挑戰並存，國際視野與中國特色兼備，理論研究與現實問題結合，不僅提出了問題，還給出了應對之策。這本書勇於探索並提出了一些新的觀點，雖然目前還不一定能達成共識，但是期待拋磚引玉之作能夠推動更多有志之士投入對數字經濟的研究中，這也是對習近平提出的「要加強數字經濟發展的理論研究」的響應。總之，營造數字經濟發展的生態，充分釋放先進生產力，更好地推動數字經濟健康有序發展以及與傳統工業經濟融合發展，是構建發展新格局、高質量發展中國特色社會主義的時代使命，我們一定要抓住先機科學作為，不斷做強做優做大中國數字經濟。

　　是為序。

中國工程院院士

序 三

　　2020 年 9 月 22 日，習近平在第七十五屆聯合國大會上宣佈中國力爭 2030 年前二氧化碳排放達到峰值、2060 年前實現碳中和目標。這一莊嚴承諾體現了中國的大國擔當，中國經濟社會發展也面臨諸多挑戰。發達國家的碳達峰都是在後工業社會完成的，例如歐洲國家在 20 世紀七八十年代實現碳達峰，美國在 2005 年左右實現碳達峰，碳中和目標大多是在 2050 年左右，所以它們有相對長的時間進行經濟調整。中國從碳達峰到碳中和只有 30 年的時間，所以對中國經濟社會發展而言，時間更為緊迫、壓力更大、困難更多。

　　當前中國社會仍處在工業化和城市化建設進程中，發展經濟、改善民生仍是重要任務。無論是城市與工業基礎設施建設，還是新基建，其對能源的需求還在不斷增加。在目前以化石能源為主體的能源結構下，二氧化碳排放不可避免地會有所增長。因此，如何形成經濟發展、社會進步和環境保護以及應對全球氣候變化多方共贏的局面，是中國政府和社會各界都在努力破解的難題。面對這一難題，中國提出了大力發展數字經濟的戰略佈局，並把數據作為社會經濟系統的一個重要生產要素，推動數據要素的市場化配置。數字經濟正在成為重組全球要素資源、重塑全球經濟結構、改變全球競爭格局的關鍵力量。中國的數字經濟戰略是對綠色低碳高質量發展的直接詮釋，也是中國產業結構、能源結構、生態結構調整的重要抓手。

　　數據作為支撐數字經濟的關鍵要素，具有與土地、礦產等傳統生產

要素不同的特徵。它的生產循環（產生、存儲、使用）不直接消耗自然資源，它與傳統要素的疊加會提升傳統要素的使用效率，創造出數據流通的新價值。雖然加工數據的勞動工具（服務器、存儲器）依然會產生碳排放，但數據產生的新產業、新業態、新模式所帶來的附加價值遠超過其他時代的產品。所以，從可持續發展的角度來看，建設基於數據要素的數字經濟是人類社會發展的必然選擇。

　　數字經濟的概念是近些年才逐漸形成的，這是一個數字技術逐漸向社會經濟系統滲透的過程，也是一個過去 60 年的量變逐漸積累成今天的質變的過程。這一過程經歷了三個主要階段：信息系統階段、互聯網經濟階段和數字經濟階段。1969 年美國國防部開發的 ARPAnet（阿帕網），讓人類開始構想信息互聯之後的價值。事實證明，用網絡把一個企業分散的數據連接起來，會極大地提升效率，於是管理信息系統（MIS）、製造執行系統（MES）、企業資源規劃（ERP）等理論和方法迅速出現，信息文明開始與工業文明融合，並且使數據在企業系統優化中的巨大價值展現了出來。1989 年歐洲粒子物理實驗室首次提出了萬維網（World Wide Web）的模型，人類開始進一步思考全球信息互聯的意義和價值，並由此開啟了互聯網經濟快速發展的 20 年，也就是這本書所講到的消費互聯網的黃金 20 年。隨着連入互聯網的計算機和網民數量的飛速增長，流量紅利使資本市場趨之若鶩，並催生了讓人應接不暇的大量互聯網創新應用，互聯網經濟以井噴態勢席捲全球。進入 2009 年，全球經濟出現下滑，人們也開始反思流量經濟所引發的問題，就像這本書中分析的，缺乏信用的流量經濟無法承載企業之間的大額交易，更無法承載產業鏈和產業生態。於是信息連接的範圍從互聯網經濟時期的廣度階段開始走向與傳統產業融合的深度階段。只是這個融合併不容易，中國憑藉巨大的數據市場，在這一輪融合發展中發揮了重要作用，並開始逐漸找到了數字經濟發展的脈絡體系。

　　經過了十餘年的實踐，中國數字經濟在政策層面具有一定領先性，操作層面也有很多優秀案例，唯獨在數字經濟理論層面還沒有取得太多突

破。數字經濟理論不只是傳統經濟學理論應用範圍的變化，更是在促進產生新的經濟學概念和方法，這對於推動經濟學的進步是難得的歷史機遇。我讀這本書的第一個認識，就是書中提出的在中國會發展出引領全球的數字經濟理論和方法。這本書在論述東方哲學系統論的思想先進性的基礎上，強調了數字經濟是一個萬物互聯的系統，並把這一系統區分成實體空間和數字空間，對兩個空間中人群的組織方式、消費模式也做了討論，相信這些有益的探討對中國數字經濟理論的深層次發展裨益良多。

數字經濟是技術經濟學也是政治經濟學，需要從生產力和生產關係的視角來深度理解。在數字生產力部分，作者總結了數字生產力的「五全基因」，從而很好地解釋了為什麼數字生產力具有如此巨大的創造性。在數字生產關係部分，作者強調了發展數字經濟的關鍵是要進行生產關係變革，並提出了發展數字經濟要釋放「智慧人口紅利」的觀點。無論是政府部門還是企業，都可以從這樣的論述中找到實際操作的思路。

黃奇帆同志作為中國經濟發展的直接參與者，其經濟思想以簡潔、務實著稱。這本書也一如他的其他著作，於樸實無華的語言之中揭示着一些深層次的規律。他在書中對數據要素化和要素數據化的闡述不落窠臼，從實踐的角度分析了數據要素化在宏觀層面所帶來的社會變革方向，討論了數據的資源化、資產化、資本化過程，並提出了微觀上對數據確權、登記、定價、交易的一些思考。尤其是在數據確權方面，作者的很多觀點在未來相關政策制定上非常值得借鑒。對傳統要素與數據要素的融合，作者更是從房地產市場、資本市場、知識產權市場、人才市場的角度分析了數字化發展方向，並探討了各種創新的可能性。

數字經濟建設的一個重要形態就是平台化發展，作者針對產業互聯網平台建設提出了四個基本步驟，並對數字產業化、產業數字化、平台經濟反壟斷等問題作了深入分析。針對數字經濟建設中的數字金融領域，作者在多年參與金融實踐工作的基礎上，也給出了具有啟發性的思考，指出數字技術在解決信用評價、資產穿透等方面所發揮的巨大作用，並探討了如何基於數字技術建設產業數字經濟理論和方法體系，這對中國形成新時期

的中國式金融理論具有重要的意義。

　　數字治理是黃奇帆同志最為擅長的領域之一，這本書在數字治理部分提出了數字治理的十條原則，擲地有聲，解決了我們在發展數字經濟過程中如何監管、平台運營基本原則、數據交易、數據安全等必須思考的基本問題。

　　這本書最後給出的實踐案例，充分體現了中國領先科技企業百度、騰訊、京東、阿里巴巴等在發展數字經濟過程中所做的大量探索。它們從實踐的角度一方面印證了這本書所提出的理論觀點，另一方面也形成了中國傳統產業數字化轉型的方法論。這本書中收錄的這些經驗，值得其他傳統企業借鑒。

　　《數字經濟的內涵與路徑》這本書是三位來自政、研、產界的作者共同完成的，是構建中國式數字經濟理論體系的一次有益嘗試。我在與三位作者的交流合作過程中，也深刻感受到作者對中國數字經濟發展的深入思考和廣泛實踐。數字經濟對促進中國經濟社會高質量發展、實現雙碳目標具有重要戰略意義。我期待着廣大讀者與作者一道，共同分析思考中國數字經濟發展的相關問題，為中華民族在數字時代的偉大復興貢獻力量！

清華大學原常務副校長

序 四

2022 年是人類歷史上不平凡的一年。在新冠肺炎疫情、地緣政治衝突、技術壟斷、環境保護、產業調整等幾股力量的共同作用下,人類的經濟系統經過了近 50 年相對平穩的發展之後,在 2022 年又進入了一個加速調整的時期。在這百年未有之大變局中,以信息技術、人工智能為代表的新興科技快速發展,大大拓寬了我們獲得信息的範圍和速度,提升了我們分析數據並基於分析結果作出判斷和決策的能力,增加了產品和資產的種類,在方式和內容上改變了交易、互動、組織和管理,形成了數字經濟這一新的經濟形態。

對數字經濟的研究是當今經濟學領域的熱點,大量專家學者已經取得了許多卓有成效的研究成果。與純學術領域的研究不同,黃奇帆教授基於其多年在政府一線工作的經驗,對中國社會經濟系統的規律有着獨特而深刻的認知。他在清華大學經濟管理學院開設的課程和講座深受老師和同學的歡迎。黃奇帆教授善於把政府和市場統一起來,系統性、創新性地解決現實中的問題。基於在工作中積累的鮮活案例,黃奇帆教授善於從中總結規律,並形成自己獨到的學術觀點。最為可貴的是,隨着數字技術開始全面影響人類社會發展,他積極思考數字時代的基本規律,把政府、市場、數字技術綜合在一起,提出了數字生產力、數字生產關係、數字金融、數字治理等領域的一系列新觀點、新方法,既有力地指導了政府部門和企業的數字化創新工作,也豐富了數字經濟理論,對相關領域的研究有很高的

指導價值。自 2019 年以來，黃奇帆教授與清華大學經濟管理學院在數字經濟領域開展了大量合作研究工作，並重點指導了互聯網產業研究院全方位進行數字經濟和數字化轉型方面的研究工作，開拓了數字信用體系、產業數字金融、低碳數字經濟等一系列研究方向，發表了若干智庫報告和學術文章，並逐漸形成了他的數字經濟理論體系。《數字經濟的內涵與路徑》這本書就是這一理論體系的集中體現。

這本書是黃奇帆教授與朱巖教授、邵平先生聯合推出的。朱巖教授是我院管理科學與工程系的教授，具有扎實的工科技術背景，從事互聯網、數字化方面的研究工作多年，是我院數字經濟和數字化轉型領域的學術骨幹。邵平先生是平安銀行原行長，具有豐富的金融領域實戰經驗和很高的數字金融理論水平。這本書是三位來自不同領域的學者共同合作的成果，既體現了較高的思想前瞻性，也體現了較強的實際操作性。通過閱讀這本書，我個人有以下三個體會：

較為系統地搭建了數字經濟理論框架體系，尤其是對數字經濟的哲學邏輯進行了探索

要深入構建數字經濟理論體系，就必須超越經濟學一般意義上的研究對象，做社會經濟系統更底層規律的研究，也就是要從人群的變化、社會秩序的建立、人類對世界規律的探究方式等更為基礎性的問題入手，從哲學的角度探索數字經濟理論的核心內涵。這本書恰恰是從這一基本思路開始的，書中所講的數字邏輯，就是力圖在哲學層面上探究數字經濟發展的基本邏輯。通過對東西方哲學的對比，提出了中國發展數字經濟的邏輯脈絡和優勢，指出數字經濟理論研究進入了系統論的時代，需要用數字技術重構社會運營的基礎，並在數據透明、公平、可信的基礎上，在實體和數字兩個空間裏形成新的經濟平衡。這個邏輯體系對深刻理解社會和經濟的發展規律有重要價值。

　　按照這一數字邏輯，這本書搭建了在數據要素基礎上的數字生產力和數字生產關係匹配發展的理論體系。其中，對於數據要素化和傳統要素的數據化，該書結合中央的相關政策給出了自己的理解，指出激活數據要素是發展數字經濟的關鍵所在，也是人類未來創造財富的重要源泉。該書在此部分的貢獻有兩個：一是對數據如何成為生產要素做了深入探討，尤其是對數據交易市場的建立給出了自己的見解；二是深入分析了傳統要素在融入數據要素後可能發生的改變，這為依託傳統要素市場的傳統產業數字化轉型提供了很好的思路。

指出數字經濟是面向「實體 + 數字」兩個空間的經濟理論，並強調同時面向兩個空間發展數字生產力和生產關係

　　數字經濟在人類經濟發展史上之所以如此重要，是因為它力圖找到人類社會不同於工業文明的發展路徑，該書指出此發展路徑是在實體空間與數字空間的融合發展中形成的。數字生產力之所以會迸發出如此巨大的創造性，書中指出是因為其具有「五全」特性，而這些特性是必須在實體和數字兩者融合的空間中才能發揮效用的。不同於技術書籍對生產力的介紹，書中對大數據、雲計算、人工智能、區塊鏈等技術的討論，重點是這些技術給產業發展帶來的影響，以及釋放這些生產力所需要的基礎環境，比如新基建。為了更好地發展圍繞產業的數字生產力，作者也專門分析了中國的「卡脖子」技術問題，並指出了彌補短板的方式和方法。

　　討論數字經濟既需要考慮數字生產力，也需要對數字生產關係進行深入的分析。該書提出要面向實體、數字兩個空間構建數字化生產關係，是對傳統政治經濟學的創新嘗試，雖然中間還有諸多問題需要進一步研討，但這一方向的提出，無疑為更多學者提供了指引。書中所歸納的數字生產關係的特徵，具有很強的實戰性，對政府部門和企業思考如何建立開放、公平、高效的組織架構有重要的指導意義。

面向數字經濟熱點問題，有針對性地構建了平台經濟、產業互聯網、產業數字金融和數字治理的知識架構，並創新性地提出了一系列解決方案

數字經濟是在互聯網經濟的基礎上發展起來的。互聯網經濟發展到今天遇到了很多問題，比如互聯網平台的壟斷、誠信缺失等。與此同時，數字化發展帶來了海量的中小微企業，而這些中小微企業的金融服務問題也成為現今社會的一個難題；政府如何提升數字治理能力、建立數字治理新模式，也為發展數字經濟提出新的挑戰。圍繞這些熱點問題，該書在自身理論框架的基礎上，建立了數字經濟平台化發展、數字金融、數字治理三個知識體系。針對平台化，這本書重點分析了構建產業互聯網平台的基本思想和步驟，並提出傳統產業要逐步走向面向實體、數字兩個空間的數字孿生。針對平台經濟中關於反壟斷的熱點問題，該書也給出了自己的看法，並分別從政府和企業的視角探討了如何避免產業數字化之後可能會帶來的平台壟斷問題。

數字金融是數字經濟的重要組成部分，建設數字金融的關鍵還是要利用數字技術讓金融回歸到為實體經濟服務上。過去一段時間，互聯網金融創新遇到了一些問題，但是不可否認的是，基於數字技術的創新金融產品，一定是金融業發展的未來方向。但是，如何構建數字金融體系、降低數字金融創新的風險，依然是金融領域的一個難題。該書面向實體產業的需要，提出了要利用數字技術打造交易信用體系，通過對動產的實時穿透，形成風險可控的動產金融模型，書中稱其為「產業數字金融」模式。這一模式的提出，是對傳統金融理論的完善，對建立具有中國特色的數字金融模型有一定的推動作用。

政府數字治理能力的提升是黃奇帆教授思考比較多的領域，也是成果比較集中的領域，該書從頭到尾都體現了黃奇帆教授數字治理的基本思想。第八章集中討論了政府如何進行數字監管，尤其針對監管沙盒在數字經濟中的應用做了重點分析。在此基礎上，該書針對政府管理者，從宏觀

到微觀，非常務實地給出了推進數字經濟時要注意的十個問題。

　　數字經濟時代的到來勢必迎來又一輪經濟理論革命，這給我們帶來了進行理論創新的難得機會。《數字經濟的內涵與路徑》的出版，是對構建中國式數字經濟理論體系的一次嘗試。清華大學經濟管理學院願意與大家一道，就數字經濟理論創新的相關問題做更廣泛的研究。衷心希望更多學者能站在推動人類文明進步的高度，扎根於中國經濟近些年的豐富實踐，共同引領數字經濟時代的經濟理論創新。

清華大學經濟管理學院院長

引言

　　當今世界正經歷百年未有之大變局，新冠肺炎疫情肆虐全球加速了世界經濟格局的重構。人類歷經數百年建立的經濟、金融秩序隨着全球產業鏈、供應鏈面臨衝擊而發生改變，基於全球數字化浪潮而出現的各種經濟發展模式、金融創新模式層出不窮，哪個國家能夠在數字化發展模式上取得理論和實踐上的突破，哪個國家就擁有了未來。面對動盪的世界所帶來的錯綜複雜的環境，2021 年 1 月 16 日出版的《求是》雜誌發表了習近平重要論述《正確認識和把握中長期經濟社會發展重大問題》，為中國經濟發展指明了方向和目標。未來一段時間，中國經濟要以暢通國民經濟循環為主構建新發展格局，「要推動形成以國內大循環為主體、國內國際雙循環相互促進的新發展格局。這個新發展格局是根據我國發展階段、環境、條件變化提出來的，是重塑我國國際合作和競爭新優勢的戰略抉擇」。如何切實落實經濟雙循環的發展格局，中國各級政府部門已經開始了積極、富有成效的嘗試。但是在基於數字技術的經濟和金融理論方面，還需要更多專家學者用更大的格局進行更大膽的創新。2020 年 8 月 24 日習近平在經濟社會領域專家座談會上進一步強調「時代課題是理論創新的驅動力」，理論研究要「從國情出發，從中國實踐中來、到中國實踐中去，把論文寫在祖國大地上，使理論和政策創新符合中國實際、具有中國特色，不斷發展中國特色社會主義政治經濟學、社會學」。中央一系列的部署已經為數字經濟的發展指明了方向。

　　2021 年 3 月 12 日《中華人民共和國國民經濟和社會發展第十四個五

年規劃和 2035 年遠景目標綱要》發佈，在第五篇「加快數字化發展　建設數字中國」中進一步部署：「迎接數字時代，激活數據要素潛能，推進網絡強國建設，加快建設數字經濟、數字社會、數字政府，以數字化轉型整體驅動生產方式、生活方式和治理方式變革。」激活數據要素、建設數字經濟，已經成為社會的共識。

　　一般而言，數字經濟是指人類在全球化數據網絡基礎上，利用各種數字技術，通過數據處理來優化社會資源配置、創造數據產品、形成數據消費，進而創造人類的數據財富、推動全球生產力發展的經濟形態。

　　數字經濟的內涵非常寬泛，從廣義來看，凡是直接或間接利用數字技術來引導要素市場發揮作用、推動生產力發展的經濟形態都可以納入其範疇。但正是因為其內涵過於寬泛，使得其概念過於模糊、抓手不夠突出。本書從人類社會經濟發展的哲學邏輯出發，力圖梳理數字經濟發展的理論體系。在對國內外數字經濟發展狀況概述的基礎上，本書探討了中國發展數字經濟的固有優勢，並從哲學和人類歷史演進的視角，分析了從工業經濟到數字經濟的基本哲學思維方式的變化，指出在數字經濟時代西方的還原論和東方的系統論得到了統一，並指引了人類技術、經濟、社會前進的方向。從社會經濟系統來看，未來人類社會面對的必然是「實體＋數字」的二維空間，數字經濟也是面向這個二維空間而建立起來的新經濟模式、治理模式，是基於數據要素、利用數字生產力建立的數字生產關係。基於這一邏輯出發點，本書第三章對數字生產力的內涵和戰略佈局進行了論述，指出數字生產力具有「五全」特性，並分析了這些特性為什麼會帶來社會經濟系統的顛覆性革命。為了能進一步釋放數字生產力，中國政府提出了大力發展新基建，本書也討論了新基建的三個領域分別將帶來什麼樣的生產力革命和產業革命。在數字生產力領域，中國還存在大量的「卡脖子」問題，書中也專門針對芯片、軟件等六個方面的技術短板做了深入探討，重點指出了彌補短板的產業方向。面對數字生產力發展迅速的趨勢，本書試圖從產業的視角給出生產力進步的邏輯方向，並對量子計算、腦科學、算力網等前沿生產力做了前瞻性介紹。

　　當生產力發展到一定程度，落後的生產關係必然會出現阻礙生產力發展的現象。當前，面向工業時代所形成的生產關係已經不能適應數字生產力的需要，發展數字經濟的另一個重要方面就是創新數字生產關係，本書的第四章就專門探討了該如何構建數字市場關係。在分析數字時代人類社會組織特點的基礎上，本書提出數字化生產關係需要面向實體、數字兩個空間構建，並形成開放、公平、高效的組織架構。本書也給出了構建數字生產關係時可參考的三個特性：透明性、可信性、對等性。貨幣是人類社會生產關係的一個集中體現，本書也對數字人民幣的相關問題進行了分析和探討。

　　數字經濟建立的基礎是要充分激活數據要素潛能，本書第五章專門分析了如何實現數據要素化和要素數據化。在分析中國發展要素市場面臨的挑戰基礎上，第五章討論了進行要素補充和要素市場改革的重要意義。針對數據要素化，第五章給出了數據成為要素的基本條件，對數據的確權、定價、交易等問題做了深入的分析，並指出建立數據交易市場的重要性和需要注意的問題。數據要素激活的標誌，就是建立健康的數據產業生態，第五章也描繪了這一生態的基本特性。針對要素數據化，這一章分別探討了數據與土地、資本、科技、勞動力等要素融合後將帶來的社會經濟系統的轉變，分析了融合過程所產生的商業機會。

　　數字經濟建設的一個重要模式就是走向產業互聯網平台，本書第六章專門探討了數字經濟平台化發展的相關問題。第六章首先指出，消費互聯網發展的天花板臨近，而產業互聯網則是數字經濟建設的藍海。建設產業互聯網分為四個基本步驟，其最高境界將是面向實體、數字兩個空間的數字孿生。針對目前平台經濟中關於反壟斷的熱點問題，這一章也做了一些原理上的探討，並給出了一些可能的解決路徑。

　　金融作為經濟發展的血脈，在數字技術支持下必將發生革命性的變革，本書第七章專門探討了數字金融發展的若干問題。第七章首先回顧了四次工業革命對應的金融創新，力圖總結創新歷史脈絡中的基本邏輯。之後，第七章針對目前中國在數字金融領域所做的部分嘗試做了分析，總結

了經過若干實踐後，當前數字金融的成績、問題和對策。在此基礎上，第七章重點指出數字金融的發展方向是回歸實體經濟的產業數字金融，並給出了實施產業數字金融的基本邏輯。對有志於發展產業數字金融的企事業單位，這一章也給出了一些基礎建議。

發展數字經濟離不開政府數字治理能力的全面提升。2022 年 4 月 19 日，習近平主持召開的中央全面深化改革委員會第二十五次會議審議通過了《關於加強數字政府建設的指導意見》，中國數字政府建設進一步加速，數字治理能力有望進一步增強。本書第八章探討了中國數字治理的相關問題，在分析數字時代政府職能發生何種轉變的基礎上，重點給出了如何打造良好的數字營商環境，並以監管沙盒為例，總結了監管科技對中國發展數字經濟的重要意義。這一章最後針對數字治理中的常見問題，向相關政府部門提供了推進數字經濟時可供參考的十項建議。

數字經濟理論是在實踐中形成的，本書的很多觀點也是來自數字經濟實踐的總結。為此，本書第九章整理了部分數字經濟的實踐案例，這些案例來源於百度、騰訊、京東、阿里雲等平台在數字經濟領域的探索，涉及大量傳統產業的數字化轉型嘗試。

這本書不是按照傳統經濟學的框架體系來組織的，我們力圖按照數字經濟在人類社會進步過程中所引發的基礎秩序改變的底層邏輯，分析論述建設數字經濟過程中可能遇到的一些基本問題以及解決問題的基本路徑。本書的創作過程得到了清華大學互聯網產業研究院、中國技術經濟學會產業數字金融技術應用實驗室、聚量集團以及數字經濟相關企業的大力支持，得到了諸多數字經濟領域相關學者的關注和指導，在此一併表示感謝。衷心希望這本書能夠給數字經濟相關工作者提供些許參考，能夠助力中國數字經濟的發展，並助力數字經濟時代中華民族的偉大復興！

黃奇帆　朱巖　邵平

目 錄

第1章　數字經濟概述

第2章　數字邏輯：數字經濟與東方哲學的一致性

第3章　數字生產力

第**1**章
數字經濟概述

一、國外數字經濟發展狀況

（一）數字經濟內涵

數字經濟是繼農業經濟、工業經濟和服務經濟之後產生的新經濟形態。不同於農業經濟、工業經濟，數字經濟是以數據為核心生產要素的經濟形態。

表 1-1 中列舉了不同組織對數字經濟的理解。

表 1-1　數字經濟內涵

機構名稱	定義	數字經濟關鍵特徵或要素
G20 （二十國 集團）	數字經濟是指以使用數字化的知識和信息作為關鍵生產要素、以現代信息網絡作為重要載體、以信息通信技術的有效使用作為效率提升和經濟結構優化的重要推動力的一系列經濟活動	使用數字化的知識和信息作為關鍵生產要素
		以現代信息網絡作為重要載體
		以信息通信技術的有效使用作為效率提升和經濟結構優化的重要推動力
美國商務部經濟分析局（BEA）	數字經濟主要指向互聯網以及相關的信息通信技術（ICT）	數字基礎設施
		電子商務
		數字媒體
國際貨幣基金組織（IMF）	將數字經濟劃分為狹義和廣義：狹義上僅指在線平台以及依存於平台的活動，廣義上是指使用了數字化數據的活動	數字經濟。通常用於表示數字化已經擴散到從農業到倉儲業的經濟的各個部門
		數字部門。覆蓋三大類數字化活動：在線平台、平台化服務、ICT 商品與服務，其中平台化服務涵蓋了共享經濟、協同金融、眾包經濟等新型業態

續上表

機構名稱	定義	數字經濟關鍵特徵或要素
聯合國貿易和發展會議	將數字經濟細分為三類：核心的數字部門，即傳統信息技術產業；狹義的數字經濟，包含數字平台、共享經濟、協議經濟等新經濟；廣義的數字經濟，包含電子商務、工業化 4.0、算法經濟等	
中國信息通信研究院	數字經濟是以數字化的知識和信息為關鍵生產要素，以數字技術創新為核心驅動力，以現代信息網絡為重要載體，通過數字技術與實體經濟深度融合，不斷提高傳統產業數字化、智能化水平，加速重構經濟發展與政府治理模式的新型經濟形態	
中國信息化百人會	數字經濟是全社會基於數據資源開發利用形成的經濟總和	
阿里巴巴	數字經濟兩階段説，即 1.0 和 2.0	數字經濟 1.0 的核心是 IT（信息技術）化，信息技術在傳統的行業和領域得到推廣應用，屬於 IT 技術的安裝期
		數字經濟 2.0 的核心是 DT（數據技術）化，以互聯網平台為載體、以數據為驅動力

資料來源：根據公開資料整理

目前，全球重要國家和國際組織都積極探索數字經濟規模的測算方法。美國與中國對數字經濟的認識和統計上最大的區別是在數字經濟的統計範疇的界定上，更具體地說，就是在如何處理基礎數字經濟部分和融合數字經濟部分的關係問題上。美國主張將基礎數字經濟作為數字經濟的直接和核心部分進行統計，而融合數字經濟則作為產業溢出效應，歸入其他各自行業統計。中國主張將基礎數字經濟和融合數字經濟兩個部分一起統計。

（二）代表性國家數字經濟發展趨勢

目前，全球數字經濟體量呈現如下特點：各國數字經濟排名與 GDP 排名基本相當；各國數字經濟成為國民經濟重要組成部分；從數字經濟內部結構看，數字產業平穩推進，是數字經濟的先導產業；產業數字化蓬勃發展、差距較大，是數字經濟發展的主引擎；全球數字經濟「三二一」產逆向滲透發展特徵明顯。

美國聚焦前沿技術的創新和突破，持續推動先進技術的產業化應用；德國通過工業 4.0、「數字戰略 2025」等推動數字經濟發展，以傳統產業數字化轉型為重點，加強基礎設施建設，全面推動中小企業數字化轉型；日本以科技創新解決產業發展問題為重點，推動數字化轉型、數字技術革新、數字人才培養，加速實體經濟尤其是製造業的數字化轉型；英國以數字戰略和數字經濟戰略為指導，致力於產業結構調整、支持技術創新和智能化發展，數字經濟發展重心偏向產業互聯網。

1. 國外代表性國家數據要素的市場化配置狀況

全球各國都非常重視數據要素的市場化配置，具體情況如表 1-2 所示：

表 1-2　國外數據要素市場化配置狀況經驗

細分領域	經驗及典型做法
數據開放	完善組織架構，設立相關政府機構，明確權責，保障數據開放的有效推進
	各個數據部門跨部門協調，建立明確的分工與跨部門協作機制
數據交易	基於標準化構建安全可靠的數據共享虛擬結構，將分散的數據轉化為可信的數據交換網絡
	交易監管。《通用數據保護條例》（GDPR）提出全面監管原則，涵蓋數據的歸集、交易、使用等多個環節
數據保護	對跨國的數據提出了更高的監管要求，避免因其他國家法律保障不足而導致數據被濫用的風險
	推動個人信息保護制度的完善
數據監管	數據監管立法
	數據流動監管的原則：自由流動、規則透明、公共安全保留

資料來源：根據公開資料整理

2. 國外代表性國家產業互聯網發展狀況

從整體上看，大多數國家的工業數字經濟發展較為緩慢。產業互聯網主要提供企業服務，每個企業所處的行業、規模和發展階段不同，面臨

的痛點和需求也就不一樣，這就導致了企業服務的多樣性和複雜性。如表1-3 所示，大體來說，產業互聯網主要有以下三類。關於產業互聯網的發展趨勢第六章會有詳細的論述。

表 1-3　產業互聯網提供服務及具體類別

類　別	具體種類
雲基礎設施服務	IaaS（基礎設施即服務）、PaaS（平台即服務）和託管私有雲服務
企業級 SaaS（軟件即服務）	主要有 CRM（客戶關係管理）、HR（人力資源）、ERP、財務、IM（即時通信）等
B2B（企業對企業）交易服務	主要圍繞電商和支付環節展開，以提升企業的交易效率

資料來源：根據公開資料整理

3. 國外代表性國家數字經濟基礎設施

（1）數字經濟硬件實力 —— 5G、新基建等

美國積累了大量 5G（第五代移動通信技術）核心技術，也在推進5G 研發建設，其在研發、商用和國家安全等方面有一定的領先性；德國發佈了《德國 5G 戰略》，注重 5G 在工業、國家安全等領域的應用研究；日本最早啟動 5G 實驗，掌握了多項 5G 上游技術，但應用進展緩慢；英國積極推動部署 5G 技術研發、測試，但應用進度較中國、美國相對落後。

（2）數字經濟軟件實力 —— 數字貨幣

美國目前數字貨幣市場發展較為完善，已建立了數字貨幣交易市場、期貨市場、BTC（比特幣）、ETH（以太坊）指數等，並且在利用數字貨幣開展跨境支付方面的研究和應用也取得了很多成果；德國率先承認比特幣的合法地位，允許比特幣等數字貨幣作為購買商品和服務的工具，並制定相關規定規範數字貨幣的交易；日本是全球首個將數字貨幣納入法律體系的國家，並出台了多個政策為數字貨幣交易的安全提供保障；英國 2020年提出加快推進中央銀行數字貨幣（CBDC）的建設，並發佈《加密貨幣資產指引》等來進一步引導和保障數字貨幣市場健康發展。

4. 全球數字經濟發展趨勢

從全球數字經濟發展歷程可以看到，數字經濟呈現三大特徵：平台支撐、數據驅動、普惠共享。在這三個特徵的支撐下，全球數字經濟發展呈現以下六個趨勢：

第一，工業時代的基礎設施發生數字化重構，社會經濟系統的既有規則將面臨數字化挑戰。

第二，數據逐漸展現出生產要素的基本特性，並逐漸成為全球新型的戰略競爭資源。

第三，數字空間逐漸成為實體空間的補充，並正在展現與現實社會不一樣的組織和市場特性。

第四，傳統產業開始大規模進行數字化轉型，產業互聯網平台成為傳統產業轉型的一個重要方向。

第五，提供數字技術支撐的新興產業、面向數字空間的新興企業在國民經濟中的比重不斷增加。

第六，數字政府建設成為各國政府建設的重點，數字治理能力水平的高低成為營商環境、政府安全的重要標誌。

從上述六個方面的趨勢來看，即使是發達國家，其數字經濟發展也處於初級階段，在規則重塑、模式創新等方面也面臨着重大挑戰。雖然這些國家有發達的傳統工業及配套體系，也有數字技術的領先優勢，但正是因為傳統思維體系的巨大慣性，想要重塑一套數字經濟新規則，還是有很大難度的。

二、國內數字經濟發展狀況

（一）數字經濟概念界定

中國學術界對於數字經濟的研究也剛剛起步，來自不同背景的政府官員、專家學者以及企業從業人員對數字經濟都有不同的理解。目前中國普

遍採用的數字經濟定義和測算方法與國際社會還是有一定差別的，特別是與美國在數字經濟的統計口徑上有很大不同。

中國目前最主流的數字經濟 GDP 測算方式，是中國信通院和信息化百人會所倡導和採用的方法。這種方法將數字經濟分為數字產業化和產業數字化兩部分考量，比較適合中國目前經濟系統分析的需要，對中國數字經濟的發展能夠起到一定的指導作用。

（二）中國數字經濟未來發展趨勢

據信通院測算，2020 年中國數字經濟總量預計為 39.2 萬億元，名義增速為 9.6%，明顯高於當年 GDP 增速，佔 GDP 比重達 38.6%。數字經濟已成為帶動經濟增長的核心動力，產業數字化開始成為數字經濟增長的主引擎。

總體來看，中國已經在中央層面開始數字經濟的系統化佈局，尤其在社會基礎規則變革層面，充分發揮了舉國體制的優勢，奠定了數據要素、新基建、數字人民幣等一系列數字經濟運行的基礎規則體系。同時，中央政府鼓勵各級地方政府、企業在國家統一數字規則的基礎上，大膽創新，嘗試數字經濟的新模式、新業態、新產業。中國的數字經濟正呈現出全社會、全產業、全國民立體推進的態勢，具體表現為以下六個趨勢：

第一，數據要素的資源、資產屬性逐漸清晰，數據要素市場化配置展現多種形態，並逐漸開始形成規模。

第二，在全國統一大市場的基本原則指引下，正在建立基於數據要素的社會經濟系統基礎規則體系。中國數字經濟海量數據和豐富應用場景優勢正在以建立新規則的方式顯現。

第三，傳統要素的數據化正在改變這些要素的配置方式，進而引發房地產、資本市場、科技創新、人才市場等傳統領域相關產業的數字化革命。

第四，傳統產業數字化轉型加速，產業互聯網逐漸被傳統產業認同，並開始逐漸重視企業的數據資產以及相應的運營方式。

第五，開始重視數字空間與實體空間的相互作用，並重視探尋實體經濟在數字空間中的運行規律。

第六，數字治理能力是中國治理現代化建設的重要組成部分，數字政府正在加速全面推進數字技術與實體經濟深度融合。

1. 中國數據要素市場化配置狀況

中國數據要素市場尚處於發展的起步階段，數據確權、開放、流通、交易等環節的相關制度還有待進一步完善。具體現狀概括如表 1-4 所示：

表 1-4　中國數據要素配置狀況

類　別	現　狀
數據開放	數據開放程度有限，尚缺乏數據的安全可信流通平台
數據產權制度	數據產權不明晰，有大量數據不在現有數據產權制度保護範圍內
	數據資產化方式還不明確，數據資產的確權、評估、定價、質押等規則有待建立
數據保護	相關法規欠缺，監管能力還難以滿足市場需要
數據流動	數據產權規則不清晰，數據要素流轉機制尚處於探索期

資料來源：作者整理

2. 中國產業互聯網發展狀況

與消費互聯網發展相比，中國產業互聯網發展相對滯後。由於發展產業互聯網不只是由信息技術來推動，還涉及產業生態中的價值鏈重塑以及大量的組織變革，所以很難如消費互聯網那樣實現單點突破。

中國產業互聯網平台的發展已經具備一定基礎，一批領先企業率先推出了相關產品及解決方案。然而國內的產業互聯網平台產品在性能和適用性上仍存在一定的問題。國內數據平台多為專用系統和單項應用，缺乏基於平台二次開發的支撐能力。此外，雖然產業數字化轉型「三二一」產逆向融合路徑逐漸明朗，但工業、農業數字化轉型仍面臨較高壁壘。雖然平台經濟、分享經濟等新興產業發展較快，但是體量尚小，對經濟增長的支撐作用有限。

　　為了迎接數字經濟的全面發展，中國正在加速構建數字化發展的社會經濟系統基礎規則體系，比如統一的信用體系、統一的市場准入體系等。數字經濟正在從以流量為核心的消費互聯網向以信用為核心的產業互聯網提檔升級，發展產業互聯網正成為中國數字經濟的關鍵抓手。

　　與消費互聯網相比，產業互聯網的價值鏈更複雜、鏈條更長，是產業鏈集群中多方協作共贏。產業互聯網的盈利模式是為產業創造價值、提高效率、節省開支等。在發展產業互聯網的過程中，傳統產業要進行大膽的變革，敢於拋棄落後的商業模式，對組織架構、組織能力進行升級迭代，提高組織內部協同效率，更好、更快地為數字化轉型服務。

三、中國發展數字經濟的優劣勢分析

　　習近平在 2022 年第 2 期《求是》雜誌發表的《不斷做強做優做大我國數字經濟》一文中指出，「數字經濟 …… 正在成為重組全球要素資源、重塑全球經濟結構、改變全球競爭格局的關鍵力量」，要「推動實體經濟和數字經濟融合發展」。中國積極佈局發展數字經濟，既是自身經濟轉型發展的需要，也是改變全球競爭格局的需要。我們要清醒地看到自身發展數字經濟的優勢和劣勢，揚長避短、迎頭趕上。

（一）發展數字經濟的優勢

　　中國數字經濟的優勢集中體現在以下四個方面：第一，制度優勢。中國堅持中共的領導、人民當家作主、全面依法治國、實行民主集中制。數字經濟需要對社會經濟系統做全方位的變革，有了中共的領導，才有可能完成這一使命。人民當家作主、民主集中制與發展數字經濟的建設理念具有高度的一致性，有利於數字經濟的發展。第二，政策優勢。中國政府把發展數字經濟上升為國家戰略。中國數字經濟的相關政策經歷數年的發展，戰略目標和實施步驟已經越來越清晰。第三，基礎設施優勢。5G 的

提前佈局、新基建的推進助力中國的數字經濟基礎設施建設。第四，消費互聯網優勢。中國消費互聯網市場體量龐大，擁有世界各國中最大的網民群體、多元化的消費互聯網商業模式。

（二）發展數字經濟的劣勢

中國發展數字經濟的劣勢主要有以下五個方面：第一，在數字基礎技術領域還存在大量「卡脖子」環節，亟須彌補。第二，數字營商環境有待優化，中國各地域的數字營商環境參差不齊。第三，多角度、全方位的數字信用體系建設還存在明顯不足。第四，數字經濟治理體系缺失，中國在數據治理、算法治理、數字市場競爭治理、網絡生態治理體系上存在一定的不足。另外，由算法帶來的社會倫理和法律問題也日益突出，在產業互聯網的建設發展過程中，伴隨數字科技與傳統產業的融合加深，各種新問題也不斷湧現。第五，數字化轉型人才不足。主要表現在重大原創性成果缺乏、掌握數字技術和產業技能的複合型人才的缺乏、數字工人的不足。

數字技術的飛速進步疊加中國巨大的市場，為中國發展數字經濟提供了廣闊的空間，主要表現在以下四個方面：第一，世界經濟秩序的數字化重構。中國發展數字經濟最大的機遇就是世界經濟秩序的數字化重構，這種重構就是習近平所講的「百年未有之大變局」的重要體現。在全球經濟秩序重構的過程中，我們有機會成為行業領頭者。第二，數據要素的全球市場化配置。數據作為發展數字經濟的生產要素，正面臨着全球市場化配置的機遇。中國在全球率先提出了數據要素的市場化配置、激活數據要素市場，這將有利於中國吸引全球數據資產尤其是與產業集群相關的數據資產，從而形成中國數字經濟發展的新優勢。第三，數字化生產關係的重塑機遇。數字生產力需要數字化生產關係來匹配，當今世界的生產關係主要是適應工業經濟的需要而建立起來的。數字生產力近年來得到了快速發展，現有的生產關係與數字生產力的矛盾越來越突出，亟須變革。在這一變革過程中，中國具有一定的領先性，因此也具有發展數字經濟的新機遇。第四，產業互聯網的新機遇。中國在構建產業互聯網上已經開始了大

量嘗試，並有望通過產業互聯網加入全球產業鏈重塑的過程中，佔據全球產業鏈的主導地位。

　　綜上所述，與發達國家相比，在發展數字經濟方面中國具有諸多優勢。中國已經進入數字經濟時代，基於數據生產要素，創造數字化生產關係，是中國發展數字經濟的理論方向；大力開展新基建，做好信息基礎設施、融合基礎設施、創新基礎設施，一方面可以為數字經濟發展建立應用環境基礎，另一方面也可以迅速彌補中國在數字技術上的短板，因此這是中國發展數字經濟的必由之路；以信用為基礎的產業互聯網是中國發展數字經濟的主戰場，也是中國整合全球產業鏈的重要機會；完善數字經濟相關法律法規、打造更加開放的數字營商環境，是中國發展數字經濟的有力保障。

第 2 章

數字邏輯：
數字經濟與東方哲學的一致性

一、人類社會經濟體系的演進規律

工業時代歷經百年形成的全球經濟體系、治理體系，在突如其來的新冠肺炎疫情衝擊下遇到了巨大困難，開始加速變革。2020 年成為人類社會從工業文明演化到數字文明的一個重要分水嶺。

歷史上，文明的更迭往往與科學技術革命有着密不可分的關係，並由此引發社會經濟系統中矛盾的全面爆發，從而導致人類社會治理體系的革命。以往歷次文明更迭所引發的矛盾，大多是以戰爭的形式解決的，這使得人類文明總是在破壞中創造，在倒退中前進。數字文明的更迭有望打破這一歷史前進的方式，以一種更加先進的社會巨變模式代替戰爭這種不文明的方式。面對這場異常嚴峻的考驗，中國政府表現出了應對這場大變革時的從容自信。雙循環、新基建、數據要素、數字化轉型、數字人民幣、服務貿易等一系列舉措陸續推出，中國正在以一種順應歷史潮流的方式，科學地參與並開始主導這一輪全球數字經濟和社會秩序的重構。

一個國家或民族能夠引領世界發展的潮流，往往需要在思想領域領先。西方哲學的思想體系和東方哲學的思想體系都是人類寶貴的財富，對人類社會的發展都有不同階段的指導意義。在過去的 400 年中，以還原論為代表的西方哲學思想與人類的工業化和科技化完美契合，指引了世界的進步。數字經濟時代，以系統論為代表的東方哲學天人合一的思想，在數字技術的支撐下，對揭示世界的本源、創造新經濟體系有了全新的指導意義，而這也必將是下一代工業革命的重要思想源泉。

（一）　四次工業革命的歷史進程

到目前為止，人類社會經歷了三次工業革命，目前正在興起第四次工業革命，也可以稱之為數字革命。

第一次工業革命，開創了「蒸汽時代」（1760 — 1840 年），標誌着人類社會從農耕文明向工業文明過渡，是人類發展史上的一個偉大奇蹟。當時中國還處於封建王朝後期，清王朝的閉關鎖國政策讓中國與現代工業文明逐漸拉開了差距。

第二次工業革命，人類社會進入了「電氣時代」（1860 — 1950 年），開啟了「電氣文明」。在這近 100 年的時間裏，電力、鋼鐵、鐵路、化工、汽車等重工業興起，石油、煤炭等成為世界財富的源泉，並促使交通行業迅速發展，世界各國的交流更為頻繁，並逐漸形成了一個全球化的國際政治、經濟體系。這一階段，中國社會正處於水深火熱之中，清王朝覆滅、軍閥混戰，接下來是抗日戰爭以及後來的解放戰爭。直到中華人民共和國成立，中國才真正開始走上工業化的軌道。

「二戰」結束後，第三次工業革命開創了「信息時代」（1950 — 2020 年），人類社會進入了「信息文明」。在這 70 年中，全球信息和資源交流變得更為迅速，大多數國家和地區都被捲入全球化進程中，世界政治經濟格局因為信息的流動而風雲變幻；但從總體上來看，人類在這一階段創造了巨大的財富，文明的發達程度也達到空前的高度。第三次工業革命中國趕上了一半，改革開放以前中國發展的核心任務使我們顧不上信息革命，隨着改革開放逐漸深入，中國開始逐漸融入「信息文明」，工業化與信息化並重的發展戰略，使中國經濟保持了 30 年的高速增長，並逐漸形成了當前世界第二大綜合經濟體和第一大工業經濟規模的體系。

目前我們面對的是第四次工業革命，人類社會即將迎來「數字文明」的新時代：「數字時代」（2020 — ）。第四次工業革命我們不僅要跟進參與，而且要努力成為引領國之一。在這一次革命中，人類社會優化分配資源的方式因為數字技術的普及、數據資源的豐富而發生改變，並因此創新

出大量的社會新需求、消費新模式。中國擁有龐大的人口基數、海量的數據資源、豐富的應用場景，具有創造數字文明新發展模式的良好基礎，因此我們必須要從文明更迭的角度，理解、把握好習近平所講的「百年未有之大變局」，抓住機遇謀發展，在努力彌補中國在科學技術上短板的同時，在經濟社會領域同樣要突破短板，創新數字經濟理論和實踐，讓中國能夠從思想到實踐上引領第四次工業革命。

（二）數字時代的經濟社會變革

從工業經濟向數字經濟轉型，是人類文明的又一次巨大飛躍，它將涉及社會治理、宏觀經濟、企業經營、個人生活等各個方面。

從社會經濟總量來看，每一次大的文明飛躍，人類創造財富的能力都會有數以十倍、百倍計的提升，數字經濟就是數字文明時代人類創造財富的新模式。這不同於傳統的依賴消耗自然資源的工業經濟，數字經濟的運營基礎是數據，數據將會成為人類社會新的治理之本、財富源泉。基於數據資源，傳統產業的生產資料將發生改變，產品內涵變得更加豐富，商業模式也會不斷創新，從而走向數字化轉型升級之路。

從企業發展的角度來看，數字時代的企業將擁有更多新機遇，但前提是要能夠區分信息化和數字化的不同。信息化主要是向企業內部發力，通過內部協同實現降本增效，提升自身的競爭力；數字化主要是向企業外部發力，用外部協同的方式挖掘鏈上數據資源的價值，挖掘產業生態內數據要素運營的新模式，形成新產業。因此，我們不能用簡單的信息化思維推動數字化的發展，也不能用簡單的信息化隊伍解決數字化的問題。所以，採用各種新工具、新技術來解決企業的發展戰略以及其他內外部問題，推動產業鏈及產業生態的轉型升級，是企業實現數字化轉型的根本目標。

以金融為例，「數字時代」為金融賦予了新的內涵，帶來了新的挑戰，需要建立新思維，運用新技術，創立新理論，打造新模式，創造新價值。

數字金融不是簡單的 P2P（點對點網絡借款）等互聯網金融模式，而是人類發展到數字經濟階段所產生的，它不僅是傳統金融服務的數字化，

還包括應用數字技術對傳統金融基礎理論的延展，是對工業社會所形成的整套金融秩序的數字化再思考。

　　為此，我們一定要意識到數字金融本質上是第四次工業革命的一個重要結果。從歷史的角度來看，人類的金融認知是和產業革命緊密聯結在一起的。第一次工業革命使人類工業相關產業快速發展，隨着製造速度的加快，需要更大量和快速的資金流動，但當時社會存在的服務於慢節奏農業生產體系的錢莊根本滿足不了工業企業的需要。於是，以蘇格蘭銀行為代表的商業銀行開始在 1770 年前後出現，並極大地促進了工業企業的發展。第二次工業革命期間，工業科技高速發展，證券市場逐漸成熟，企業融資發展需求越來越迫切，為進一步加速企業融資，出現了投資銀行這種新的金融業態。摩根大通、高盛等投資銀行極大地推動了企業的上市進程，形成了優質企業與社會資本之間的良性循環。第三次工業革命開始建設信息高速公路，電子信息技術尤其是互聯網的快速發展，使新技術企業得到空前重視，這些企業具有高風險、高回報的特性，傳統銀行和投行都很難滿足它們的金融需要，於是出現了風險投資、創業投資、私募基金等金融形式。這些模式通過不同風險偏好資金的匯集，分擔了創業企業的高風險，推動了電子信息時代的大發展。隨着第四次工業革命的到來，數字技術開始改變存續百年的社會經濟發展基本秩序，人類開始進入數據要素時代、人工智能時代。工業互聯網、大數據、雲計算、人工智能、區塊鏈、5G 等技術，深刻地改變了產品的基本形態、企業盈利的方式以及產業組織的模式。產業生態中的數據確權、透明、穿透，改變了傳統金融中的信用、槓桿、風險的內涵，並急需一種基於數字技術、更好地服務產業生態的金融模式，也就是我們講的數字金融。

　　需要注意的是，每次工業革命產生的新金融概念絕不會簡單否定原來的金融概念。比如，投行所帶來的直接融資、資本市場和股票市場並沒有替代商業銀行，商業銀行最初形成的基本原則一直得到延續，但是在原有銀行體系外增加了一個直接金融體系，彌補了間接金融的不足，形成了間接金融和直接金融並存的新秩序。再如，第三次工業革命中出現的風投並

沒有改變商業銀行的規則，當然也沒有改變傳統的上市公司資本市場融資的規則，而是在這些規則基礎上，建立了能夠包容技術企業更高風險的新規則體系。這樣即使一家企業三年、五年都是虧損的，也能夠上市，形成巨額的增值。所以，每一次的金融創新一定不是以否定舊有的金融形式為前提的，銀行在經營存貸業務時要遵循《巴塞爾協議》；雖然沒有針對傳統資本市場的專門協議，但資本市場也建立了大量新規則；創投、風投也通過多年實踐，形成了自己的規則體系。之所以如此，是因為這些金融模式本身是從不同角度服務實體經濟的，是從不同時代的技術出發，完善對發展實體經濟的槓桿計算、風險管控。

在數字經濟時代，發展數字金融同樣不是對前面三種金融服務模式的否定，並不是有了數字金融就不需要商業銀行的基本規則了。這是前幾年中國互聯網金融發展陷入的一個誤區：金融創新脫離實體經濟需要而單獨發展。那麼，從實體經濟出發，數字時代最需要補充的金融體系是什麼？從全球的實踐中不難發現，現有的金融體系難以服務缺乏主體信用的廣大中小微企業。這個問題由來已久，前三次工業革命中小企業數量、規模都不是很大的時候，社會只要解決好主體企業的金融需要，就可以穩定發展；而數字時代中小微企業蓬勃發展，已經成為任何一個產業生態中不可或缺的重要組成部分，因此忽視它們的金融需要，將會動搖整個產業的數字化發展。各國政府、金融機構都在力圖解決中小微企業融資難、融資貴的問題，但是成效都不太明顯。也就是說，第四次工業革命要補上的金融短板，就是如何用數字技術發展數字金融，滿足中小微企業的金融需求，這是對以主體信用為核心的傳統金融理論體系的巨大挑戰。

二、從還原論到系統論：東西方哲學中的數字邏輯

2500 年前，西方的畢達哥拉斯以「萬物皆數」為基礎，開始了對自然規律的揭示；而差不多同一時期的東方哲學家老子、孔子以人的「德行」

為開始，力圖發現人類社會的系統性規律。於是我們看到，在隨後的漫長歲月中，西方社會的發展大多源於對自然認知的不斷細化，是一種近似於「分解」的思維模式，而東方社會的發展卻圍繞人和社會自身，是一種「系統」的思維模式。

（一）西方哲學指導下的工業革命

如前所述，到了 18 世紀中葉，工業革命徹底顛覆了封建時代的農耕文明，由古希臘哲學逐漸衍生出的歐洲邏輯主義哲學與美國實用主義哲學成為工業文明的指導。在工業時代，藉助於機器，人類似乎到了無所不能的地步，此時西方哲學思想的應用達到了頂峰。

進入 21 世紀，人類開始進入網絡文明階段，互聯網的誕生讓人們逐漸意識到世界存在的意義在於人自身而不是機器。當我們將「人」用互聯網連接起來時，人類社會出現了一種從來沒有過的群居形態 ——「社交網絡」，並在這種社會組織模式中，孕育出了在工業時代從來沒有的生產力和創造力。

在這樣的「人的網絡」的基礎上，誕生了以谷歌、臉書（Facebook，已更名為 Meta）、愛彼迎、微信、天貓等為代表的新經濟業態，而由於人群的改變，傳承百年的傳統工業經濟也面臨巨大挑戰。我們依稀可以看到，指導這些新經濟發展的已經不再是原來西方哲學的「分解」思路。

所以，隨着數字時代的到來，我們必須換一種方式、換一個維度重新審視人類文明進程的指導思想。

（二）數字經濟時代的經濟發展思維

從工業思維上看，效率就是一切，集中居住、謀求方便、分工協作即基礎。於是，在西方嚴謹的邏輯哲學與實用主義的分工模式下，出現了GE（美國通用電氣公司）等大批以精細化製造與分工明確聞名的企業。在這一時期，西方哲學尋找到了最適合的生長土壤。

然而，時至今日，GE 不僅被那些具有互聯網基因的老牌科技公司如

微軟、蘋果、谷歌甩在了身後，更是被 2004 年才上線的臉書以及來自中國的後起之秀 BAT（百度、阿里巴巴、騰訊）超越。

不得不承認，統治世界多年的西方工業文明，正遭受來自互聯網的挑戰。理論上講，工業時代遵循的是生產型規模經濟理論，即通過增加產量降低單位產品的價格，從而獲取更大利潤。而在互聯網時代，經濟發展所遵循的不僅是供給方的規模經濟效應，還應該充分考慮信息互聯之後的需求方規模效應。

當人類被社交網絡連接為一個整體的時候，人類社會的組織形態發生了巨大的轉變，其中一個表現就是需求可以在社交網絡上輕易聚集，從而出現了需求方的規模經濟效應。在這一經濟模式中，產品的內涵發生了巨大的轉變，一件傳統的工業品不僅要具有物質功能，還要有其文化和信息內涵、具有連接的屬性。也就是說，企業每賣出一件產品，所帶來的收益不只是這件商品的銷售收入，還包括產品的互聯以及購買產品的人的互聯所帶來的附加價值。

在西方工業文明背景下，企業內部的邏輯分工是不可或缺的核心部分，協作處於相對弱勢的地位；而對外則是絕對競爭的關係，是零和博弈，市場中的「二八效應」決定了只有行業寡頭才能夠實現價值最大化。但「互聯網＋」的實質則是信息技術和人類生產生活的深度融合，進而深刻而持續地影響和改變人類經濟活動的基本面 —— 生產方式、流通方式和消費方式，重塑傳統產業，創新經濟模式，引導人類進入真正的數字化時代。

如果把工業時代和互聯網時代做一個簡單的對比，就能發現，後者取代前者是一種必然：工業時代，我們更關注的是物質生產，是商品的物質屬性，這就使得傳統的工業商業模式注重的是如何傳輸商品、怎樣滿足大家最基本的物質生活需要，於是產量便成為工業生產的最大目的。

不過，這種生產 — 銷售關係是單邊的，在信息傳播不暢、需求簡單直接的時候，這種單邊關係可以促進工業文明的進一步發展；但到了信息產業高度發達的今天，單邊經濟效益顯然已落後於時代的發展。

（三）數字思維與東方哲學的融合

　　時至今日，數字經濟大潮中的參與者追求的是降低邊際成本、拓展多邊連接，以獲得更高的邊際收益。尤其在今天，全世界都開始考慮產品和服務的數字屬性，並以文化、社群的方式加以體現。這是因為以信息為載體的文化更適合於網絡傳播，因此如何促進信息高效率、可信流動就變成了企業追求的最重要的目標。

　　早期的互聯網商業模式讓零售從線下轉到了線上，讓信息傳播從實體空間轉到了網絡空間，這一階段的數字經濟發展受益最大的行業是信息聚合平台，傳統產業中的物流業也得到了大發展。但現在，人類積累了海量數據，依託於這些數據的文化與思想可以在數字空間中低成本傳輸，這樣需求的自我擴散能力就會變得非常強。企業的經營將不再單純以銷售產品為目的，而是藉助產品的數字屬性，把需求方連成網絡，並藉助於這種需求網絡規模效益，一方面提升服務市場的效率，另一方面不斷創新數字化產品和服務滿足海量需求，並形成需求方的規模經濟效應。

　　所以，數字經濟思維的核心，不是一種商業模式，更不是一次產業革命，而是一種創造和滿足市場數字需求的過程，是市場的「形」與「神」的有機結合，契合了中國《易傳》提出的「一陰一陽之謂道」和宋明理學家提出的「一物兩體」「分一為二，合二以一」的觀點。

　　通俗來說，數字產業化和產業數字化，並不是數字技術和傳統產業的簡單疊加，而是利用數字技術以及互聯網平台，讓數字市場與傳統行業進行深度融合，用數字思維引領人類產業的創新發展。數字思維代表了新社會形態下對世界的再認識，即充分發揮數字技術在社會資源配置中的優化和集成作用，將數字創新成果深度融合於社會經濟系統的各個領域，提升全社會的創新力和生產力，形成更廣泛的以數字基礎設施和數字技術為主要生產工具的經濟發展新形態。

　　數字經濟剛開始起步，未來存在着發展的不確定性。但長期來看，數字思維對經濟基礎如何重塑和促進上層建築更好地適應、指導當下和未

來社會的發展，以及如何有效利用數字思維來創新社會經濟的發展模型、構建創新型國家，具有舉足輕重的作用。這已經遠遠超越了「技術」的範疇，上升到了思想領域，變成了哲學命題。

與美國的「工業互聯網」、德國的「工業 4.0」相比，中國所倡導的數字經濟與它們有着共同的技術特質，但同時又擁有獨一無二的中國哲學智慧，因此擁有更高的指導意義和更豐富的內涵。因為繼承了五千年源遠流長的系統哲學思維、有中國特色社會主義理論框架的指引、有中華人民共和國成立以來經濟領域的建設經驗，所以中國必將能夠為人類社會的發展貢獻數字思維、創造數字哲學。

三、數字經濟的新思維：面向二維人群的發展模式

在工業經濟發展過程中，《國富論》《資本論》等一系列偉大的著作，在理論制高點上為人類經濟社會發展指明了方向，從而使人類走出了文明更迭時的迷茫。時至今日，我們又一次面臨着文明更迭，人類社會所發生的基礎轉變更是歷史上從未遇到的。那麼我們該如何看待數字文明下的人類社會？數字文明下的數字經濟有什麼基本特徵？

（一）網狀人群：數字經濟的社會基礎

數字化時代，當人群開始向數字空間（Cyber space）聚集時，人類文明必將進入一個全新的階段。在這一階段的經濟發展模式和方法、社會的治理模式，都值得我們重新思考和歸納，數字經濟理論體系的建成指日可待。

1. 從物理聚集到網絡聚集

首先從規模上看，數字經濟時代人類聚集的規模是歷史上從未有過的。隨着網絡滲入每個個體的日常行為之中，人類突破了物理空間的限制，轉而可以在數字空間中聚集在一起。隨着這個聚集規模不斷擴大、

影響深度不斷加深，人群形成了一種新的聚集形態：虛擬社會（Virtual Society）。虛擬社會中的人群聚集規模是工業時代無法比擬的。比如，2019 年，微信的活躍用戶數就已經超過十億，臉書的活躍用戶數超過 15 億，WhatsApp（瓦次普）的活躍用戶數超過 15 億，淘寶的活躍用戶數超過十億。這些用戶就如同生活在同一座現實城市中的人，生活在同一個網絡空間裏，用一種不同於城市生活的方式溝通、交易、學習、成長，從而在這個空間中形成新的文化、新的共同價值取向、新的消費習慣和消費模式等。於是，新的市場在虛擬社會中誕生了。

2. 從樹狀結構到網狀結構

工業社會中工業分工的擴大，使人群逐漸演化出了一種職能化、層級化的樹狀結構，這種結構在工業生產的分工協作方面具有無可比擬的優勢。隨着社交網絡的出現，人與人之間的關係形成了一種網狀結構（見圖 2-1）。區塊鏈等點到點（P2P）計算技術的應用，更使得在數字空間中人與人之間的平等性有了一定的技術保障。尤其對年輕群體來說，他們就是在物理和數字兩個空間中成長起來的，更習慣於數字空間裏面的新特徵。當社會主流人群逐漸習慣了數字空間中的網狀結構後，以下兩個效應就會出現：

一是六度效應。六度效應是基於哈佛大學心理系斯坦利·米爾格拉姆（Stanley Milgram）教授在 1967 年提出的六度分隔（Six Degrees of Separation）理論，是數字空間內的一種傳播效應。米爾格拉姆教授提出，

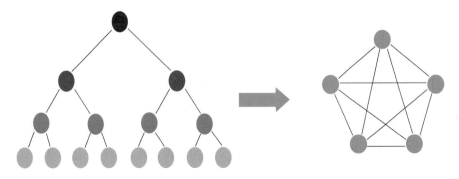

圖 2-1　從樹狀結構到網狀結構

資料來源：作者整理

你和任何一個陌生人之間所間隔的人不會超過六個，也就是說，最多通過六個人你就能夠認識任何一個陌生人。如果人類社會在數字空間裏面形成的網狀人群已經足夠大、信息傳遞的成本足夠低，那麼從網上任何一點出發，信息通過最多六次傳播，就可以覆蓋到網絡上所有節點，這就是信息傳播在網狀人群中的六度效應。這種信息傳播的方式不同於工業時代針對樹狀人群結構的傳播模式，面向樹狀人群結構最有效的傳播方式是廣播、電視等公共媒體，它們藉助機器的力量，實現對人群的快速覆蓋，是截至工業時代人類最有效的信息傳播方式，但成本相對比較高昂。針對網狀人群，六度效應可以依靠人的力量在網絡上形成自傳播，一旦網絡人群的自組織信息成本足夠低、可信度足夠高，這種傳播將會以速度更快、成本更低的方式達成人群共識，也就是依靠數字口碑效應實現人群的共性認知，也可以說是建立了一種新的市場營銷渠道。

二是擠出效應。在數字空間的網狀人群結構中，每一個節點都有自己周邊的子網絡，因此每個節點都更傾向於相信自己鄰近節點所傳遞來的信息，而對於間隔較遠的節點信息吸收有限。至於來自網絡外部的信息，也就是傳統公共媒體所發出的信息，雖然仍然會廣覆蓋到很多節點，但因為節點信息來源變得多元化，公共媒體對它的影響力變弱。我們把這種網狀人群對網絡之外的信息輸入依賴降低的現象稱作擠出效應。一方面，擠出效應對傳統媒體行業提出了挑戰，要求媒體宣傳必須同時重視大規模覆蓋和六度傳播。現在大量傳統媒體走融媒體的道路，就是主動適應這種變化的表現。另一方面，擠出效應為數字市場建立提供了機遇，也就是加速了人類社會市場建立模式的變革，因此要善於利用信息傳播的新特性低成本建立高可信的市場。

隨着人類在網絡空間裏的聚集規模不斷擴大、聚集形式日益多元化，人類已經開始從最初在網絡上的自然聚集，逐漸走向數字空間中的規範聚集，數字空間隨着治理結構的完善，正在變成人類社會的一個重要組成部分。人類將不只是聚集於以城鄉為主體的實體空間之中，還開始聚集於以網絡社區（遊戲、論壇、興趣組等）為主體的數字空間中，並形成了不

同於任何歷史時期的人與人之間的二維（實體＋數字）關係網絡，這種二維的人群關係以及由此演化出的數字消費、數字化生產關係，是孕育未來數字經濟的重要土壤。

3.數字消費：數字經濟的根本推動力

與工業時代相比，網狀人群的消費模式也發生了巨大的變化，人們已經不是僅滿足於實體商品的消費，而是更多地關注數字技術和基於數據的數字服務類的消費。這些消費的新業態和新模式是促進數字經濟發展的根本動力。從人類數字經濟迄今的發展歷程可以看到，數字消費已經開始逐漸成為社會總體消費的重要組成部分。

數字消費是指消費市場針對產品和服務的數字內涵而發生的消費。隨着數據成為新要素，生產單一的工業品已經不能完全滿足消費市場的需要，無論是 2B（面向企業）還是 2C（面向用戶），都需要企業所提供的產品和服務具備數字內涵、文化內涵。當企業的產品和服務被賦予這些數字特性之後，就可以充分利用數據要素來改變其消費方式，而這些數字消費方式會給市場注入新的活力，給企業帶來新的發展機遇。與工業時代的消費不同，數字消費產生了如下變化：

一是從功能型消費到數據型消費。隨着消費者逐漸習慣對數據的消費，市場上的產品和服務不僅要具有某些物理功能，更要具備基於數據的服務功能。數據使得產品服務的能力在不斷延展、便利性在逐漸增加，因而無論是企業還是民眾都開始願意為產品所提供的數據能力買單，從而形成了大量與數據相關的消費市場。

二是從一次性消費到持續性消費。產品的數字化創新提高了產品與客戶交互的頻次和黏度，從而與客戶形成了基於數據和連接的持續性服務模式。以互聯網電視為例，客戶不再只是一次性購買電視機，而是為聯網的各種內容持續性付費。這種持續性消費模式改變了傳統企業基於產品的商業模式，是傳統企業必須重點考慮的數字化轉型方向。

三是從單一產品消費到聯網型消費。工業時代具有一定功能的工業品的銷售往往只是單一產品的消費。數字化轉型使工業品具備了聯網的能

力，從而促使企業要對產品網絡、客戶網絡進行管理和服務，並針對這些網絡空間的特點，為市場不斷提供創新型數字消費模式。

四是從個體消費到社群消費。工業時代的消費模式以單一個體為單位，其生產、銷售等往往都圍繞着如何激活個體消費市場展開。在數據要素化時代，人與人之間具備了更加廣泛的數據連接，這種緊密的連接關係使得商家面對的不再是單一個體，而是一個個的網絡社群。

數字消費的特點是網絡化，具有一定的自發性和民主性，因此要採用不同的政策體系來監管和釋放數字消費。一方面要激發產品社群的活力、鼓勵在各種社群中的自治行為，把社群變成為社會治理服務的重要工具；另一方面要加強對社群的監控管理，加強社群信用體系建設，避免違法犯罪行為的發生。

總體而言，數字消費是構建數字經濟發展模式的基礎，是全球經濟轉型的根本動力，是傳統產業數字化發展的必由之路，是人類創造新財富的根本源泉。抓住數字消費這一機遇，是實現新舊動能轉換、促進產業轉型升級的關鍵。

（二）二維市場＋連接資源：數字經濟的價值基礎

數字經濟面對的是實體和數字兩個空間，人群也不再只存在於實體空間之中，進入數字空間裏的人群比重還在持續增大。人類社會的這種人群構成特徵，形成了數字經濟的二維市場結構。也就是說，數字經濟時代的企業需要兼顧實體和數字兩個市場，在實體市場上延續並創造新的實體消費，同時輔以在數字層面釋放大量的數字消費，這種類型的企業我們稱為社區型企業（如圖 2-2 所示）。社區型企業能夠把分佈於不同城市中的員工、合作夥伴、消費者等用數字社區的方式整合起來，並用社區的組織方式把所有的利益相關者、產品、服務連接在一起。

在這樣一個二維市場中，擠出效應使市場傳播模式從傳統的廣告模式，開始向基於六度效應的傳播方式轉變。企業一旦有了自己的數字市場，就擁有了在數字經濟時代自己的「媒體」，這也就是常說的「自媒體」

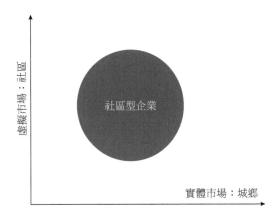

圖 2-2　面向二維市場的社區型企業

資料來源：作者整理

時代的到來。每一個企業藉助二維市場都可以變成媒體，並形成一種基於人的力量的傳播模式。

　　在二維市場中，一方面，虛擬空間裏每個參與者的平等性能最大限度地調動每一個參與者的潛力，讓每一個參與者都能為社區貢獻價值，並且在貢獻價值的過程中實現每一個參與者自身的更大價值；另一方面，在社區中建立了大量連接，進一步形成了基於這些海量連接的新的價值創造模式。這種價值創造方式的改變，既為企業轉型升級提供了成長的空間，也是經濟發展新動能的重要源泉。

　　工業經濟時代及以前的時代主要服務於實體市場，通過對自然資源的開發利用，人類解決了衣食住行各方面的問題，並藉此為人類創造了巨大的價值。這一時期的發展消耗了大量的自然資源，以至於發展到當下，全球氣候變暖、環境污染等問題日益突出。所以，人類美好生活的創造不能再以消耗自然資源為基礎了。數字經濟時代，人類必然會創造更為巨大的財富。但財富來源的基礎是什麼呢？或者說，在數字經濟時代，人類擁有的取代自然資源的、賴以創造財富的資源是什麼？通過審視這樣的二維人群，我們不難發現，人群除了在實體中活動，還會在虛擬社區中活動。所以，在數字空間的社區，以及社區與實體的互動中，會產生大量的數字消

費，這就是數字經濟時代能夠創造出不同於工業經濟時代的社會財富的重要基礎。

數字消費基於數據要素的市場化，產生於二維市場中廣泛存在的各種連接之上，因此由二維市場帶來的海量連接就是數字經濟時代開發數據要素的重要手段，也是企業建立二維商業模式的最為重要的新財富源泉。企業需要利用各種新技術開發可能存在於自己周圍的大量連接，並基於這些連接建立一種新的盈利模式。所以，在可信的數據要素基礎上開發利用「連接」資源，是數字經濟時代企業轉型升級的重要基礎，也是走向產業數字化的必由之路。

如圖 2-3 所示，傳統企業大多是在把產品和服務提供給自己的客戶，如果只有五個客戶，那這家企業經營的主要就是圖中標出的五條連接。但如果這家企業為客戶建立了一個可以互相連接的數字空間，就形成了 15 條連接，比原來多出了十條連接。並且隨着客戶量的增加，連接的數量會變成階乘增加，從而急劇放大企業所擁有的連接資源。所以，數字經濟時代的企業模型就是要思考如何利用新增加的大量連接資源，企業所提供的產品和服務也都要為建立和維持連接資源而服務。如果企業能在這些新增的連接資源上獲取價值，那麼在工業時代經營傳統產品和服務的邊甚至可

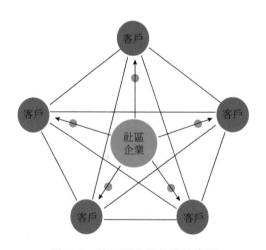

圖 2-3   社區型企業的連接資源

資料來源：作者整理

以放棄，這意味着該行業的商業模式將會發生徹底革命。

　　所以，二維市場＋連接資源，構成了數字經濟存在的價值基礎，這是我們重塑數字經濟時代各行業尤其是傳統產業商業模式的基本路徑。傳統產業可以通過增加其產品的數字內涵，建立產品與產品之間的連接，並通過客戶使用產品建立客戶與客戶之間的連接。在建立這些連接的過程中，客戶的數字需求被滿足，同時客戶對數字內涵的消費，為企業成長開闢了新的空間，從而形成了新的數字經濟生態。

　　數字經濟的內在邏輯是一種廣泛連接的社會經濟系統，是中國傳統哲學中系統思維的集中體現。人類社會發展到數字時代，中國無論是從璀璨傳統文化中流傳下來的哲學思想，還是近現代所形成的中國特色社會主義的理論創新，都與數字經濟的發展邏輯具有一致性。在這些哲學思想指導下，中國市場能夠孕育出最符合數字經濟發展需要的數字化生產關係，並進而能夠更好地釋放數字生產力的創造性，引領人類社會整體進入數字經濟新階段。

　　數字經濟的社會基礎是人群在實體和數字兩個空間中的聚集，實體空間以樹狀結構為主，數字空間以網狀結構為主。而人群的新行為特徵創造了大量新的消費模式，其中數字消費成為推動數字經濟發展的重要力量。數字消費大大改變了傳統市場，並進而成為誕生大量新經濟企業的土壤。釋放數字消費也就必然成為傳統企業轉型升級的重要目標。企業在面對網狀人群、數字消費時的市場變化時，其商業模式也會做數字化延展，並逐漸轉變為面向實體和數字兩個市場的社區型企業。二維市場對社會經濟發展的價值存在於對每個參與者的能力釋放，也存在於參與者與參與者之間建立的廣泛連接之中。因此，形成廣泛連接的平台是開發數據要素的重要途徑，而「連接」也是數字經濟時代的重要資源，企業需要像是在工業時代利用自然資源一樣，大量開發連接資源，建設數字平台型企業。

第 3 章
數字生產力

　　任何一個時代，推動社會經濟系統發展的從來都是不斷進步的生產力。生產力是人類利用自然、改造自然的能力，因而隨着「自然」概念內涵的變化，生產力的範疇也在不斷變化。尤其是進入數字時代以後，人類「自然」的概念已經從物理空間延展到數字空間，因而生產力的內涵也從經典政治經濟學中改造物理世界的工具，變成了改造物理和數字兩個世界的工具。

　　生產力是社會發展的內在動力基礎，也是人類運用各種科學技術創造物質和精神產品、滿足自身生存和生活需要的能力。一般意義上，構成生產力的基本要素包括勞動資料（生產工具）、勞動對象、勞動者，而科學技術是生產力中最為活躍和最具創造性的一部分。1988 年鄧小平同志提出了「科學技術是第一生產力」。科學技術滲透在生產力的各個基本要素之中，並能夠直接轉化為實際生產能力。科學技術領域的發明創造，會引起勞動資料、勞動對象和勞動者素質的深刻變革和巨大進步；科學應用於各類生產的組織管理，能夠大幅度提高管理效率；科學技術也在不斷改變勞動者，提高他們的勞動生產率和價值創造的方式。

　　數字生產力是指在數字經濟時代，人類在創造財富過程中所用到的數字化工具（硬件、軟件、算法等）、數字對象（數據、連接、信用等）和數字生產者（分析師、程序員、設計師等）。如果說在農業經濟時代生產力的主要構成要素是牲畜、土地、農民，在工業經濟時代的生產力的構成要素是機器、工廠、工人，那麼相對應地，在數字經濟時代的數字生產力的構成要素可以概括為算法、連接、分析師。

　　一是以算法為代表的數字技術（勞動資料）。數字技術是一種全面影響人類社會進程的科學技術，是先進生產力中最為突出的代表。數字技術

包括通信網絡基礎設施、數字產品、算法等內容，其中算法在數據要素的開發過程中至關重要，因此它也是數字經濟時代最主要的生產工具。

二是以連接為代表的數據要素（勞動對象）。數字經濟的勞動對象不再只是實體空間中的農田、機器，而是數字空間中基於可信數據要素建立起來的各種連接。萬物互聯、人物互聯，使得世界在數字空間中成為一個整體，並為勞動者提供了完全不同的勞動對象。

三是以分析師為代表的數字勞動者（勞動者）。數字空間的勞動者可以是數據分析師、程序員、算法工程師、虛擬產品設計師等。他們運用新生產工具，不斷激活數據要素的潛在價值，滿足人類日益增長的數字消費，創造實體和數字兩個空間的人類財富。

本章將重點討論數字生產力的技術基礎、數字生產力發展的根本動力，以及孕育數字生產力的基礎設施 —— 新基建，並探討量子計算、神經計算、算力網等未來數字生產力。

一、數字生產力的技術基礎與應用範圍

數字經濟的一個突出特點就是要充分利用「雲大智區」和 5G 等數字技術，建立社會經濟運行的新規則。「雲大智區」和 5G 既是數字生產工具的典型代表，也是數字生產力的技術基礎。以下這五個方面的技術有機結合，成為一個類似人體的智慧生命體，從而支撐整個數字經濟的發展。

(一) 雲計算

雲計算可以被理解成一個系統硬件，一個具有巨大的計算能力、網絡通信能力和存儲能力的數據處理中心（IDC）。數據處理中心本質上是大量服務器的集合，數據處理中心的功能、規模是以服務器的數量來衡量的。

比如，2015 年北京市擁有 2000 多萬部手機、2000 多萬部座機、

七八百萬台各種各樣上網的筆記本電腦和台式電腦，以及七八百萬台家庭的電視機機頂盒。北京市上述信息的後台服務系統和數據處理中心擁有的服務器共計約 25 萬台，上海也是 20 萬台。谷歌處理全世界的互聯網大數據且需要進行智能化處理，它需要多少服務器呢？據悉，谷歌有 150 萬台服務器分佈在全世界七八個地方，現在正在建設的服務器還有 100 多萬台。

雲計算有三個特點。第一，在數據信息的存儲能力方面，服務器中能存儲大量數據。第二，在計算能力方面，每個服務器實質上是一台計算機。與 20 世紀六七十年代世界最大的計算機相比，當代計算機具有運算能力更強、佔用空間更小的優勢。第三，在通信能力方面，服務器連接着千家萬戶的手機、筆記本電腦等移動終端，是互聯網、物聯網的通信樞紐，是網絡通信能力的具體體現。

由此可見，數據處理中心、雲計算的硬件功能具有超大規模化的通信能力、計算能力、存儲能力，並賦予其虛擬化、靈活性、伸縮性的特點。服務商以 IDC 為硬件，以私有雲、公共雲作為客戶服務的接口，向客戶提供數據服務。

（二）大數據

大數據之大有三個要點：靜態之大、動態之大和運算之後疊加之大。一是數據量大，例如，大英博物館的藏書能全部以數字化的形式存儲。二是實時動態變量大。每一秒鐘、每一分鐘、每一小時、每一天，數據都在產生變化。全球 70 億人有六七十億部手機，這些手機每天都在打電話，每天都在計算，每天都在付款，每天都在搜索。所有的動態數據每天不斷疊加、不斷豐富、不斷增長。「量變會引起質變」，就像累積 60 張靜態照片可以形成一秒鐘的實時電影，大量靜態數據的存放也會不斷更新、累積，形成新的信息。三是數據疊加處理後的變量之大。人們根據自身的主觀需求，對動態和靜態的數據進行處理分析、綜合挖掘，在挖掘計算的過程中，又會產生復核計算以後的新數據。這種計算數據也是數據庫不斷累

積的數據。

　　總之，所謂大數據之大，一是靜態數據，二是動態數據，三是經過人類大腦和計算機處理、計算後產生的數據，這三者共同構成了大數據的數據來源。

　　大數據若要轉化為有用的信息、知識，則需要消除各種隨機性和不確定性。數據在計算機中只是一串英語字母、字符或者阿拉伯數字，可能是混亂的、無序的。數據應用一般有三個步驟：數據 — 信息，信息 — 知識，知識 — 智慧。

　　第一步，數據變信息。任何結構化、半結構化或非結構化的數據本身是無用的、雜亂無章的，但數據經過分析去除隨機性干擾以後，就變成了有指向的信息。數據變信息的處理過程用的工具有濾波器、關鍵詞，濾波以後可提煉出相關的信息。第二步，信息中包含的規律，需要歸納總結成知識。知識改變命運，但知識並不是簡單地等於信息。如果不能從信息中提取相關知識，每天在手機、電腦上看再多的信息也沒用。第三步，有知識後要運用，善於應用知識解決問題才是智慧。綜合信息得出規律是將信息轉化為知識的過程。有的人掌握了知識，對已發生的事講得頭頭是道，可是一到實幹就傻眼，這是缺乏智慧的表現。所謂智能，實際上就是在信息中抓取決策的意圖、決策的背景等相關信息，最後在「臨門一腳」時能夠作出決策。

　　信息和知識是輔助決策系統，它們幫助人作出決策，人根據機器作出的決策實施，這就是智能化的過程。

　　所謂大數據蘊含着人工智能，就在於把雜亂無章的數據提取為信息，把信息歸納出知識，通過知識的綜合作出判斷，這就是大數據智能化所包含的三個環節。

（三）人工智能

　　第一，人工智能如何讓數據產生智慧？大數據之所以能夠智能化，能夠決策，能夠輔助決策，是因為在人工智能或計算機操作過程中有四個

步驟：一是採集、抓取、推送，二是傳輸，三是存儲，四是分析、處理、檢索和挖掘。第一步，在大數據中不斷地過濾出有一定目的和意義的信息，也就是採集、抓取、推送。第二步、第三步是傳輸和存儲，內涵不言自明。大數據之大，不是在抽屜裏靜態的閑置大數據，而是在雲裏存儲、動態傳輸的大數據。第四步是分析、處理、檢索和挖掘，關鍵技術在於算法。算法是輔助人類在繁雜、巨大的海量數據空間中，快速找到目標、路徑和方法的工具。

第二，人工智能依靠大數據在分析、處理、檢索和挖掘中產生智能的關鍵在於大數據、算法以及高速度的計算處理能力。沒有數據和大數據的長期積累、重複驗證，有智能管理也沒用；有了算法和大數據，沒有高速度的計算能力也沒用。算法是人工智能的靈魂，它要變得「有靈氣」，需要用大數據不斷地「餵養」，不斷地重複和訓練。在這個意義上，大數據如果沒有算法，就沒有靈魂，就沒有大數據處理的真正意義。

但是如果算法沒有大數據來「餵養」，即使數學家想出好的算法，智能也未必有效。以柯潔與阿爾法圍棋下圍棋的人機大戰為例，阿爾法圍棋中的算法是來源於人類各種各樣的棋譜、高明棋手的下棋步驟。人工智能工程師將這些數據全部放入谷歌的算法中運行，運行了幾萬次、幾十萬次。因為有網絡深度學習的模塊，所以每運行一次，阿爾法圍棋就聰明一點。這個過程是一個不斷反覆、不斷學習的過程。

總而言之，人工智能、大數據和這些要素有關，轉化為真正人工智能的時候，一靠大數據，二靠算法，三靠高速度。人類對工具使用的發展，本質上是一個計算能力不斷提高的過程。在農業社會，中國人曾用自己的聰明智慧發明了算盤。算盤一秒鐘撥動兩三個珠子，每秒計算兩三下。到了工業社會初期，電得到廣泛運用。20 世紀 20 年代，以繼電器作為基本器件的計算機問世。繼電器計算機振動頻率非常高，每秒抖動幾十次，比算盤快十至二十倍。到了 20 世紀 40 年代，第二次世界大戰期間，電子管問世。電子管計算機每秒可計算幾萬次，是繼電器計算機的 1000 倍，運算速度非常快。到了 20 世紀 60 年代，半導體問世，以三極管、二極管為

元器件的電腦，一秒鐘能運算幾十萬次到幾百萬次。到了 20 世紀 80 年代，半導體芯片問世，集成電路計算機的運算速度達到每秒幾千萬次甚至幾億次。中國的超級計算（簡稱超算）在十年前達到了億次，2015 年前後達到了十億億次，最新推出一個超算系統已經超過 100 億億次。但是，超級計算機不是一個芯片、一個電腦的運算速度，而是幾千台電腦、幾千個服務器組合而成一個矩陣和一個算法。超級計算機能夠做到每秒運算十億億次、100 億億次，但單個芯片難以達到每秒運算十億億次。

我們為什麼非常重視一個芯片每秒能計算十億億次呢？ 2012 年出版的《奇點臨近》一書中提到，二三十年後，人造機器的計算速度將超過人腦。作者提出，人腦的運算速度是每秒計算十億億次。當計算機到了每秒計算十億億次以上時，其運算速度將超過人腦，拐點就會到來。大家在討論人工智能最終能不能超過人類智能，人是不是會被人工智能圈養時，各有各的說法。從科學的角度講，人工智能的計算能力不斷增強，是人對工具的使用智慧不斷發展的結果。強大的計算能力、大數據、算法連接在一起，超越了幾千小時、幾萬小時、幾十萬小時，人無法等待的時間，使得大智慧逐步發展。

第三，雲計算、大數據、人工智能的軟件植入雲計算廠商提供的數據處理中心硬件中，向客戶提供三種在線服務。雲計算的雲是一個硬件，是一個具有通信能力、計算能力、存儲能力的基礎設施。雲中除了存放大數據之外，同時提供各種各樣的算法作為一種服務軟件處理。大數據公司往往在收集、組織管理了大量數據的基礎上，使用人工智能算法後為客戶提供有效的數據服務，形成一個大數據的服務平台。所謂的人工智能公司，往往是依靠大數據平台支撐提供算法服務，算法軟件也是一種服務。它們共同形成了「數字化」的三大功能：第一個是 IaaS，是基礎設施作為使用的服務；第二個是 PaaS，是大數據的平台作為使用的服務；第三個是 SaaS，算法軟件也是一種服務。這三個詞組代表了「數字化」三兄弟，即三種功能不同的軟件。

當然，「數字化」也離不開互聯網、移動互聯網和物聯網。簡言之，

互聯網的時代是 PC（個人電腦）時代，移動互聯網的時代是手機加筆記本電腦的時代，物聯網時代是萬物萬聯的時代。

（四）區塊鏈

　　區塊鏈本質上是一個去中心化的分佈式存儲數據庫，它打破了中心化機構授信，通過數據協議、加密算法、共識機制，點對點地將數據傳輸到這個區塊中的所有其他節點，從而構建了一種去中心化、不可篡改、安全可驗證的數據庫，建立了一種新的信任體系，這種信任體系表現出五個特徵：一是開放性。區塊鏈的技術基礎是開源的，除了交易各方的私有信息被加密外，區塊鏈數據對所有人開放，任何人都可以通過公開接口查詢區塊鏈上的數據和開發相關應用，整個系統信息高度透明。二是防篡改性。任何人要改變區塊鏈裏面的信息，必須要攻擊或篡改 51% 鏈上節點的數據庫才能把數據更改掉，難度非常大。三是匿名性。由於區塊鏈各節點之間的數據交換必須遵循固定的、預知的算法，因此區塊鏈上節點之間不需要彼此認知，也不需要實名認證，而只基於地址、算法的正確性進行彼此識別和數據交換。四是去中心化。正因為區塊鏈裏所有節點都在記賬，無需有一個中心再去記賬，所以它可以不需要中心。五是可追溯性。區塊鏈是一個分散數據庫，每個節點數據（或行為）都被其他人記錄，所以區塊鏈上的每個人的數據（或行為）都可以被追蹤和還原。

　　按照目前的應用場景，區塊鏈可以分成三大類：

　　一是公有鏈。主要指全世界任何人都可以讀取、發送信息（或交易）且信息（或交易）都能獲得有效確認的，也可以參與其中的「共識過程的區塊鏈」。

　　二是私有鏈，也稱專有鏈。它是一條非公開的鏈，通常情況，未經授權不得加入（成為節點）。而且，私有鏈中各個節點的寫入權限皆被嚴格控制，讀取權限則可視需求有選擇性地對外開放。

　　三是聯盟鏈。聯盟鏈是指由多個機構共同參與管理的區塊鏈，每個組織或機構管理一個或多個節點，其數據只允許系統內不同的機構進行讀寫

和發送。

就當下而言，區塊鏈涉及四大技術領域：

一是分佈式賬本技術。人類社會發明的記賬技術先後有四種。早在原始社會時，人類發明了「結繩記賬」，農業社會時發明了「記流水賬」，工業社會時發明了「複式記賬」。複式記賬的平衡表使賬目一目了然，適應了工業社會的企業管理，但它避免不了經理人與會計師可能從原始數據開始造假的可能。分佈式賬本是一種在網絡成員之間共享、複製和同步的數據庫。分佈式賬本一起記錄參與者之間的數據行為（如交易、資產交換行為等），這種技術所內含的防篡改、可追溯特性從源頭上杜絕了造假的可能，而共享機制降低了「因調解不同賬本」所產生的時間和成本。

二是非對稱加密技術。存儲在區塊鏈上的交易信息是公開的，但每個賬戶的身份信息是高度加密的。單個賬戶只有在擁有者授權的情況下才能訪問到，從而保證數據的安全和個人隱私。

三是共識機制技術。開發者必須首先考慮用怎樣的技術可以使更多人對一種規則達成共識，同時還要考慮通過多少個特殊節點的確認，才能在很短的時間內實現對數據行為的驗證，從而完成一筆交易。一般而言，區塊鏈技術需要若干利益不相干的節點對一筆交易進行確認，如果確認就認為達成共識，認為全網對此也能達成共識，這樣才算完成一筆交易。

四是智能合約技術。基於大量可信的、不可篡改的數據，可以自動化地執行一些預先定義好的規則和條款，比如彼此間定期、定息、定額的借貸行為。

區塊鏈技術屬於數字技術、記賬技術。從應用視角來看，基於區塊鏈能夠解決信息不對稱問題，實現多個主體之間的協作信任與一致行動，無論是公有鏈、私有鏈，還是聯盟鏈，其首要目標是確保信息數據的安全、有效、無法篡改。目前，區塊鏈技術在社會中的應用場景主要有以下八個方面：

一是金融。由於金融已經數字化，因此區塊鏈在此領域將被廣泛應用。目前，在國際匯兌、信用證、股權登記和證券交易所等領域已經開始

嘗試使用區塊鏈技術，區塊鏈在金融領域有着巨大的潛在應用價值。人們的探索是，將區塊鏈技術應用在金融領域是否可以「省去中介環節」，實現點對點對接，在降低交易成本的同時，更加快速地完成交易。例如，利用區塊鏈分佈式架構和信任機制，可以簡化金融機構電匯流程，尤其是涉及多個金融機構間的複雜交易。

二是供應鏈和物流。區塊鏈在物聯網以及物流單據管理領域也有着得天獨厚的優勢，企業通過區塊鏈可以降低物流單據管理成本，可以監控和追溯物品的生產、倉儲、運送、到達等全過程，提高物流鏈管理的效率。另外，區塊鏈在供應鏈管理領域也被認為具有豐富的應用場景，比如上下游之間的直接交易可以加大透明度，從而提高信任和效率，如果區塊鏈中包含供應鏈金融，將大大提高金融的效率，同時降低金融機構和企業的信用成本。

三是公共服務。區塊鏈在公共服務、能源、交通等與民眾生活息息相關的信息領域也有較為豐富的應用場景。比如，目前由於信任缺失，中心管理者有時無法確定民眾反映的需要解決的問題是個性問題還是共性問題，但使用區塊鏈技術之後，這個問題可能瞬間就可以找到正確答案。

四是認證和公證。區塊鏈具有不可篡改的特性，可以為經濟社會發展中的「存證」難題提供解決方案，為實現社會徵信提供全新的思路，因此存在很大的市場空間。比如，騰訊推出的「區塊鏈電子發票」成為區塊鏈技術應用的一個「爆款」。

五是公益和慈善。區塊鏈上分佈存儲的數據具有不可篡改性，天然地適用於社會公益場景。公益流程中的相關信息，如捐贈項目、募集明細、資金流向、受助人反饋等信息，均可以存放在一個特定的區塊鏈上，透明、公開，並通過公示達成社會監督的目的。

六是數字版權開發。通過區塊鏈技術可以對作品進行鑒權，證明文字、視頻、音頻等作品的存在，保證權屬的真實性和唯一性。作品在區塊鏈上被確權後，後續交易都會進行實時的分佈式記錄，實現數字版權的全生命周期管理，也可為侵權行為的司法取證提供技術保障。

　　七是保險。在保險方面，保險機構負責資金歸集、投資、理賠等過程，管理和運營成本往往較高，但區塊鏈技術有可能提高效率、降低成本；尤其在理賠方面，通過區塊鏈實現「智能合約」，則無需投保人申請，也無需保險公司批准，只要投保人行為觸發符合規定的理賠條件，即可實現當即自動賠付。

　　八是信息和數據共享。目前，全國各級政府公共信息資源平台在大力整合，目的是使各個信息系統之間的信息有效共享，節約存儲空間和提升使用效率。在實現技術上，如果能夠利用區塊鏈分佈式的特點，既能打通監管部門間的「數據壁壘」，破除「數據孤島」，實現信息和數據共享，還能提升公眾調取政府公開資源的效率，減少資金浪費。

　　總體而言，區塊鏈通過創造信任來創造價值，使離散程度高、管理鏈條長、涉及環節多的多方主體能夠有效合作，從而提高協同效率、降低溝通成本。

（五）5G 基礎上的無線通信

　　現代移動通信技術起源於 20 世紀 80 年代的 1G（第一代移動通信技術），採用模擬信號進行傳輸，由於容量有限，僅能傳輸語音信號；1991年出現的 2G（第二代移動通信技術）運用數字調制技術，大大增加了傳輸的容量，使得文字信息的無線傳輸成為現實；3G（第三代移動通信技術）是支持數據高速度傳輸的蜂窩移動通信技術，傳輸速度更快、頻帶更寬、穩定性更高，移動端得以接入互聯網，移動通信的應用開始呈現多樣化的態勢；4G（第四代移動通信技術）採用更加先進的通信協議，傳輸速度再一次大幅提升，能夠實現視頻的分享和傳輸，開啟了移動互聯網時代。

　　5G（第五代移動通信技術）是具備高速率、低時延、海量連接等特性的新一代寬帶移動通信技術。根據 ITU（國際電信聯盟）的定義，5G有三大應用場景：eMBB（增強移動寬帶）、uRLLC（低時延高可靠）和mMTC（海量大連接）。其中 eMBB 就是在移動寬帶的基礎上，利用 5G更高的傳輸速率為用戶提供更好的網絡連接服務，實現 3D/ 超高清視頻的

直播和傳輸等大流量移動寬帶業務；uRLLC 對低時延、高可靠性有很高的要求，比如要求自動駕駛的時延達到毫秒級別，除此之外，uRLLC 普遍應用於工業控制系統、遠程醫療、無人機控制等；mMTC 是指大規模機器通信業務，不僅要求超高的連接密度，還具有分佈範圍廣、低功耗等特點，主要面向智慧城市、智慧家居、智能物流等應用場景。

上文所討論的數字技術的五個典型代表是一個有機結合的整體，是一個類似人體的智慧生命體。互聯網、移動互聯網以及物聯網就像人類的神經系統，大數據就像人體內的五臟六腑、皮膚以及器官，雲計算相當於人體的脊梁。沒有網絡，五臟六腑與脊梁就無法相互協同；沒有雲計算，五臟六腑就無法掛架；沒有大數據，雲計算就如行屍走肉、空心骷髏。有了神經系統、脊梁、五臟六腑、皮膚和器官之後，加上相當於靈魂的人工智能 —— 人的大腦和神經末梢系統，基礎的「數字化」平台就成形了。而區塊鏈技術既具有人體中幾萬年遺傳的不可篡改、可追溯的基因特性，又具有人體基因的去中心、分佈式特性。就像更先進的「基因改造技術」，從基礎層面大幅度提升大腦反應速度、骨骼健壯程度、四肢操控靈活性。數字化平台在區塊鏈技術的幫助下，基礎功能和應用將得到顛覆性改造，從而對經濟社會產生更強勁的推動力。

二、數字生產力的「五全基因」及其顛覆性作用

為什麼「數字化」基礎平台會有如此強大的顛覆性？近些年的研究表明，「數字化」基礎平台實際存在「五全特徵」：全空域、全流程、全場景、全解析和全價值，並給全社會帶來了「五全信息」。

「全空域」：打破區域和空間障礙，從天到地、從地面到水下、從國內到國際可以泛在地連成一體。

「全流程」：關係到人類所有生產、生活流程中每一個點，每天 24 小時不停地積累信息。

「全場景」：跨越行業界別，把人類所有生活、工作中的行為場景全部打通。

「全解析」：通過人工智能的收集、分析和判斷，預測人類所有行為信息，產生異於傳統的全新認知、全新行為和全新價值。

「全價值」：打破單個價值體系的封閉性，穿透所有價值體系，並整合與創建出前所未有的、巨大的價值鏈。現代信息化的產業鏈是通過數據存儲、數據計算、數據通信跟全世界發生各種各樣的聯繫，正是這種「五全」特徵的基因，當它們跟產業鏈結合時形成了全產業鏈的信息、全流程的信息、全價值鏈的信息、全場景的信息，成為十分具有價值的數據資源。可以說，任何一個傳統產業鏈一旦能夠利用「五全信息」，就會立即形成新的經濟組織方式，從而對傳統產業構成顛覆性的衝擊。

信息是認識世界的鑰匙，不同的信息形態和內涵對應的現實世界也是不一樣的。農業時代對應的是自然信息，工業時代對應的是市場信息，互聯網時代對應的是流量信息，而數字時代對應的則是「五全信息」。

「五全信息」具有以下五個特徵：

「五全信息」是結構型的信息。數字時代所採集的「五全信息」，是全樣本的結構型信息，這些信息必須包含社會經濟系統的各種結構性特徵：產業系統要有關於產業的各種特徵描述，社會系統要有社會運營的各方面數據。「五全信息」的結構性體現了「數字孿生」的概念，是企業運營、產業生態和社會系統的全樣本刻畫。

「五全信息」是動態型的信息。具有五全特性的信息，是一個經濟系統或社會系統運營的動態信息，每一條「五全信息」都有時間戳，體現事物某一時刻的狀態，「五全信息」積累起來可以揭曉事物的歷史規律和預測未來的發展趨勢。

「五全信息」是秩序型的信息。某一個系統的「五全信息」，體現了這一系統的秩序。「五全信息」既包含社會經濟系統的基本制度，也包含其運營規則。也就是說，「五全信息」來自系統現有的秩序，也會幫助系統構建新的秩序。

　　「五全信息」是信用型的信息。在以往的社會系統中，始終無法徹底解決全社會、全產業領域的信用問題。而進入「五全信息」社會，這些信息因為區塊鏈等新技術的廣泛應用，具有高度的可信性。基於新的信用體系，無論是金融還是其他社會經濟系統都將發生更加徹底的革命。

　　「五全信息」是生態型的信息。「五全信息」不是孤立存在的，而是存在於特定的社會生態、產業生態之中，是在描述特定生態裏面的特定狀態。各類信息之間往往存在大量關聯，並以一個整體的形式展現出來。

　　總之，在雲計算、大數據、人工智能、區塊鏈等技術的驅動下，隨着中國的數字化生產關係日趨成熟，數字社會將擁有越來越多的「五全信息」。任何一個傳統產業鏈一旦能夠利用「五全信息」，就會立即形成新的經濟組織方式，從而對傳統產業構成顛覆性的衝擊。在 5G 背景下，數字化平台還會進一步形成萬物萬聯體系，數字社會將擁有越來越多的「五全信息」。「五全信息」與製造業結合就形成智能製造、工業 4.0，與物流行業相結合就形成智能物流體系，與城市管理相結合就形成智慧城市，與金融結合就形成金融科技或科技金融。

三、奠定數字生產力發展的基礎：新基建

　　黨中央提出的加速新基建的戰略舉措，為中國數字經濟的進一步發展、傳統產業的數字化改造提升、核心技術研發能力的增強奠定了堅實的基礎。作為數字經濟、智能經濟、生命經濟這些人類未來文明的技術支撐，新基建主要包含以下三個方面內容：

（一）信息基礎設施

　　信息基礎設施，也就是數字產業化所需要的軟硬件基礎設施，包括通信網絡基礎設施、新技術基礎設施、算力基礎設施等。根據工信部有關機構測算，2020 年中國數字產業化規模達到 7.5 萬億元，佔 GDP 比重的

7.3%。隨着新基建戰略的進一步推進，數字化平台的各組成部分，包括5G 網絡、大數據、人工智能、雲計算、區塊鏈等在內的每一項數字產業都將在今後五年內產生萬億元級的基礎設施投資，並都將產生巨大的經濟效益。

以 5G、物聯網、工業互聯網、衛星互聯網為代表的通信網絡基礎設施是中國數字經濟建設的重要支撐，是佈局數字生產力的關鍵所在。目前中國已建成了世界上最大的 5G 網絡，截至 2022 年 3 月 31 日，中國已建成 5G 基站 155.9 萬個，5G 網絡已覆蓋全國所有地級市和縣城城區。工業互聯網已延伸至 45 個國民經濟大類，目前全國「5G ＋工業互聯網」在建項目達到 2400 個。雖然通信網絡基礎設施建設成績斐然，但也要看到，該類基礎設施在數字經濟時代建設的關鍵還是在於應用創新，也就是要在新型網絡基礎設施上跑新業務、新模式，並創造新價值。對大量傳統產業而言，只有商業模式創新才能抓住通信網絡基礎設施建設的機遇。

以人工智能、雲計算、區塊鏈等為代表的新技術基礎設施，是支撐新數字生產力的基礎設施，它的建設將形成這些生產力的規模化應用，並加速數字生產力與傳統產業的深度融合。人工智能技術的不斷進步，需要跨地域、跨行業的數據庫、算法庫，這些基礎設施可以是開放式的平台，也可以是行業智能化轉型的支撐。例如，雲計算已經成為時代發展的方向，雲計算基礎設施也從單純的雲算力提供，開始向行業的雲應用、雲創新發展，並開始創造大量數字企業、數字產業鏈、數字產業生態的新運營模式。

以數據中心、智能計算中心為代表的算力基礎設施，是數字經濟發展的動力設施。2022 年 2 月 17 日，國家發改委、中央網信辦、工業和信息化部、國家能源局聯合印發通知，同意在京津冀、長三角、粵港澳大灣區、成渝、內蒙古、貴州、甘肅、寧夏八地啟動建設國家算力樞紐節點，並規劃了十個國家數據中心集群。至此，全國一體化大數據中心體系完成總體佈局設計，「東數西算」工程正式全面啟動。「東數西算」工程是算力基礎設施建設的一項重要工程，國家發改委相關負責人表示，實施「東數

西算」的重要意義體現在四個方面：一是有利於提升國家整體算力水平，通過全國一體化的數據中心佈局建設，擴大算力設施規模，提高算力使用效率，實現全國算力規模化、集約化發展。二是有利於促進綠色發展，加大數據中心在西部的佈局，將大幅提升綠色能源使用比例，就近消納西部綠色能源，同時通過技術創新、以大換小、低碳發展等措施，持續優化數據中心能源使用效率。三是有利於擴大有效投資，數據中心產業鏈條長、投資規模大、帶動效應強。通過算力樞紐和數據中心集群建設，將有力地帶動產業上下游投資。四是有利於推動區域協調發展，通過算力設施由東向西佈局，將帶動相關產業有效轉移，促進東西部數據流通、價值傳遞，延展東部發展空間，推進西部大開發形成新格局。

（二）融合基礎設施

融合基礎設施，也就是傳統產業數字化，尤其是傳統基礎設施行業數字化轉型所形成的新型基礎設施。如前所述，數字化平台不僅自身能夠形成龐大的產業，還能夠對傳統產業進行賦能增效，改造升級，從而產生巨大的疊加效應、乘數效應。中國的工業產值在 90 萬億元左右，假設通過數字化轉型提升 5% 的效能，每年就能在不增加其他原材料投入的基礎上，產生四五萬億元的增加值；此外，中國的服務業大約有 150 萬億元的銷售額，假設通過數字化轉型提高 5% 的效能，就能產生七八萬億元的增加值。這種產值的增加都需要改變城市、產業運行的基礎設施，使原有的交通、能源等基礎設施與數字技術深度融合，以支撐大量新型的運營模式。

發展融合基礎設施的關鍵在於運營模式的創新。以城市交通基礎設施為例，城市公交作為便民出行的基礎設施，其原來的主要運營模式是把乘客從一個地方運送到另一個地方，因為具有公益性，所以公交公司基本上要靠政府的財政補貼運營。按照融合基礎設施的建設思路，城市公交做了數字化轉型升級後，其所承載的城市功能在位移功能基礎上，又增加了城市客流數據採集功能和客流流量引導分配功能。這些數字化功能與傳統公

交疊加，就會使公交變成城市客流數據的運營公司，從而在數據經營中找到大量的機會。有了運營數據的盈利，一方面，公交基礎設施可以給老百姓提供更加低廉甚至免費的出行服務，讓老百姓有數字時代的實實在在的獲得感；另一方面，公交也不再是地方財政的負擔，反而可以成為地方經濟價值創造的新領域。

能源基礎設施經過數字化轉型升級，也不再只是在能源系統中應用數字技術做傳統業務，而是要不斷創新能源系統的運營模式，延展其服務內涵。比如城市燃氣行業，現有的城市燃氣企業最主要的任務就是保障城市能源供應、維護燃氣系統安全。應用數字技術對這一設施進行改造，可以大大提升這些傳統業務的數字化水平，提高供應效率和安全水平。同時，我們要看到，數字技術也為城市燃氣企業帶來了海量數據，並可以基於這些海量數據創造大量的應用場景。比如居民家裏的燃氣表如果能變成可交互、可聯網的智能燃氣表，那麼每一戶居民的廚房將會被激活，燃氣公司就擁有一張直達每個家庭廚房的數據網絡，這一網絡也勢必給燃氣公司帶來巨大的數字運營空間。

（三）創新基礎設施

創新基礎設施，有助於完善中國的創新體系，用科技創新、產業創新和制度創新，推動中國引領第四次工業革命。2021 年 10 月，中共中央政治局就推動中國數字經濟健康發展進行集體學習，習近平指出，「要加強關鍵核心技術攻關，牽住自主創新這個『牛鼻子』，發揮我國社會主義制度優勢、新型舉國體制優勢、超大規模市場優勢，提高數字技術基礎研發能力，打好關鍵核心技術攻堅戰，儘快實現高水平自立自強，把發展數字經濟自主權牢牢掌握在自己手中」。

新基建戰略的重中之重，就是創新基礎設施。過去中國的創新更多體現在引進海外基礎研究成果 ——「從 1 到 N」的創新上，在「從 0 到 1」的原始創新、基礎創新、無中生有的科技創新方面相對不足，然而關鍵環節的技術是買不來、討不來的。新基建戰略的重要意義，就是要加快佈局

一批以大科學裝置和大試驗平台為代表的創新基礎設施，通過加大研發投入、加強基礎性的原始創新、促進科研成果轉化等措施，破除中國在數字經濟發展中存在的薄弱環節，力爭在世界科技前沿取得突破。

首先，要加大「從 0 到 1」環節的基礎研究投入。儘管 2021 年中國研發投入總量突破 2.79 萬億元，佔 GDP 比重的 2.44%，研發投入總量已經位居全球第二；但是投向較為分散，一些需要長期投入的關鍵性基礎研究領域缺乏足夠的投入。2021 年全國基礎研究經費為 1696 億元，基礎研究投入僅佔研發投入總量的 6.09%，與全球主要創新型國家多為 15%~20% 的投入相比差距較大。因此，要切實加大基礎研究投入，將基礎研發投入從 2021 年的 6%，到 2025 年逐步提高到 8%，爭取到 2035 年達到 20%，與全球主要創新型國家持平。

其次，研發要圍繞數字經濟發展中迫切需要解決的問題。具體來說就是要着力於科研攻關，消除從「萬物發聲」邁向「智慧網聯」，進而實現「數字孿生」的過程中，在芯片、傳感器、通信、操作系統、工業軟件和算力六個領域存在的薄弱環節，避免出現關鍵領域被「卡脖子」的局面。

再次，研發要面向世界科技前沿。中國不僅要補齊關鍵科技領域的短板，還要主動進行超前研發，力爭在世界科技的最前沿取得新突破，儘快掌握一批「人無我有」的尖端科技，對其他國家在某些領域對中國「卡脖子」的行為進行均衡威懾。只有在科技領域形成均勢，才能避免在科技博弈中處於被動，達到以鬥爭求合作的戰略目的。人類科技最終是要在國際科技合作中不斷發展和進步的，中國將以更加開放的姿態，參與並加強國際科技合作。

最後，在創新體制上要進一步深化改革，暢通科技成果轉化鏈條，努力將科技成果轉化率由現在的 10% 左右提高到 30% 甚至 40%，打造基礎研究、區域創新、開放創新和前沿創新深度融合的協調創新體系，進一步激發全社會的創新創造的動能。

新基建將助推中國引領第四次工業革命 —— 數字革命。因此我們必

須要從文明更迭的角度，理解、把握好習近平所講的「百年未有之大變局」，圍繞黨中央提出的新基建戰略，抓住機遇謀發展，在努力彌補中國在科學技術上的短板的同時，在社會經濟領域同樣要突破短板，創新數字經濟理論和實踐，通過新型基礎設施建設孕育全球領先的數字生產力，用先進的數字生產力讓中國能夠成為第四次工業革命的引領者。

四、中國數字生產力領域存在的短板

數字生產力融合、賦能傳統產業，涉及大量核心技術、核心硬件裝備、高端軟件產品的突破。在這方面中國仍然存在不少短板。

（一）高性能芯片

芯片是現代數字經濟的核心基礎和物理載體。中國在芯片設計、芯片封裝測試的某些領域已經趕上世界先進水平，但是高性能芯片製造方面仍然薄弱，具體體現在 EDA（電子設計自動化）工具、核心原材料和半導體設備等方面的短板。

首先是 EDA 工具領域，EDA 工具的使用貫穿了芯片設計、製造和封測，一旦受制於人，則整個芯片產業的發展都將受到極大限制。目前全球 EDA 行業處於絕對領先的是新思（Synopsys）、楷登（Cadence）和西門子 EDA（收購 Mentor），三大巨頭的市場佔有率高達 80%，中國芯片設計和製造長期依賴這三大巨頭；雖然近年來國內領先的 EDA 企業在部分類型的芯片設計和製造領域實現了全流程覆蓋，在部分點工具領域取得了一定突破，躍居全球第二梯隊，但整體技術水平距離國際巨頭尚有較大差距。

其次是原材料，中國自主研發不斷跟進，但在最高端產品研發方面仍有待提升。比如，大尺寸硅片是高性能芯片最核心的原材料，工藝技術門檻極高，呈現高度壟斷格局，逾九成市場份額被信越化學、環球晶圓、勝

高和 SKSilitron 佔據（特別是大部分輕摻雜的八英吋[①]片以及超過 95% 的 12 英吋片）。中國大陸的大尺寸硅片起步較晚，技術累積相對不足，缺乏核心設備特別是晶體生長爐，不過隨着近年來的不斷發展，已經有公司實現了核心晶體生長設備的自主可控，從而實現了從八英吋硅片到 12 英吋硅片的國產化，逐步向全球用戶供貨，而且正在加速突破更大尺寸的 18 英吋晶體生長技術。再如光刻膠，高端半導體光刻膠長期被東京應化、JSR、住友化學等日企以及陶氏化學、默克等歐美企業所壟斷，目前中國雖然成功研發 g 線（第一代）、i 線（第二代）、KrF（第三代）和 ArF（第四代）光刻膠，但最高端的 EUV 光刻膠（第五代）仍處於早期研發階段。

最後，中國在半導體設備領域實現了部分國產化，但最核心的設備仍然差距明顯。具體來看，中國半導體去膠設備已實現較高水平的國產化；刻蝕機方面與國際先進的水平差距正不斷縮小；清洗設備、薄膜沉積設備、離子注入機等方面實現了少量的國產化；塗膠顯影機、CMP（化學機械拋光）設備已研發成功且實現量產供貨，打破了外資壟斷；但是高端光刻機仍然處於空白。光刻工藝直接決定芯片製程和性能，是芯片製造環節最關鍵的工藝步驟，而光刻機是核心設備，處於高度壟斷狀態，其技術含量之高、結構之複雜，被譽為「現代工業皇冠上的明珠」，尤其是最先進的 EUV 光刻機，僅荷蘭的阿斯麥（ASML）能夠量產。中國的高端光刻機完全依賴進口，且最先進的 EUV 光刻機屬於被「封鎖」狀態，自主研發的光刻機雖然取得了一定進展，但在製程上仍然有差距，實現追趕任重而道遠。

（二）智能儀器儀錶、傳感器

檢測、顯示信息的智能儀器儀錶、檢測終端是「萬物發聲」的關鍵。要在五大性能指標上達到要求：一是靈敏度，二是準確性，三是可靠性，

[①] 1 英吋約等於 2.54 厘米。—— 編者註

四是能耗，五是安全性。如果沒有以傳感器和檢測芯片為基礎的高性能智能儀器儀錶、檢測終端，智能製造就是空中樓閣。中國在這方面與歐美、日本的差距，比芯片領域的差距還要大。有數據顯示，美國的儀器儀錶、檢測系統的產值只佔工業總產值的 4%，但卻帶動美國 60% 的工業實現了工業自動化。

如果將雲計算、人工智能、大數據、移動互聯網組成的數字綜合體類比為一個智慧人體，那麼傳感器就是這個智慧人體的感官和神經末梢，能夠準確、及時地感知到「萬物發聲」，並轉化為易於識別的數字信息。傳感器行業屬於技術密集型、知識密集型行業，需要長期研發的沉澱和積累。目前全球的傳感器市場主要由美國、德國、日本等國的少數幾家公司主導，博世、霍尼韋爾、德州儀器、飛思卡爾、飛利浦、意法半導體等企業的市場份額合計超過 60%。中國傳感器產品多集中在中低端，高端智能傳感器產品比如各類 MEMS（微機電系統）傳感器的自給率不高；在核心製造技術、工藝裝備和人才儲備上，距離國際領先水平尚有差距。

（三）移動通信技術

5G 是「萬物萬聯」的紐帶，具備高帶寬、低延時、高速度、低能耗、高可靠性五大性能。中國的 5G 在關鍵指標、基礎性技術、網絡架構設計、國際標準制定等方面均實現了率先和主導，但也存在着核心元器件、通信芯片製造等基礎硬件受制於人的情況。下一步，我們還需要進一步豐富應用場景，加速推進 5G 賦能千行百業，支持各種應用創新。同時，按照移動通信每十年更新一代的發展規律，前瞻佈局 6G（第六代移動通信技術）網絡技術儲備，確保中國在下一代通信技術中的領先優勢。

（四）操作系統

5G 能夠實現萬物萬聯，但是要把各種應用與終端有機糅合到一起，則需要操作系統，可以說操作系統是「人機互動」的底座。作為管理硬件和軟件資源的基礎軟件，操作系統的主要功能包括管理處理器的進程，合

理地分配計算資源；管理存儲空間內的數據；管理硬件設備；管理文件系統；以圖形界面、語音互動等方式協助進行人機互動等。

長期以來，PC 端操作系統微軟一家獨大，蘋果的 MacOS 系列佔據少量份額；移動端操作系統由谷歌的安卓、蘋果的 IOS 壟斷；總體而言，中國在操作系統層面一直處於受制於人的局面。

在物聯網下的產業互聯網領域，應用形態更為豐富，應用場景更為分散，終端呈現海量碎片化的格局，對操作系統提出了全新的要求。在這一領域，中國操作系統取得了一定的突破，出現了一些自主研發的操作系統廠商和相關生態。比如，華為的鴻蒙作為面向物聯網和萬物萬聯的全場景分佈式操作系統，為不同設備的智能化、互聯與協同提供統一的語言，未來有望實現跨終端的協同體驗。2021 年 9 月，華為與國家能源集團聯合發佈了適用於礦山管理場景的礦山鴻蒙操作系統，破除各類採礦設備之間的信息壁壘，提高生產效率，而且與手機、智能穿戴等終端互聯互通，進行更加精確的環境感知、人員定位、健康檢測，提高井下作業安全性，是鴻蒙操作系統在工業領域的一次新突破。但是，目前國產操作系統要實現在更廣闊物聯網場景下的應用，仍然面臨適配性不足、生態不完整等問題。

總體而言，中國還要進一步加大操作系統的研發強度，扭轉智能製造的「底座」受制於人的局面。

（五）工業軟件

工業軟件是智能製造、工業 4.0 的大腦。與發達國家相比，中國工業軟件起步較晚，技術儲備不足。有數據顯示，中國工業軟件產值僅佔全球產值的 6%，與中國工業產值全球第一的地位嚴重不匹配，而且高端工業軟件領域主要由外資主導。

具體來看，工業軟件可以大致分為研發設計類，包括 CAE（計算機輔助工程）、CAD（計算機輔助設計）、CAM（計算機輔助製造）和之前提到的 EDA 等；生產控制類，包括 MES 等；運營管理類，包括 ERP、

CRM 等；嵌入式軟件，比如嵌入式操作系統、嵌入式應用軟件等。從總量上看，中國工業軟件的產值與中國的經濟規模、工業產值不相匹配；而從結構上看，自主研發的工業軟件很多都集中在運營管理類，在更加核心的研發設計類軟件上與國外領先企業的差距則更大，比如 CAE 類軟件完全被海外產品壟斷，歐美的 Ansys、Altair、海克斯康（收購 MSC）等公司佔據了超過 95% 的市場份額；CAD 類軟件，西門子、達索、PTC、Autodesk 等歐美企業也佔據絕對主導。雖然國內產品取得了一定的進展，但還存在研發投入不足、教學和科研被國際軟件巨頭深度捆綁、商業轉化不足等問題，需要持續進行突破。

工業軟件並不單純是一種信息化工具，其本質是將各類工業場景下總結出來的知識和經驗以軟件為載體進行保存和沉澱，並在相似的場景中進行利用。因此，工業軟件的水平與工業的先進程度直接掛鈎。從這個角度上講，要求工業軟件在短時間內全面追趕甚至超越國際領先水平並不現實，但是實現關鍵工業軟件的自主可控的確十分必要。2021 年 10 月，中共中央政治局就推動中國數字經濟健康發展進行集體學習，習近平對工業軟件的發展作出了重要指示：「要重點突破關鍵軟件，推動軟件產業做大做強，提升關鍵軟件技術創新和供給能力」。

（六）算力

支撐「智慧網聯」的還有算力。通過「萬物發聲」、萬物萬聯會產生各種各樣的大數據，包括整個空間泛在的數據、老百姓消費生活的數據、企業生產運營的數據，數據在使用時疊加新的數據，形成數據庫的存儲、通信和計算的問題。如果說工業互聯網、產業互聯網、數字經濟的基礎的條件是能使「萬物發聲」的檢測，促使萬物互聯的紐帶是 5G 通信，那麼實現人機互動、智慧世界的關鍵就在於算力，在於由大數據、雲計算、人工智能、區塊鏈等數字化綜合體形成的算力。

算力包含五個方面的能力：一是計算速度，芯片、服務器、超算系統都反映這方面能力；二是算法，由大量數學家、程序員進行開發和優化；

三是大數據存儲量，包含靜態數據、動態數據和經過人類大腦和計算機處理、計算後產生的數據；四是通信能力，體現在 5G 基站的數量、通信的速度、遲延、帶寬、可靠性和能耗；五是雲計算服務能力，包括數據處理中心的規模、服務器的數量等。數字時代，算力將是國家與國家、地區與地區之間競爭的核心。

中國目前有 13 個超算中心，領先的超算中心比如「神威太湖之光」「天河二號」，它們的算力位居世界前十。使用中國自主研發的「申威」系列處理器的「神威太湖之光」曾經連續四年在全球 500 強最快超算排行榜中排名第一，直到最近幾年才連續被日本的「富嶽」，美國的「Summit」「Sierra」等超算超越。中國在算力方面取得了令人矚目的成績，但仍然存在一定的短板：一是從整體來看，中國自研的計算機芯片與美國英特爾、英偉達等生產的芯片仍有較大差距；二是部分超算中心的算力資源仍然沒有得到充分利用，可以將一部分閒置的超算資源掛牌交易。

這六個領域又是環環相扣、彼此交織的。比如，如果沒有智能儀器儀錶，就無法形成「萬物發聲」，那麼 5G 也將缺乏應用場景；如果芯片製造跟不上，算力、傳感器就難以為繼；傳統產業進行數字化轉型升級要經歷五個步驟，每一步都涉及上述六個領域中的關鍵硬件和軟件。如果在這六個領域中存在明顯的薄弱環節，數字化轉型就會面臨障礙。

五、數字生產力的未來

（一）量子計算

1. 概念與發展歷程

（1）量子計算源起

隨着數據時代的不斷發展，數據庫體量越來越龐大，數據分析算法的複雜度越來越高，計算效率作為大數據技術發展的關鍵，傳統計算機技術

的數據處理能力已經不能滿足數據規模持續擴大的需要。根據摩爾定律，集成晶體管的數目隨時間指數級增加。傳統電腦芯片的集成度每 18 個月翻一倍，當集成電路線寬小於 0.1 微米時，量子效應就會影響電子的運動，並嚴重影響其性能。[1] 量子計算的出現為突破傳統計算機芯片技術的極限提供了新的理論方向和實現方法。

（2）量子計算相關概念

量子計算（Quantum computing）屬於量子信息技術領域，是一種突破性計算技術。它以當代量子力學和量子信息理論為基礎，利用疊加和糾纏等量子現象來進行分析計算，具備巨大信息攜帶量以及超強並行計算能力。[2] 疊加效應和糾纏態等量子現象遵循量子力學規律，並通過調控量子信息單元實現量子計算的效應。[2]

量子計算的基本信息單位為量子比特（qubit）。量子比特是運用量子態 | 0> 和 | 1> 來代替經典比特狀態 0 和 1，每個量子比特的狀態都是 0 或 1 的線性組合（通常稱為疊加態）。[2] 量子態是量子系統的狀態，量子態可以表述為一個波函數（或概率幅），用量子態來表示的信息，就是量子信息。[1]

量子計算機是一種存儲和處理量子信息並運行量子算法的物理設備，通過控制微觀粒子產生的疊加態和糾纏態來記錄和操作信息。[3] 量子計算機與電子計算機的工作原理完全不同，其具備的量子特性使其計算性能可以遠遠突破電子計算機的限制。

（3）量子計算的特點

量子計算是利用量子態的性質來執行並行計算，因此，量子計算機在基礎單位、算力以及計算模式方面都與經典計算機存在很大差異。

首先，與經典計算不同的是，基於量子信息的量子計算的基本計算單位為量子比特。其次，在計算能力方面，由於量子計算的基本單位是量子比特，而量子比特具有獨特的能夠同時包含 0 和 1 的疊加態，量子計算的計算能力相較於電子計算有了顯著提高。經典計算中 n 個比特可實現的 n 級算力，與晶體管數量成線性正相關，而 n 個量子比特有 2^n 級算力，相

比電子計算是指數級的變化，見圖 3-1。最後，量子計算的運算模式具備並行性，也就是可同時對 2^n 個數進行計算，而經典計算機的運算模式是一次運算只能處理一次計算任務。

　　量子計算除了在上述三個方面中有較大不同外，量子現象中的量子糾纏（quantum entanglement）也決定了量子計算的整體性。量子糾纏是發生在量子系統的量子現象。在量子力學中，幾個粒子在相互作用後，由於各個粒子所擁有的特性已綜合成為整體性質，因此只能對整體系統的性質進行描述，而無法對各個粒子的性質描述的現象就是量子纏結或量子糾纏，當一個量子發生改變時，另一個量子也會隨之改變。[4] 量子糾纏決定了量子計算的整體性。

　　因此，量子計算具備的疊加性、並行性和整體性解決了電子計算目前面臨的技術瓶頸。量子計算機具備的「量子優越性」是指它具備真正的並行性和整體性，擁有巨大的存儲數據能力，並且能夠使某些量子算法擁有超強加速能力。[1] 一旦量子計算機強大到可以完成經典計算機無法執行的計算時，量子計算機的核心優勢就完全展現成為「量子霸權」。

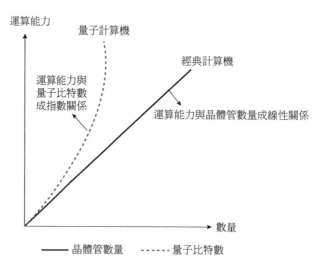

圖 3-1　經典計算機與量子計算機運算能力對比

資料來源：根據公開資料整理

（4）兩次量子革命

第一次量子革命始於 20 世紀初，結束於 20 世紀 20 年代薛定諤波動方程等量子力學基本理論的提出。[1] 在第一次量子革命中，量子力學取得了極大的突破。通過對宏觀量子行為的利用和控制，研發出以半導體、激光、超導為代表的重要信息技術，但此次革命基於量子效應的量子技術應用產品還較少，[1] 處理的信息依舊是處在 0 或 1 的確定狀態，以二進制方式進行運算的經典模式。

第二次量子革命自 20 世紀末開始，操控量子行為開始進入以電子、光子為代表的微觀物理體系，量子信息理論逐漸形成，基於量子力學和量子信息理論，以量子信息技術為代表的新型量子技術產品逐步湧現，實現了對量子信息的獲取、處理和傳輸能力。[8] 另外，超弦理論研究、以拓撲物態為代表的多體系統的量子糾纏的研究等，促使量子計算有了突破性發展。[1] 區別於第一次量子革命，第二次量子革命中處理的信息並非經典信息，而是量子信息。

2. 全球量子計算領域的相關政策

量子計算已經成為全球產業變革以及科技革命的核心競爭領域，各國都在紛紛推進量子計算領域的規劃，以確保在量子技術方面具有全球競爭力。

（1）國外政策

美國在量子信息科學領域的政策管理方面較為完善，技術也具備一定的領先優勢。2002 年，美國開始探索量子技術並發佈《量子信息科學與技術規劃》。2009 年，美國國家科學技術委員會發佈《量子信息科學的聯邦願景》，指出為保證全球競爭力，政府需對量子信息科學進行持續關注。2016 年，《發展量子信息科學：國家的挑戰與機遇》報告中指出了美國量子計算研發過程中的障礙。2018 年美國國家層面的戰略《量子信息科學國家戰略概述》發佈。同年 12 月，美國頒佈的《國家量子計劃法案》提出開發新一代傳感器、打造量子計算機、建立全球量子通信系統三大目標，並把重點聚焦在量子傳感、量子計算、量子網絡、量子器件四類基礎

科學研究上。2020 年，《美國量子網絡戰略構想》報告和《量子前沿》報告相繼提出了量子信息科學的前沿領域及問題。2021 年《量子網絡研究的協調方法》發佈，建議聯邦機構可以共同採取行動來推進建立國家的相關知識基礎體系，以及做好利用量子網絡的準備。

歐盟在量子科技方面的政策規劃起始於 20 世紀 90 年代。1993 年歐盟加大了量子通信領域的研發力度，聚焦於量子遠程傳態。2007 — 2014 年，量子密碼通信和量子密集編碼成為歐盟重點研究領域。[5] 2016 年 3 月，《量子宣言（草案）》由歐盟委員會發佈，草案的發佈旨在全球範圍內，樹立歐洲量子技術的領導者地位，增強量子研究與跨領域應用能力。2018 年，宣言中的「量子技術旗艦計劃」正式啟動，總投資額為十億歐元，主要關注量子通信、量子模擬器、量子傳感器和量子計算機四個領域。[5] 2020 年 5 月，歐盟「量子技術旗艦計劃」發佈的戰略研究議程（SRA）報告中表示，歐盟在三年中將繼續推動建設覆蓋歐洲範圍的量子通信網絡，為「量子互聯網」奠定基礎。

英國於 2015 年先後發佈《量子技術國家戰略》與《英國量子技術路線圖》，以此確定了量子技術的重要戰略地位。[6] 2016 年，英國啟動「國家量子技術專項」，以 2020 年為節點分為兩個階段，第一階段投資 2.7 億英鎊。[8]

澳大利亞聯邦政府在 2017 年發佈了《2030 戰略規劃》，指出持續發展量子計算技術是澳大利亞 2030 年中長期創新戰略規劃的重要方向之一。[8]

俄羅斯在 2019 年宣佈了《國家量子行動計劃》，目前計劃有效期為 2020 — 2025 年，國家投資總額約 7.9 億美元。[5]

日本政府於 2016 年 1 月發佈了《第五期科學技術基本計劃》，指出量子技術為創造新價值的核心基礎技術。2017 年 2 月，日本文部科學省基礎前沿研究會發表了《關於量子科學技術的最新推動方向》，表明量子信息處理和通信、量子測量等領域成為重點發展領域。2018 年 3 月，日本文部省發佈的「量子飛躍旗艦計劃」，旨在通過光量子科學技術等研究

解決國家重要經濟和社會問題。[6] 2022 年 4 月 6 日，日本岸田內閣有關量子技術的新國家戰略草案《量子未來社會展望》（暫定名）公佈。該戰略設定一定的目標，包括 2022 年內建成第一台「日本國產量子計算機」以及基於量子技術的生產額達到約 4000 億美元規模等。[7]

　　國外重點國家量子計算相關政策匯總如表 3-1 所示：

表 3-1　國外量子計算相關政策匯總

國家和地區	年份	發佈政策
美國	2002	《量子信息科學與技術規劃》
	2009	《量子信息科學的聯邦願景》
	2016	《發展量子信息科學：國家的挑戰與機遇》
	2018	《量子信息科學國家戰略概述》
	2018	《國家量子計劃法案》
	2020	《美國量子網絡戰略構想》
	2020	《量子前沿》
	2021	《量子網絡研究的協調方法》
歐盟	2016	《量子宣言（草案）》
	2018	「量子技術旗艦計劃」啟動
	2020	「量子技術旗艦計劃」戰略研究議程（SRA）報告
英國	2015	《量子技術國家戰略》
	2015	《英國量子技術路線圖》
澳大利亞	2017	《2030 戰略規劃》
俄羅斯	2019	《國家量子行動計劃》
日本	2016	《第五期科學技術基本計劃》
	2017	《關於量子科學技術的最新推動方向》
	2018	「量子飛躍旗艦計劃」啟動
	2022	《量子未來社會展望》（暫定名）

資料來源：根據公開資料整理

（2）國內政策

中國高度重視量子計算的發展與應用，支持政策陸續出台，已經形成了從國家到地方的完整的研究體系。中國量子計算的各類政策，旨在明確量子科技的重要戰略意義和科學價值，加快佈局一批量子信息重點領域的重要應用、培養量子計算相關的未來產業。政策匯總詳見表 3-2。

表 3-2　國內量子計算相關政策

時間	政策名稱	主要內容
2005.12	《國家中長期科學和技術發展規劃綱要（2006 — 2020 年）》	重點研究量子通信的載體和調控原理及方法
2016.06	《長江三角洲城市群發展規劃》	積極建設「京滬幹線」量子通信工程，促進量子通信技術的應用
2016.07	《「十三五」國家科技創新規劃》（國發〔2016〕43 號）	面向 2030 年，選擇一批體現國家戰略意圖的重大科技項目
2016.12	《「十三五」國家信息化規劃》	加強量子通信、未來網絡、類腦計算、人工智能等新技術基礎研發和前沿佈局，構築新賽場先發主導優勢
2017.05	《「十三五」國家基礎研究專項規劃》（國科發基〔2017〕162 號）	量子通信研究面向多用戶聯網的量子通信關鍵技術和設備，率先突破量子保密通信技術，建設超遠距離光纖量子通信網，開展星地量子通信研究系統，構建完整的空地一體廣域量子通信網絡體系
2017.11	《關於組織實施 2018 年到新一代信息基礎設施建設工程的通知》	重點支持國家廣域量子保密通信骨幹網絡建設一期工程，構建量子保密通信網絡運營服務體系，進一步推進其在信息通信領域及政務、金融、電力等行業的應用
2019.12	《長江三角洲區域一體化發展規劃綱要》	加快培育佈局一批量子信息等重點領域未來產業。統籌佈局和規劃建設量子保密通信幹線網，實現與國家廣域量子通信骨幹網無縫對接，開展量子通信應用試點
2020.05	《廣東省人民政府關於培育發展戰略性支柱產業集群和戰略性新興產業集群的意見》	區塊鏈與量子信息產業集群為十大戰略性新興產業集群。打造全國量子信息產業高地
2020.06	《重慶市新型基礎設施重大項目建設行動方案（2020 — 2022 年）》	提前佈局量子通信網，探索量子通信信息安全加密服務應用，逐步拓展量子安全認證和量子加密終端等新型應用場景

續上表

時間	政策名稱	主要內容
2020.08	《浙江省數字經濟發展領導小組關於深入實施數字經濟「一號工程」的若干意見》	建成和運營國家（杭州）新型互聯網交換中心。加快區域量子通信商用幹線網絡、衛星互聯網等通信網絡基礎設施建設
2020.10	中央政治局第二十四次集體學習	量子科技發展具有重大科學意義和戰略價值，是一項對傳統技術體系產生衝擊、進行重構的重大顛覆性技術創新，將引領新一輪科技革命和產業變革方向
2021.03	《中華人民共和國國民經濟和社會發展第十四個五年規劃和2035年遠景目標綱要》	瞄準人工智能、量子信息、集成電路等前沿領域，實施一批具有前瞻性、戰略性的國家重大科技項目。加快佈局量子計算、量子通信、神經芯片、DNA 存儲等前沿技術

資料來源：根據公開資料整理

3.量子計算技術發展現狀

（1）量子計算主流技術路線

量子比特操控精度是衡量量子芯片性能的一個核心指標。目前，在主流國際技術路線中共有五種用於制備和操控量子比特的方法，分別為半導體、超導、離子阱、拓撲和光量子。[8] 雖然不同技術路線的物理原理不同，但製作出糾纏態的最基本粒子以及不斷提高可操控量子比特數量是各類物理體系的共同目標。各種技術路線都具備不同的優勢和局限性，其中，超導量子電路受關注程度較高，國際各大機構和企業均已開展超導量子比特實驗研究。中國量子計算原型機「祖沖之號」就是超導量子計算模式。另外，中國也在量子光學路線研究方面處於領先優勢，量子計算原型機「九章」就是具有 76 個光子的量子計算機。微軟是研究拓撲量子計算路線的主要企業，該路線無需糾錯算法、相干時間長、保真度強，因而也受到廣泛關注。[2] 目前，超導、離子阱、半導體量子點和光量子技術路線四種路徑均已製作出物理原型機，但拓撲量子尚無物理層面的實現。[2]

在量子芯片的研發中，世界各國也在積極尋找更精確的量子比特，以實現對傳統比特的重大突破。2022 年 3 月 24 日，阿里巴巴公佈了達摩

院量子實驗室最新研發的新型超導量子芯片，芯片基於新型超導量子比特fluxonium 磁通型，在該芯片上實現兩比特門 99.72% 的操控精度，達到此類比特的全球最佳水平。[9]2022 年，硅量子計算實現重大突破，三篇論文實現 2Q 門保真度 99% 以上，其中荷蘭的代爾夫特理工大學團隊通過使用硅／硅鍺合金量子點的電子自旋，實現了 99.87% 的單量子比特保真度和99.65% 的雙量子比特保真度。[10]

（2）量子計算原型機

量子計算目前還處於原型機研發階段，對粒子狀態的控制依然是需要突破的難點，美國 IBM（國際商業機器公司）和加拿大 D-Wave 系統公司已經在銷售量子計算機的使用權。[11]

2019 年，谷歌發佈超導量子芯片「懸鈴木」（Sycamore），公佈有效量子比特數 53 個，對一個數學算法的計算只需 200 秒。2021 年 11 月，使用谷歌的「懸鈴木」量子計算機創建了 20 個量子比特時間晶體（Time crystal）的新物質相。2022 年 3 月，澳大利亞研發出由 57 個量子比特組成的時間晶體，成為截至目前最大的時間晶體。[12]

2020 年 12 月，潘建偉團隊與中科院上海微系統所、國家並行計算機工程技術研究中心合作，成功構建 76 個光子的量子計算原型機，求解數學算法高斯玻色取樣只需 200 秒。[13]2021 年 10 月，潘建偉團隊等繼續合作成功構建 113 個光子 144 模式的量子計算原型機「九章二號」，求解高斯玻色取樣數學問題比目前全球最快的超級計算機快 10^{24} 倍。[14] 2021 年5 月，潘建偉院士團隊成功研製了操縱的超導量子比特數量為 62 個的量子計算原型機「祖沖之號」。2021 年 10 月，潘建偉院士研究團隊與中科院上海技術物理研究所合作，成功構建 66 比特可編程超導量子計算原型機「祖沖之二號」。其計算複雜度比谷歌推出的「懸鈴木」提高 100 萬倍，求解「量子隨機線路取樣」任務的速度比全球最快的超級計算機快 1000萬倍以上。[15]

中國電子科技集團首席科學家、中國預警機總設計師陸軍院士帶領預警機團隊研發成功國內首台量子計算機工程化樣機，實現了中國量子工

程的重大突破。蘇州市聯合中國電科集團成立量子科技長三角產業創新中心，投入 24 億元研發經費，組建一流研發團隊開展量子算力網、量子計算機、量子芯片領域科學體系重大工程。以此為基準，正在形成量子計算機科學體系工程的標準體系，包括量子計算機設計規範和測試儀器儀錶等。量子工程團隊正在設計自主首套量子計算機的製造裝備，構建量子計算機科學體系工程的產業基礎，包括量子算力網、超導量子計算機製造相關設備產業鏈和量子計算機製造裝備控制軟件等。這些量子工程核心科技創新正在為先進的中國量子工程產業奠定基礎。

總而言之，全球各個國家都不斷地在量子科技領域加大研發力度，已取得了一系列技術研發和應用的重大突破。美國集中研究量子計算和量子網絡，依然保持着在量子技術方面的全球優勢。根據全球量子計算專利有效性數據統計，美國穩居第一，中國處於第二位，加拿大、日本緊隨其後。中國在量子通信領域取得了一系列重大成績，但在量子計算方面仍落後於美國、日本和歐洲。[11]

4. 量子計算的應用

隨着人類數據的爆炸式增長，各個領域對海量數據處理能力的要求在快速增加。量子計算突破了傳統計算技術的限制，實現了計算能力的巨大飛躍。量子計算可運用在信息安全、量子通信、人工智能、金融工程以及腦科學、空天科技等領域。

（1）信息安全

現代密碼體系目前已廣泛應用在日常生活中的各個方面，很多密碼在電子計算機上難以破解，但如果有了強大的量子計算機配合 Shor 算法（舒爾算法），就能在短時間內破解現有的密碼體系。[8] 2018 年美國哈德遜研究所發佈的《量子計算：如何應對國家安全風險》（*Quantum Computing：How to Address the National Security Risk*）中指出，當通用型量子計算機成功問世，或專用量子計算機達到 300 個量子比特可控的計算力時，國家級機密信息、商業機密以及個人隱私信息等都將無所遁形，任何傳統加密系統都不再有祕密可言。[16] 因此，利用量子計算技術佈局信息安全已是

信息領域的必由之路。

美國已投入大量經費組建量子科學實驗室用於支持國家安全局等機構，研發用於加密的量子計算機以保證國家安全。美國國防機構提供經費支持 IBM、谷歌等公司的專用量子計算技術研發。除直接的資金投入外，美國國防機構也在與各類技術研究部門進行協同合作，比如美國國家安全局、美國海軍水面作戰中心等國家安全保障機構分別與美國各大高校聯合建立量子研究院、研究中心或在研究項目上進行合作。[8]

（2）量子通信

量子通信是利用量子的特性，在經典通信輔助下為通信收發雙方進行量子密鑰的產生、分發和接收，並進行信息傳遞的新型通信方式。量子通信技術作為當前安全保密等級最高的通信手段，通過使用一次一密的加密策略，解決了密鑰的安全傳輸和竊聽檢測等技術難題，提供了對通信的絕對安全性保證。[17]擁有量子計算加持的量子通信技術能被廣泛應用在公共事務管理、社會服務以及經濟發展等各個領域，世界各國都在這一領域加大了投入力度。

2021 年 8 月，27 個歐盟成員國承諾與歐盟委員會和歐洲航天局（ESA）合作，共同建設一個覆蓋整個歐盟的安全量子通信基礎設施 EuroQCI，EuroQCI 結合了量子密碼學、量子系統集、量子物理學，並利用量子技術提供多層安全保護。[18]EuroQCI 旨在保護歐盟網絡安全和推動歐盟量子技術的應用水平，保護歐洲政府之間、能源網、數據中心等關鍵站點之間的數據傳輸，其將成為歐盟未來新網絡安全戰略的主要支柱。

中國量子科學領域主攻方向之一就是量子通信技術。2017 年，中國線路總長超過 2000 公里的量子保密通信「京滬幹線」正式開通，成為世界上最遠距離的基於可信中繼方案的量子安全密鑰分發幹線。[19] 2018 年，國家廣域量子保密通信骨幹網絡建設一期工程正式開始，「京滬幹線」上又增加武漢和廣州兩個骨幹節點，光纖量子保密通信網絡長度達 7000 公里左右。[20] 2019 年，《長江三角洲區域一體化發展規劃綱要》中提出，在長三角地區將建設覆蓋 16 個主要城市、1013 公里的量子保密幹線環

網，並在城市群內廣泛開展量子通信應用試點。[21]2020 年 10 月，國科量子通信網絡有限公司分別和文昌國際航天城管理局、中國廣電下屬中國有線電視網絡有限公司簽署合作協議，致力於打造海南全球第一條「星地一體」環島量子保密通信網絡。2021 年，中央網絡安全和信息化委員會印發《「十四五」國家信息化規劃》，規劃涉及多項量子信息領域的研發建設工程，包括量子信息設施和試驗環境的基礎設施建設、量子信息等關鍵前沿領域的戰略研究和技術融通創新等。

（3）人工智能和量子機器學習

量子計算與人工智能的交匯融合能加快人工智能的研發速度、拓寬人工智能的應用場景，從而創造更大的人工智能應用價值。人工智能的基礎是數據、算法、算力，由於人工智能已經向更高應用階段比如多場景、規模化等方向轉變，算法模型的參數量也呈指數級增加。根據摩爾定律，當人工智能模型的複雜度越來越高，傳統計算機的算力瓶頸將成為人工智能發展的重要制約因素。因此，利用量子計算的強大算力能夠有效提高人工智能的學習能力，提升模型訓練的速度以及處理複雜網絡的能力。

量子機器學習算法模型就是利用量子理論的優勢改進機器學習算法，促進機器學習算法的量子化，打造量子機器學習強大的記憶容量、學習能力和處理速度，以及強穩定性和可靠性等優勢。[22]區別於傳統神經網絡的單個網絡，量子神經網絡的並行性可以通過更多網絡存儲更多算法模式，擁有指數級存儲和檢索能力的量子神經網絡可以模擬人類大腦或者模擬黑洞。2020 年谷歌宣佈了一款用於訓練量子模型的機器學習庫 TensorFlow Quantum（簡稱 TFQ）。TFQ 包含以特定量子比特、門、電路為例的量子計算所需的基本結構，用戶可以在模擬或真實硬件上執行。[23]

（4）金融工程

金融行業建立在數據分析之上，隨着數字金融服務的普及，安全可靠、差異化的金融服務對計算能力提出了更高要求，量子計算在金融工程的前中後台都能發揮巨大的潛能。

比如，量子計算可對大量數據進行精確分析，從而準確擬定金融投資

組合、高效執行交易策略、靈敏預判各種風險等。目前全球已有超過 25
家國際大型銀行及金融機構與量子計算企業開展了合作研究。[24]比如，
2017 年，摩根大通加入 IBM 量子計算產業聯盟 Q Network，並共同開發
新型算法；2019 年 9 月，西班牙金融服務公司 CaixaBank 成功完成量子
計算模擬項目；2019 年 11 月，澳大利亞聯邦銀行與美國量子計算創業公
司 Rigetti Computing 合作，構建專用量子模擬器軟件系統，進行量子優化
投資組合再平衡策略實驗。[8]中國人民銀行清算總中心也利用量子通信等
網絡信息安全技術，通過量子「京滬幹線」＋ 本地量子城域網，建立了量
子密鑰分發系統，實現了數據中心間量子密鑰的生成，提高了數據傳輸的
安全性。

（二）腦科學與神經計算

1. 概念與發展歷程

（1）腦科學

大腦是人體最重要的器官，是支配人的一切生命活動的中樞，是一個
由上千億神經細胞構成的結構複雜、功能全面的超級計算機，腦科學是人
類認識自我的重大任務，是目前最具挑戰性的多學科交叉研究領域。

腦科學有狹義和廣義之分。《2021 全球腦科學發展報告》認為：「狹
義的腦科學一般指神經科學，是為了了解神經系統內分子水平、細胞水
平、細胞間的變化過程，以及這些過程在中樞功能控制系統內的整合作用
而進行的研究，主要包括神經發生、神經解剖學、神經生理學、神經通信
與生物物理學、神經化學與神經內分泌學、神經藥理學、記憶與行為、直
覺和神經障礙九個領域。廣義的腦科學是研究腦結構和腦功能的科學，主
要包括腦形態及結構、腦部分區及功能、腦細胞及工作原理、腦神經與網
絡系統、腦的進化與發育等領域的研究，以及對腦生理機能的研究。」廣
義的腦科學是從生物腦的角度出發，研究大腦的物理構成、生物機理和工
作機能，是一個認識腦的過程，但從更宏觀的角度看，腦科學不會僅停留
在認識腦，還需要研究如何更好地保護腦、開發腦和創造腦。保護腦就是

研究促進腦的發育，預防和治療腦部疾病，延緩腦的衰老；開發腦就是如何開發腦的功能，同時通過類腦研究，模擬腦的功能和工作原理；創造腦就是仿真大腦，開發腦型計算機。[25]

在中國 2016 年發佈的《「十三五」國家科技創新規劃》文件中，「腦科學與類腦研究」被列為「科技創新 2030 ─ 重大項目」，也被稱為中國「腦計劃」，文件提出，「以腦認知原理為主體，以類腦計算與腦機智能、腦重大疾病診治為兩翼，搭建關鍵技術平台，搶佔腦科學前沿研究制高點」。[26]

研究腦認知原理。大腦認知功能包括基本的腦認知功能（感知覺、學習和記憶、情緒等）和高級的腦認知功能（同情心、社會認知、合作行為、語言等），可以通過模式動物研究或者大腦結構圖譜的繪製等方法研究腦認知的原理和功能。

研究類腦計算（Brain-inspired Computing）與腦機智能，主要應用於人工智能技術的研發，通過類腦神經網絡模型、類腦計算處理以及存儲設備技術的研究，有助於開發新一代人工智能機器人，相關研究領域包括：類腦智能、腦機接口和腦機融合、新一代人工網絡模型和計算模型等。[27]

研發腦重大疾病診治新手段，以保護和維持大腦的正常功能，延緩大腦衰老退化，以攻克自閉症、上癮、阿爾茨海默病、帕金森等疾病為重要目標。

（2）類腦計算

類腦計算又被稱為神經形態計算（Neuromorphic Computing），是借鑒生物神經系統信息處理模式和結構的計算理論、體系結構、芯片設計以及應用模型與算法的總稱。現有的計算系統面臨兩個嚴重制約發展的瓶頸：一個是系統能耗過高的問題；另一個是對人腦能輕鬆勝任的認知任務處理能力不足，難以支撐高水平的智能。而類腦計算是對現有的計算體系和系統作出的變革，目標是要降低計算能耗，提升計算能力和效率。歐盟「人類大腦計劃」（Human Brain Project）建議報告中指出：「除人腦以外，

沒有任何一個自然或人工系統能夠具有對新環境與新挑戰的自適應能力、對新信息與新技能的自動獲取能力、在複雜環境下進行有效決策並穩定工作直至幾十年的能力。沒有任何系統能夠在多處損傷的情況下保持像人腦一樣好的魯棒性，在處理同樣複雜的任務時，沒有任何人工系統能夠媲美人腦的低能耗性。」[28] 因此在計算系統研究中，學習借鑒大腦成為一個重要的研究方向。類腦計算是腦科學和信息技術的高度融合。

類腦計算的研究可以分為神經科學的研究（特別是大腦信息處理基本原理的研究）、類腦計算器件（硬件）的研究和類腦學習與處理算法（軟件）的研究三個方面。[29]

① 大腦信息處理基本原理的研究

在神經科學領域，腦科學的研究為類腦計算的發展提供了重要基礎。目前對於單個神經元的結構與功能已經有較多了解。但對於功能相對簡單的神經元如何通過網絡組織起來，形成我們現在所知的最為高效的信息處理系統，還有很多問題尚待解決。

② 類腦計算器件（硬件）

類腦計算器件研究的初衷是模仿生物神經元的信息處理，在硬件結構上，從神經元結構、信息編碼方式到神經元群體組織結構、信息傳遞來逼近生物腦。[30] 現代計算機在能耗和性能上與人腦相比還存在巨大差距，現代計算機能耗高的一個重要原因是計算機普遍採用的馮·諾依曼架構，計算單元和存儲單元是分開的，計算單元計算前需要先從存儲單元中讀取數據，造成時延和大量功耗。而在人的大腦中，信息處理在神經網絡中實現，而數據本身則是分佈式地存儲於網絡的各個節點（比如由神經元內的離子濃度表徵）以及節點之間的連接（比如由突觸連接的強弱表徵）上，運算和存儲在結構上是高度一體化的。因此，用少量甚至單個電子器件模仿單個神經元的功能，將數量巨大的電子「神經元」以類腦的方式形成大規模並行處理的人工「神經網絡」，也是一個重要的研究方向。[29]

③ 類腦學習與處理算法（軟件）

神經形態模型是神經形態計算的重要組成部分，是在現有計算機硬件

系統上實施對生物腦神經網絡的模擬。

神經形態模型的基本組成單元是神經元模型，即模仿樹突、軸突和突觸結構的模型。腦神經元之間的通信依靠神經細胞膜電位的升降脈沖，借鑒該原理，研究人員提出了多種神經元模型，例如 Integrate-and-Fire（I&F）模型、Leak Integrate-and-Fire（LIF）模型等。神經元模型越接近真實神經元的結構特性，其模型就越複雜，模型應用效果在原則上也會越好。

神經網絡模型描述神經元突觸的連接關係，一方面可以遵從生物原理，另一方面可與生物網絡具有不同的拓撲結構。應用神經網絡模型，不同的神經元和突觸模型可組成多種多樣的神經網絡，從而形成種類豐富的神經形態模型。[31] 脈沖神經網絡（Spiking Neural Networks, SNN）作為第三代神經網絡，相較於目前應用效果較好的卷積神經網絡（Convolutional Neural Network, CNN）和循環神經網絡（Recurrent Neural Network, RNN）等第二代神經網絡，更加貼近腦神經元信息傳遞方式。[30] 儘管 SNN 在結構上對硬件實現更友好，但訓練存在一定難度，當前很多團隊正致力於開發 SNN 監督式學習規則，但 SNN 的實際應用依然較少。

2. 全球腦科學與神經計算領域的相關政策

近年來，在腦科學和類腦計算領域，美國、歐盟、日本等國家和組織紛紛宣佈啟動腦科學的相關研究計劃，即「腦計劃」，中國腦計劃也於「十三五」期間啟動。

（1）國外政策

1997 年，美國正式啟動「人類腦計劃」；其後美國國立衛生研究院（National Institutes of Health, NIH）推出了人類連接組項目（Human Connectome Project）。2014 年，NIH 啟動了「通過推動創新型神經技術開展大腦研究計劃」（Brain Research through Advancing Innovative Neurotechnologies, BRAIN），開啟了「BRAIN 1.0 時代」。計劃提出了九項優先發展的領域目標。項目最終目標是了解大腦如何產生思維、情緒和感覺，並且幫助治療腦功能紊亂患者。2018 年 4 月，NIH 成立腦科學

技術 2.0 工作組，並在 2019 年 6 月將報告《美國腦科學計劃 2.0》提交給美國國立衛生研究院諮詢委員會，標誌着「BRAIN 2.0 時代」開啟。該計劃從 2020 年開始，到 2026 年結束，主要內容包括七個方向：發現大腦多樣性、大腦多尺度影響、活的大腦、證明因果關係、確定基本原則、人類神經科學和其他。[25] 美國國防部高級研究計劃局（Defense Advanced Research Projects Agency, DARPA）支持的「神經形態自適應可塑可擴展電子系統」項目，在「微處理器」和「計算架構」兩個層次上模擬人腦神經元網絡的信息處理機制。[32]

2013 年，歐盟啟動了歐盟腦計劃，即「人類腦計劃」（Human Brain Project, HBP），計劃為期十年。但在 2015 年，歐盟人腦計劃放棄了在十年內實現人腦計算機仿真的研究目標，轉而主攻認知神經科學和類腦計算，形成了六大信息及技術平台（神經信息平台、大腦模擬平台、高性能計算平台、醫學信息平台、神經形態計算平台、神經機器人平台）和 12 個子項目。[33] 歐盟 HBP 計劃的一個重要目標是利用從大腦得到的模型發展新型計算技術，另一個重要目標是利用大腦研究類腦計算技術，實現智能、高效、低功耗的計算。項目第二階段原計劃於 2016 年 4 月開展，但最終未能如期進行。目前 HBP 項目逐漸銷聲匿跡。

日本 2016 年啟動腦計劃（Brain/MINDS）—— 疾病研究綜合神經技術腦圖繪製（Brain Mapping by Integrated Neurotechnologies for Disease Studies, MINDS），重點研究獼猴腦發育及疾病發生的動物腦圖模型。2018 年，日本正式啟動人腦計劃（Brain/MINDS Beyond），研究對象從猴腦拓展到人腦。

（2）國內政策

在正式啟動腦計劃之前，2001 年，中國科學家加入了「人類腦計劃」，並成為這一計劃的第 20 個成員國。2006 年出台的《國家中長期科學和技術發展規劃綱要（2006 — 2020 年）》將「腦科學與認知」列入基礎研究八個科學前沿問題之一。在「973」「863」計劃和科技支撐計劃支持下，中國在腦科學領域逐步加大研究投入。中科院在 2012 年啟動

了戰略性先導科技專項（B 類）「腦功能聯結圖譜計劃」（Mapping Brain Functional Connections, 簡稱腦聯結圖譜），目標是對特定腦功能的神經聯結通路和網絡結構的解析及模擬，2015 年該專項加入了人類腦智能研究領域，專項更名為「腦功能聯結圖譜與類腦智能研究」。[34]

2016 年，國家「十三五」規劃提出：「要強化宇宙演化、物質結構、生命起源、腦與認知等基礎前沿科學研究。」在同年頒佈的《「十三五」國家科技創新規劃》中，「腦科學與類腦研究」被列入「科技創新 2030 — 重大項目」，中國腦計劃啟動。中國腦計劃總體佈局可以概括為「一體兩翼」，即以腦認知原理為主體，以類腦計算與腦機智能、腦重大疾病診治為兩翼。「十三五」期間，北京和上海啟動「腦科學與類腦智能」地區計劃，成立了北京腦科學與類腦研究中心、上海腦科學與類腦研究中心，同時國內各大高校也紛紛成立類腦智能研究中心，例如北京大學 — IDG/ 麥戈文腦科學研究所、清華大學 — IDG/ 麥戈文腦科學研究院等。

2021 年出台的《中華人民共和國國民經濟和社會發展第十四個五年規劃和 2035 年遠景目標綱要》將「腦科學與類腦研究」列入科技前沿領域攻關專欄，研究將圍繞腦認知原理解析、腦介觀神經聯接圖譜繪製、腦重大疾病機理與干預研究、兒童青少年腦智發育和類腦計算與腦機融合技術研發五個重點領域，同時類腦智能列入前沿科技和產業變革領域，規劃文件提出組織實施未來產業孵化與加速計劃，謀劃佈局一批未來產業。2021 年 9 月，科技部發佈了《科技創新 2030 —「腦科學與類腦研究」重大項目 2021 年度申報指南》，申報項目涉及 59 個研究領域和方向，國家撥款經費預計超過 31.48 億元。

3. 腦科學與神經計算的應用

在數字經濟領域，腦科學和類腦計算的一個重要應用是類腦計算芯片。

類腦計算芯片廣義上指的是參考人腦神經元結構和人腦感知認知方式設計的芯片，分為兩大類：一類是側重於參照人腦神經元模型及其組織結構來設計的芯片，稱為神經形態芯片；另一類是側重於參照人腦感知認知

的計算模型，優化芯片結構來高效支持人工神經網絡或深度神經網絡等成熟認知算法的芯片。狹義上，類腦芯片一般指神經形態芯片，也就是類腦計算硬件。[35]

　　類腦計算芯片近年來引起國際社會廣泛重視和大量投入，曼徹斯特大學的 SpiNNaker 芯片、IBM 的 TrueNorth 芯片、海德堡大學的 BrainScaleS 芯片、斯坦福大學的 Neurogrid 芯片、Intel（英特爾）的 Loihi 芯片，以及清華大學的 Tianjic 天機芯片是現階段六個主要的類腦計算方案代表。表 3-3 為國內外主流類腦計算芯片技術方案分類。

表 3-3　類腦計算芯片技術方案分類[36]

類腦層次	腦層次	方案	核心特點
程序級	行為級	SpiNNaker	不採用傳統的精確編程模型，容忍運行時的差錯
架構級	網絡結構級	TrueNorth	不採用傳統的馮‧諾依曼架構，存儲和計算適度融合
架構級	網絡結構級	Loihi	支持數字電路實現的在線突觸可塑性
電路級	單元電特性級	BrainScaleS	不採用完備的數字邏輯電路，採用模擬電路實現
器件運行狀態級	單元電特性級	Neurogrid	不採用期間的常規運行狀態，讓器件工作在亞閾值狀態
架構級	網絡結構級	Tianjic	異構融合架構，支持 ANN、SNN 和異構建模

資料來源：根據公開資料整理

　　SpiNNaker: Spiking Neural Network Architecture，英國曼徹斯特大學開發的多核類腦處理器，包含了近百萬顆 ARM 處理器，實現了部分腦功能模型，可以模仿大腦區域功能，其通信機制適合實時建模。

　　TrueNorth: 2014 年由美國 IBM 公司推出，採用三星 28nm（納米）製造工藝，含有大量可編程神經元，具有很好的可擴展性。

　　Loihi: Intel 公司發佈，擁有 13 萬個神經元和 1.3 億個突觸。Intel 通過神經元之間的脈衝傳輸數據。

BrainScaleS: 德國海德堡大學研發，包括 20 萬個神經元和 5000 萬個突觸。

Neurogrid: 美國斯坦福大學開發，能夠模擬大規模腦內神經元以及突觸連接，從而可應用於腦機接口。

Tianjic: 清華大學研發，融合了神經科學和計算機科學兩條技術路線，可並行運行視神經網絡模型，並在模型間無縫通信。

除了上述神經形態芯片外，還有支持神經網絡和深度學習的非神經形態芯片，如寒武紀芯片、嵌入式智能芯片圖形處理器（Graphic Processing Unit, GPU）、現場可編程邏輯門陣列（Field Programmable Gate Array, FPGA）、專用集成電路（Application Specific Integrated Circuit, ASIC）等。

此外，類腦計算芯片的出現也為類腦計算系統的搭建提供了可能。構建海量類腦計算芯片的陣列集成系統，是目前國際通行的大規模類腦計算系統的技術路線，例如美國、德國、英國分別基於各自的類腦計算芯片構建了類腦計算系統。[37] 清華大學類腦計算中心基於天機類腦計算芯片研製成功國內首台通用類腦計算原型系統。2020 年 10 月 14 日，清華大學計算機系張悠慧團隊和精儀系施路平團隊與合作者在《自然》雜誌發表題為《一種類腦計算系統層次結構》的論文，填補了類腦計算系統領域完備性理論與相應的類腦計算系統層次結構方面的空白。[38]

除了基於硅技術的類腦計算芯片外，還有一部分類腦計算芯片基於新型納米器件和技術，例如憶阻器件陣列。憶阻器作為新興微電子器件，也是目前人工突觸的研究重心。記憶功能是憶阻器的重要特徵，表現為能夠記憶流經它的電荷數量，這直接影響器件的存儲能力，讓其成為能夠促進類腦智能方面的極具潛力的基礎元件。[39] 2020 年，清華大學吳華強教授團隊提出了一種基於全硬件憶阻器實現的卷積神經網絡系統，該憶阻器 CNN 系統能夠適應設備缺陷，實現了存算一體結構，並具有良好的可拓展性，與 Teala V100 GPU 相比，功耗效率提高了兩個數量級，性能密度提高了一個數量級。[40]

（三）算力網絡

1. 概念與發展歷程

（1）算力網絡的概念

數據已成為數字經濟時代的新生產要素，算力將成為新生產力的重要組成部分。發展數字經濟，必須加快建設和完善信息基礎設施，尤其是以數據中心為代表的算力基礎設施，為全社會提供安全穩定的計算服務以及數據處理和流通服務，以實現數據在匹配供需、交叉印證、洞察規律、防控風險、降本增效等方面的核心價值。當前，算力的概念已涵蓋處理數據的綜合能力，包括數據總量、數據存儲能力、數據計算速度、數據計算方法、數據通信能力等，反映了數據收集、存儲、計算、分析和傳輸的綜合能力。在算力的度量方面，不同場景度量方法和單位也有所不同，例如關注運算精度（雙精度、單精度、半精度及整型算力），或是適於人工智能算法的度量方法會有一定差異。

區域數字經濟的規模化發展，對算力服務在計算速度、計算精度、計算規模、響應時延、算法覆蓋等方面提出了更高和更多樣化的要求。算力和網絡融合發展的趨勢越來越明顯，而算力資源的整合和靈活供給也成為業界的迫切需求，「雲網一體」「算網一體」「雲邊端一體化」等算力服務解決方案在實踐中不斷湧現，算力資源供給必將以基礎設施的形態廣泛出現，通過算力網提供資源抽象、業務保證、統一管控和彈性調度的服務。2019 年，「算力網絡」這一概念開始被大家廣為認知。算力網絡的產生與邊緣計算緊密關聯，它的一個重要願景是解決算力資源節點泛在化後的用戶體驗一致性和服務靈活動態部署問題。[41] 用戶不必關注各類算力資源的位置、部署狀態，通過網絡即可協同調動各類算力資源，保證體驗的一致性，同時算力網絡本身會根據用戶的個性化需求，綜合實時網絡條件、算力資源供給條件等，靈活匹配調度算力資源。

當前，各大運營商、通信廠商和學術機構均對算力網絡開展了一系列研究。中國電信研究院認為，算力網絡是一種通過網絡分發服務節點的算

力、存儲、算法等資源信息，並可結合網絡信息（如帶寬、時延），針對客戶的不同類型需求，提供最佳的資源分配及網絡連接方案，從而實現整網資源的最優化使用的解決方案。[42] 這種概念理解是將算力網絡作為新型算力資源的整合模式。

2019 年 11 月的 IETF（Internet Engineering Task Force, 互聯網工程任務組）會議上，中國移動聯合華為等合作夥伴組織了作為算力感知網絡路由層關鍵技術的「計算優先網絡」（Computing First Networking, CFN）技術研討會，並主導提交了三篇核心提案。[43]

中國聯通 2019 年底發佈《中國聯通算力網絡白皮書》，白皮書認為算力網絡是雲化網絡發展的下一個階段，算力網絡應具備聯網、雲網與算網三個方面的技術元素。隨着研究的逐步深入，中國聯通認為算力網絡是電信運營商為應對雲網融合向算網一體轉變而提出的新型網絡架構，是實現算網一體的重要技術抓手，中國聯通算力網絡組網架構如圖 3-2 所示。

中國聯通將算力網絡按照功能區分為四個域，分別為接入網絡域、算網網關域、算網承載域和數據中心域。

接入網絡域：針對各種用戶接入網絡的南北向流量，實現極致化的大帶寬、低延時、廣連接等通信指標。

算網網關域：結合各種接入業務的具體特徵，面向固移網絡融合承載、控制轉發面分離、轉發面下沉的演進需求，實現算網網關柔性、彈性、低成本部署。

算網承載域：算網承載域是算力網絡的核心，需要承載網結合 SRv6、切片、APN6、ROADM 等新技術滿足東西向流量的承載需求，實現業務在多雲之間的智能調度，通過引入算力感知、業務感知、確定性服務等能力，結合運營商城域、骨幹等多級架構實現。

數據中心域：面向數據中心內雲服務的承載需求，實現數據中心內部網絡架構的簡化和高效、無損傳輸。[45]

中國移動在《中國移動算力網絡白皮書》中提出：「算力網絡是以算為中心、網為根基，網、雲、數、智、安、邊、端、鏈等深度融合，提供

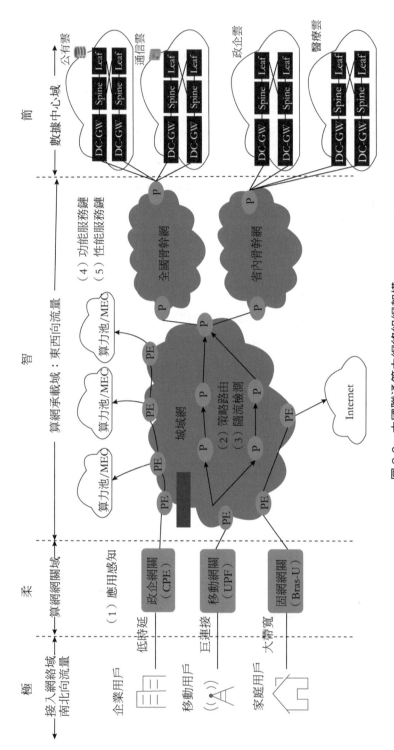

圖 3-2　中國聯通算力網絡組網架構

資料來源：根據公開資料整理

一體化服務的新型基礎設施。」算力網絡的目標是實現「算力泛在、算網共生、智能編排、一體服務」，逐步推動算力成為水電一樣，可以「一點接入、即取即用」的社會級服務，達成「網絡無所不達、算力無所不在、智能無所不及」的願景。[46]中國移動的算力網絡體系架構如圖 3-3 所示。

《中國移動算力網絡白皮書》將算力網絡體系架構從邏輯功能上，分為算網基礎設施層、編排管理層和運營服務層。算網基礎設施層是以高效能、集約化、綠色安全的新型一體化基礎設施為基礎，形成雲邊端多層次、立體泛在的分佈式算力體系，滿足中心級、邊緣級和現場級的算力需求。編排管理層結合人工智能和大數據等技術，向下實現對算網資源的統一管理、統一編排、智能調度和全局優化，向上提供算網調度能力接口，支撐算力網絡多元化服務。運營服務層通過將算網原子化能力封裝並融合

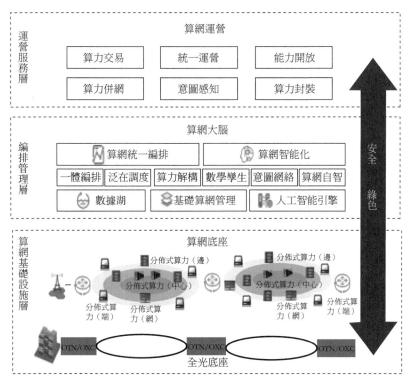

圖 3-3　中國移動算力網絡體系架構

資料來源：根據公開資料整理

多種要素，實現算網產品的一體化服務供給，同時結合區塊鏈等技術構建可信算網服務統一交易和售賣平台，提供「算力電商」新模式，打造新型算網服務及業務能力體系。

當前算力網絡的確切概念和定義尚未最終確定，但綜合多個機構對於算力網絡的理解和設定的目標，可以看到其共性是為靈活應對多樣化的應用場景，提高算力和網絡整體效能。在理想的算力網絡中，由雲服務商、電信運營商等提供大規模雲計算資源、邊緣計算中心提供低時延計算資源，通過算力供需調度與運營管理系統（或稱「算力大腦」），實現具有針對性的、精準匹配的存算網一體化算力服務供給，最終達到泛在算力和算力基礎設施級服務的目標。

（2）算力網絡研究進展

迄今為止，中國對算力網絡的願景規劃已在業界得到廣泛的認可，算力網絡在標準制定、生態建設、試驗驗證等領域均取得了一定進展。

① 標準制定

國內三大通信運營商中國移動、中國電信與中國聯通分別在 ITU-T（International Telecommunication Union-T, 國際電信聯盟電信標準分局）立項了 Y. CPN、Y. CAN 和 Q. CPN 等系列標準，在 IETF 開展了計算優先網絡架構（Computing First Network Framework）等系列研究。其中，由中國電信研究院牽頭的算力網絡框架與架構標準（Y. 2501）於 2021 年 7 月發佈，成為首項獲得國際標準化組織通過的算力網絡標準，也是算力網絡從國內走向國際的重要一步，在算力網絡發展中具有里程碑意義。

華為聯合國內運營商在歐洲電信標準化協會和寬帶論壇（BBF）也啟動了包括 NWI、城域算網在內的多個項目；中國通信標準化協會的「算力網絡需求與架構」以及「算力感知網絡關鍵技術研究」兩項研究也在有序開展；面向未來 6G 時代，算力網絡已經成為國內 IMT-2030 6G 網絡組的研究課題之一，正在開展算力網絡與 6G 通信技術的融合研究。[47]

② 生態建設

國內未來數據通信研究的主要組織 —— 網絡 5.0 產業聯盟，專門成

立了「算力網絡特設工作組」；移動邊緣計算領域的多個開源組織也發起了 KubeEdge、Edge-Gallery 等開源項目；2019 年底，中國聯通、中國移動和邊緣計算網絡產業聯盟（ECNI）均發佈了算力網絡領域相關白皮書，進一步闡述了算網融合的重要觀點。

③ 試驗驗證

2019 年中國電信與中國移動均已完成算力網絡領域的實驗室原型驗證，並在全球移動通信系統協會巴塞羅那展會、ITU-T 和全球網絡技術大會等相關展會上發佈了成果。

中國聯通也在推進算力網絡平台的自主研發，並積極推進現網試點工作。2021 年 9 月，中國聯通 CUBE-Net 3.0 大灣區示範基地啟動，中國聯通研究院算力網絡攻關團隊正式對外發佈了大灣區算力網絡行動計劃和 1+N+X 技術理念：「基於 SRv6 的算網能力底座，實現一網聯多雲，一鍵網調雲」，已初步實現了聯通研究院的自研算力網絡服務編排系統和廣東聯通智能城域網的現網對接。中國聯通與華為公司算力網絡聯合創新實驗室廣東示範基地也同時成立，致力於技術創新成果實驗和成果孵化，整合上下游產業資源，打通了從技術研發、測試驗證到產品規劃、商業應用的全流程。[48]

2. 全球算力網絡領域的相關政策

數字經濟的深入發展，帶來了對算力資源的多樣化需求，而數據中心作為算力資源的重要載體，成為各國佈局數字經濟發展戰略、提升數字基礎設施建設水平的重要發力點。

美國在 2019 年 12 月發佈了《聯邦數據戰略》，體現了對數據資源的重視。2020 年 11 月，美國政府發佈《引領未來先進計算生態系統：戰略計劃》，目標是打造未來先進計算生態系統，為美國繼續維持在科學、經濟和國家安全方面的領先優勢奠定基礎。2021 年 4 月，美國政府公佈了兩萬億美元新基建計劃，其中 1000 億美元將用於打造覆蓋全國的寬帶互聯網，500 億美元用於新型芯片研發。同年 8 月 10 日，美國參議院通過 5500 億美元基建法案，寬帶建設計劃投入 650 億美元。[49]

　　歐盟委員會 2019 年 6 月發佈了「歐洲高性能計算共同計劃」（EuroHPC），將集中投資，建立領先的歐洲超級計算機和大數據基礎設施。2021 年 3 月，歐盟委員會發佈《2030 數字指南針：歐洲數字十年之路》計劃，為歐盟到 2030 年實現數字主權的數字化轉型願景指出方向，旨在構築一個以人為本、可持續發展的數字社會，構建安全、高性能和可持續的數字基礎設施，到 2030 年，歐洲所有家庭應實現千兆網絡連接，所有人口密集地區實現 5G 網絡覆蓋，建成一萬個碳中和的互聯網節點，75% 的歐盟企業使用雲計算服務、大數據和人工智能。[50]此外，英國、日本、新加坡等國家先後推出了針對大數據發展、智能計算中心和大數據中心建設的推動政策，鼓勵發展人工智能技術，提升雲計算發展水平，加大算力建設投入。

　　中國一直重視發展數字經濟，堅持推動中國算力基礎設施建設，推動數據要素的市場化配置。《中華人民共和國國民經濟和社會發展第十四個五年規劃和 2035 年遠景目標綱要》中提出：「加快建設新型基礎設施，加快構建全國一體化大數據中心體系，強化算力統籌智能調度，建設若干國家樞紐節點和大數據中心集群，建設 E 級（百億億次）和 10E 級超級計算中心。」[51]2020 年底，《關於加快構建全國一體化大數據中心協同創新體系的指導意見》發佈，加強全國一體化大數據中心頂層設計，建設形成「數網」「數紐」「數鏈」「數腦」「數盾」體系。[52]2021 年 5 月，國家發改委聯合多部門發佈了《全國一體化大數據中心協同創新體系算力樞紐實施方案》（簡稱《算力樞紐實施方案》），明確提出佈局建設八個全國一體化算力網絡國家樞紐節點，加快實施「東數西算」工程。作為國家「東數西算」工程的戰略支點，該方案為中國佈局算力基礎設施繪製了藍圖。《算力樞紐實施方案》指出：「對於用戶規模較大、應用需求強烈的節點，重點統籌好城市內部和周邊區域的數據中心佈局；對於可再生能源豐富、氣候適宜、數據中心綠色發展潛力較大的節點，積極承接全國範圍的非實時算力需求，打造面向全國的非實時性算力保障基地；對於國家樞紐節點以外的地區，重點推動面向本地區業務需求的數據中心建設，打造具有地方

特色、服務本地、規模適度的算力服務。」[53] 2021 年 7 月，工信部印發
《新型數據中心發展三年行動計劃（2021 — 2023 年）》，明確提出計劃用
三年時間形成佈局合理、技術先進、綠色低碳、算力規模和數字經濟增長
相適應的新型數據中心發展格局。[54]

　　總體而言，中國正快速構建算力基礎服務體系，推進算力基礎設施建
設。通過打造新型智能算力網絡生態體系，支撐中國社會經濟系統的全面
數字化轉型。

3. 算力網絡的應用

　　算力網絡將極大地豐富和拓展算力的供給服務，為多樣化算力需求場
景賦能。例如，在家庭娛樂領域，用戶可以像接入自來水和電力一樣，接
入算力網絡，得到算力網絡提供的差異化的算力保障。低時延、高算力、
高帶寬的 VR（虛擬現實）眼鏡等設備，高帶寬的超高清家庭影院，以及
匹配用戶不同需求的雲電腦等均可以接入算力網絡，享受與之匹配的算力
網絡服務。

　　2021 年底，中國聯通發佈的《中國聯通算力網絡實踐案例（2021）》
報告中，分享了中國聯通在北京、河北、廣東和山東四地的算力網絡實踐
案例，[45] 探索了算力網絡場景落地的方向。

　　其中，山東聯通為山東省研究打造了全光算力網絡。全光算力網絡
是基於光網技術的高質量算力網絡，通過基於全光算力網絡理念的智慧光
雲城市基礎設施構建，把雲端算力輸送到各行各業，提升智慧城市服務能
力，促進經濟發展。端到端全光算力網絡架構如圖 3-4 所示。

　　山東聯通構建從地市到雲池之間的光雲切片專用通道，支持業務快
速上線，並可以實現靈活配置帶寬能力，支持用戶的彈性擴容需求。通過
全光調度平台等多項技術構築大帶寬、低時延圈 [濟南、青島、全光網城
市的 1ms（毫秒）時延圈，包括省會經濟圈、膠東經濟圈、魯南經濟圈的
3ms 時延圈，以及山東半島城市群 10ms 時延圈]、高可靠精品網絡。在
管控層面，基於光雲協同器和雲網協同器同時對接網絡中台、雲平台和集
團平台，實現智能管控。山東聯通率先開啟從智慧光網邁向智慧光雲，實

現雲 — 管 — 端協同，任何政企單位在兩公里範圍內均可一點接入智慧光雲網絡。目前系統已經廣泛應用並湧現出一大批標杆案例，推動了山東數字經濟的發展。成功案例表明通過構建高品質的全光算力網絡，可以實現用戶入網即入雲、高可靠接入算力網。

　　算力網絡是一個新興概念，其技術標準和應用場景還在不斷發展。算力網絡是服務於算力這一重要生產力的新興基礎設施，是數字時代人類社會經濟系統的底層技術架構，佈局算力網絡也必將是數字經濟下一輪競爭的關鍵。

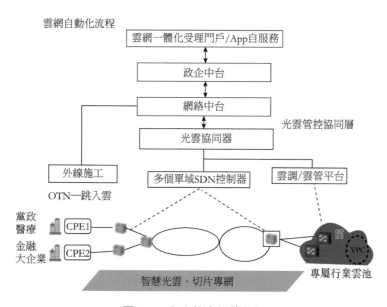

圖 3-4　全光算力網絡架構

資料來源：根據公開資料整理

第 **4** 章
數字生產關係

　　2018 年 5 月，習近平在紀念馬克思誕辰 200 周年大會上發表重要講話時指出，「學習馬克思，就要學習和實踐馬克思主義關於生產力和生產關係的思想」。馬克思主義認為，物質生產力是全部社會生活的物質前提，同生產力發展一定階段相適應的生產關係的總和構成社會經濟基礎。生產力是推動社會進步最活躍、最革命的要素 …… 生產力和生產關係、經濟基礎和上層建築相互作用、相互制約，支配着整個社會發展進程。

　　從農耕文明到工業文明，再到如今的「數字文明」，生產力與生產關係這對矛盾也在不斷地發展和進步。生產力與生產關係的發展不一定是同步的，兩者相匹配會促進生產力的進一步發展，反之則會阻礙生產力的發展。一般而言，生產力的發展往往是領先於生產關係的，所以人類需要不斷創新生產關係，以適應生產力的發展。現今全球主流的生產關係是在工業時代所形成的層級化、職能化的生產關係，這是為了適應大規模生產分工協作需要而建立的。當今社會，生產力高速發展，以區塊鏈、物聯網、大數據、人工智能、雲計算等技術為代表的先進生產力的出現，使得工業時代的生產關係已經不能適應新生產力的需要，甚至在某種程度上還與先進生產力之間存在一定的矛盾。

　　全球經濟轉型，歸根結底就是尋找能適應新生產力發展的生產關係的過程。在這一過程中，哪個國家能夠在理論與實踐上領先，哪個國家就能夠脫穎而出。

一、與不同生產力匹配的生產關係

生產力決定生產關係，生產關係對生產力具有反作用，是歷史唯物主義的基本原理。生產關係是人們在物質生產過程中結成的經濟關係，從靜態看，由生產資料所有制關係、生產中人與人的關係和產品分配關係構成；從動態看，由生產、分配、交換、消費四個環節構成。生產關係是社會關係中最基本的關係，政治關係、家庭關係、宗教關係等其他社會關係，都受生產關係的支配和制約。

（一）生產關係的結構

生產關係是一個多層次的複雜經濟結構，一般包括三個基本要素：

第一個基本要素是生產資料的所有制。一切生產實踐的進行必須以生產資料與勞動者的結合為前提，生產資料與勞動者的不同結合方式就構成了生產資料的所有制關係。人類歷史上產生了兩種不同的生產關係類型，即公有制社會生產方式和私有制社會生產方式。生產資料所有制關係也因此成為區分社會經濟結構或經濟形態的基本標誌。它決定生產關係的其他環節或方面，即決定不同的社會集團在生產中所處的地位以及它們之間如何交換自己的活動，決定並制約着產品的分配關係或分配方式，最終決定並制約着社會的消費關係或人們的消費形式。

第二個基本要素是人們在生產中的地位和交換關係。主要是指人們在生產過程中分別處於什麼樣的生產地位，以及他們之間怎樣相互交換彼此的活動的一種關係。當一部分人為別人提供自己的勞動而不能換取等量勞動產品的時候，他們之間就形成了支配與被支配、剝削與被剝削的關係。如果等量勞動能夠換取等量報酬，他們之間就形成了平等的關係。

第三個基本要素是產品的分配方式。指生產的產品如何進行分配，即按什麼原則和標準進行分配，它反映出人們之間是剝削與被剝削的關係，

還是平均主義、按勞分配以及按需要分配的關係。產品的分配方式直接由生產資料所有制決定，體現了生產資料和勞動者之間的關係，是整個社會關係的直接表現。

（二）生產關係所包括的社會關係

建立在物質生產基礎上的生產關係所包括的社會關係，具有以下三個層級：

第一層是最基礎的「勞動價值關係」。在社會分工的條件下，每個人為社會上的他人生產商品，因而其勞動對他人的生存與發展有價值，這就是「勞動價值」，它構成了人與人的最基本的聯繫。這些價值有一部分是構築層級化、職能化社會結構的基礎，以具有等級制符號意義的各種物質產品為載體；而另一部分則在民間市場以商品的使用價值為載體而表現為交換價值。在資本主義市場經濟社會，商品成為最普遍的社會關係，勞動價值關係成為資本主義社會最基本的關係。

第二層是建立在「勞動價值關係」基礎上的各種「經濟權力關係」。生產關係所包括的各種社會關係，首先是由生產資料所有權所決定的各種經濟權力關係（生產、交換、分配的各種權力）。「經濟權力關係」的基礎是財產（特別是生產資料）的所有權關係。由人們在生產實踐過程中逐漸形成的財產所有權——首先是氏族社會的集體所有權，以及後來出現的私人所有權，超越了自然物質範疇，是以物質為載體的由社會授權的社會關係。其中生產資料所有權是最基本的所有權。由這種生產資料所有權衍生出各種權力：在生產過程中形成的權力關係（如資本的經營權、在生產過程中對勞動者的支配權），在交換過程中擁有的交易權（如定價權、轉讓權、併購權等），以及利益分配權（如工資與股份紅利的分配權等）。中國改革開放中出現的承包制生產關係，本質上是一種權力關係——經營權與所有權的關係。當代廣泛實行的經理人制度也是一種權力關係——所有權與經營權關係。此外，虛擬經濟與實體經濟的關係——金融資本與產業資本的關係，以及虛擬經濟內部大股東與小股東之間的關

係，都是權力關係。

第三層是建立在前兩者基礎上的「經濟利益關係」。人們之間的利益關係要以權力為基礎，但並不等同於權力。在同一權力架構下，可以具有不同的利益格局，從而形成不同的利益關係。這種利益關係包括人們在利益上的競爭、合作、壟斷、各種利益分配方式等。人們之間的競爭關係並非權力關係，而是由權力所決定的利益關係 —— 競爭某種利益。而作為生產關係的重要形式之一的壟斷，實質上是權力關係與利益關係的結合體，既基於權力，也產生了壟斷利益。同樣，與競爭相對立的人們之間的合作關係也是生產關係的重要內容。在企業內部所採取的各種利益分配政策與激勵措施，同樣是人們之間的利益關係，也應當屬於生產關係。

（三）生產關係的變革

生產關係是由生產力水平決定的，不以人的意志為轉移；同時，也體現在社會生活中，不管人們喜歡不喜歡、願意不願意，每一個人生下來就得接受現成的生產關係作為自己生活的起點。當然，生產力是不斷發展變化的，隨着新生產力的產生，已經建立起來的與之前生產力相適應的生產關係就會成為新的生產力更進一步發展的障礙。此時，變革這種不適應生產力的生產關係就成為時代發展的客觀要求。

從手工工具到機械化，再到近現代工業革命爆發，再到數字時代的來臨，人類社會每一次生產力的變革都將引發生產關係的變革。

1. 手工工具時代

從原始社會、奴隸社會到封建社會，手工工具的發展實踐經歷了一個長期的過程。石器時代的原始社會，由於生產力低下，實行的是氏族公有制，人們勞動的成果基本上僅僅夠保障自己活着，沒有剩餘的勞動產品出現，也就基本上沒有交換。進入奴隸社會，青銅器逐步大量使用，逐漸產生了奴隸主階級，他們擁有對奴隸的所有權和使用權，奴隸主提供給奴隸的只是維持生命的物質，從而形成了奴隸主私有制。隨着生產工具由銅器

變為鐵器,生產有了一定程度的發展,奴隸逐漸轉變成農民,一家一戶的封建制的小農經濟逐漸形成,進而土地兼併不斷發生,地主階級形成,大量農民成為依附於地主的佃農,人類社會進入封建社會。

2. 機械化工業化時代

近現代工業革命爆發,機器大工業取代了手工勞動,社會大生產取代了農業社會的小生產,生產關係發生了革命性的變化。

從微觀上看,生產組織發生了根本性的變化,工業企業出現了,很多人分工、協作,共同完成同一產品。19 世紀末 20 世紀初,隨着生產社會化的進一步發展以及壟斷組織的出現,規模龐大的壟斷公司的資本的所有權與經營權分離,企業已經由職業管理者集體行使着經營管理權,資本所有者則主要掌握着宏觀決策權。

從宏觀上看,機械化革命出現以後,社會化的大生產使企業間的社會聯繫產生了,這在客觀上對社會管理提出了新的要求。隨着生產社會化的進一步發展,機械化進一步向電氣化深入,生產力的發展促進生產關係進行相應的調整。當主要資本主義國家因經濟危機爆發而不願去調整生產關係的時候,戰爭成了轉嫁危機的一種方式。而另一種方式是實行新政,由國家對經濟生活進行干預、調節和控制,形成計劃與市場相結合的經濟管理體制。

3. 數字時代

當前,新一代科技革命和產業變革不斷演進深入,數字生產力推動人類社會進入數字經濟新時代。目前,不能匹配先進生產力的生產關係已經導致全球經濟發展出現了大量問題:一方面,大數據時代使得社會向着透明、誠信、公平的方向發展,走向人類命運共同體;另一方面,立足於層級社會的單邊主義、保護主義,導致了大量的不公平現象,原有不夠透明的生產關係形成了「劣幣驅逐良幣」的產業生態,這就使得傳統產業的轉型升級困難重重。從全社會、全產業、全供應鏈的角度來看,創造匹配「大智移雲區」等數字生產力的數字化生產關係勢在必行。

二、數字時代人類社會的組織特點

數字時代，網絡已經成為人們生活、工作、生命的一部分，人類正在從物理空間向數字空間進行「大遷徙」。

網絡改變了經濟的形態。在供給端，網絡正在改造舊的生產工具、生產資料和勞動力；同時，網絡也在顛覆原有的商業邏輯，創造新的商業模式，比如免費＋廣告、免費＋服務、知識付費等。在需求端，數十億網民形成了一個龐大的、不斷延伸的「數字世界」，同時，網絡還在將物理世界中的人、物、事等遷移到數字空間，由此產生了新市場空間中的巨大需求。過去幾年，在「互聯網」的乘法作用和指數級效應推動下，人類的經濟格局發生了翻天覆地的變化，目前全球市值最大的十家上市公司，其中互聯網平台企業就佔據了九家，市值佔比超過 90%。

近十年來，人類將越來越習慣穿梭於物理空間和數字空間之間，人類社會的組織形式發生了變化，出現了新的特徵，層級化、職能化的組織結構將被打破，企業轉向構建生態型組織。數字技術不斷融入組織的各個領域，改變着組織內與組織間的互動方式，將現實世界與數字世界的邊界打破並融合在一起。

（一）敏捷組織

傳統的組織形式大多是由事業部、職能部門組成的，這是科層式組織結構的標準組件，其問題是不靈活、不敏捷。數字時代的競爭環境高度動態和不確定，不論是競爭對手的策略，還是顧客的需求，甚至是新技術的革新，一切都變化得太快。在這樣的新生存環境中，組織的敏捷性決定了組織的生命力，對外部變化反應僵化、遲鈍的組織越來越沒有生存的機會。

數字時代，世界級企業都不約而同地探索一種新的組織形式，即「大平台＋小團隊」。一線小團隊面對顧客，需要靈活應對問題、靈活決策，滿足顧客瞬息萬變的需求，並及時應對對手的競爭策略。小團隊之所以作

戰能力強、敏捷性高，是因為它們有強大的平台支持，否則，一線團隊就會在孤立無援中迅速潰敗。平台需要支持前端的小團隊迅速掌握信息，快速作出判斷，敏捷調度中台甚至是後台的力量，從而引領整個組織為顧客創造價值。

　　企業組織結構重組不再以企業為中心，而是以顧客需求和用戶價值為中心，並為組織員工提供服務支持、資源供給、價值評估與願景激勵，從而使組織員工擁有更好的熱度、資源和能力去滿足顧客的需求。組織結構更具有靈活性和非結構化特徵，組織結構的小單元、去中心化等特徵使個體被充分激活。在這樣的組織結構體系中，信息流向不再是單向或者雙向的，而是網狀的。

（二）開放組織

　　數字時代，適應性強的組織必須是開放的組織。這涉及組織的邊界界定問題。任何一個組織中都存在三種邊界：縱向邊界、橫向邊界和外部邊界。縱向邊界與企業的管理層次和職位等級有關，管理層級和職位等級越多，縱向的邊界距離越大。橫向邊界與部門的設計和工作專門化程度有關，橫向部門越多、工作的專業化程度越高，橫向邊界的距離就越大。外部邊界是企業與顧客、政府、供應商等外部組織之間的邊界。構建開放型組織就是要在縱向邊界、橫向邊界和外部邊界三個方面思考如何走向開放。

　　對開放型組織而言，信息、資源、創意、能量應該能夠快捷順利地穿越組織的縱向邊界和橫向邊界，使整個企業內部的各部門真正融為一體；同時，外部環境中的資源、信息和能量也能夠順利穿越組織的外部邊界，使企業能夠和外部環境融為一體。

　　在個體與組織的關係上，傳統的「企業＋僱員」的形式受到了衝擊，組織內工作不一定全部依賴於全職僱員來完成，而是可以通過多元化的工作主體和方式來完成。在信息技術支持下，員工也不再局限於某一具體領域或具體組織的工作個體，他可以跨團隊／組織提供知識、技能和服務。而且，越來越多的人更加期待自由、非僱用的關係。

（三）數字化工作方式

數字時代，各種在線協同軟件帶來了數字化工作方式。尤其在新冠肺炎疫情防控期間，很多公司開始使用釘釘、企業微信和飛書等在線協同軟件，加速了數字化工作方式時代的到來。

數字化工作方式依託於五個在線：組織在線、溝通在線、協同在線、業務在線、生態在線。「組織在線」強調的是組織關係的在線化，依託構建權責清晰、扁平可視化、人脈資源共享的組織關係開創全新的組織方式。「溝通在線」實現高效溝通，在線協同軟件為每一個員工提供專屬的溝通工作在線場景，不僅能夠隨時聯繫，交流創意和想法，還有利於知識的保密。「協同在線」使得組織成員在線實現業務上的協同工作，讓各個任務之間能夠相互支持。「業務在線」實現業務升維，從業務流程和業務行為的數據化、智能化和移動化入手，增強企業的大數據決策分析能力。「生態在線」實現智能決策，以企業為中心的上下游夥伴和客戶都實現在線連接，數據化、智能化、移動化產生的大數據將驅動生產和銷售效率不斷優化提升。

數字化工作方式透露出來的管理思想是透明管理，即讓每一個人的優秀表現能夠被大家看到，讓組織裏優秀的個體脫穎而出，激發出每個人的創新力，團隊也因此變得更優秀。組織的激勵機制也會發生改變，由銷售業績激勵逐漸轉變為創新價值激勵。

（四）自組織的組織集群

國內外的實踐表明，組織集群所帶來的價值越來越大，波特認為集群競爭甚至可以提升國家競爭能力。借鑒複雜理論的概念和思想，組織集群可以看作一個複雜的自適應系統，組織集群的形成是一個系統自組織的過程。組織集群有三種類型：蜂窩型、專業市場型和主企業領導型。

蜂窩型組織集群由處於不同的生產鏈體系中的不同生產環節的小企業組合而成。處於產業鏈中的小企業如同「蜂窩」中的小單元，以彼此緊密

相連、相互銜接、相互信任、利益共享的方式，完成對某一產品的生產，一般呈現在勞動力密集和傳統的輕型加工產業中。義烏小商品市場就是範例，自 1982 年成立至今，義烏小商品市場已經成為國際小商品流通中心、展示中心和研發中心，輻射 200 多個國家和地區，當之無愧地成為中國小商品走向世界的橋樑。

專業市場型組織集群的特點是，需要依附於專業的銷售網絡或是市場，形成「前店後廠」的組織集群形式。這種類型的組織集群，通常會形成同質化、有限差異化的產品，一方面具有成本優勢，另一方面可以保證集群內企業的利潤空間。如日本的 7-Eleven，很早就把前店後廠的供應商、加盟商、服務商全部組合在一個大的數據平台上，同時能夠很好地滿足顧客需求，不斷提升單店的銷售額和毛利率，從而通過規模化連鎖經營，降低店面的邊際成本。

主企業領導型組織集群的特點是，具有一個有控制能力的領導型組織，具有超市場契約條款的定製權，且可以憑藉自身優勢要求其他集群成員進行協同升級。這個主導的組織一般會最大限度地攫取整個組織集群的壟斷利潤，用以支持產業升級和技術創新。比如耐克，它在 43 個國家設有生產工廠，僱用人數近 100 萬人。由於耐克品牌價值高，這些加工廠面對耐克的議價能力並不高，因此一旦代工國的勞動力成本提升，耐克隨時可能進行轉移，尋求更低的勞動力成本，保證其品牌的獲利能力。

當組織之間可以形成組織集群，實現組織外協同創新時，大組織發揮資源優勢，小組織發揮靈活性和行為優勢，將創造巨大的價值。如美國硅谷、英國蘇格蘭科技區、中國台北新竹等，都是激活創新活力和創新協同效應的有益嘗試。美國硅谷是知識經濟的發源地，因半導體工業集群而聞名，聚集了 8000 多家軟件和電子科技公司；硅谷秉承「允許失敗的創新，崇尚競爭，平等開放」的精神，成為世界上最成功的高新技術產業開發區。另一個聞名於世的是英國的蘇格蘭科技區，聚集了大量電子生產和研發、銷售公司，其產出的集成電路產品佔據英國市場的 79%，以及歐洲市場的 21%，就業人數達到 4.5 萬人，佔電子工業就業量的近 80%。中國台

北的新竹科技工業區，自 1980 年設立，經過 40 多年的發展，已經成為全世界最大的半導體硬件加工基地，實現了與美國和日本等半導體領先者共享市場的局面。

三、數字化生產關係的三個特徵

創造數字化生產關係可以從傳統生產關係中的生產、交換、分配、消費等幾個方面入手，用數字技術改變生產的組織方式，創造新的交換模式，創新社會成員參與分配的方式、方法，釋放適應數字生產力的大量新消費。無論是政府職能部門，還是企業、個體勞動者，都需要重新思考自身在新生產關係中的定位，共同創造一個能夠為每個人帶來美好生活的公平、可信、價值最大化的生產關係。一般而言，數字化生產關係應該具備透明、可信、身份對等三個特性。

（一）透明性

作為數字經濟的關鍵生產要素，數據能夠將勞動力從簡單的體力勞動中解放出來，通過不斷激發人類的智力潛能促進經濟高質量發展。數據驅動的生產力讓各經濟主體越發注重數據的價值屬性，數據只有在共享、流動之中才能創造價值，但現有的生產關係限制了數據流動。所以，數字化生產關係必須要能夠促進數據的共享與流動。

1. 打破數據孤島

目前，數據的總量快速上升，但海量數據並沒有與應用場景深度融合，對經濟增長的貢獻還遠遠不夠。

《第 49 次中國互聯網絡發展狀況統計報告》顯示，中國網民規模超過十億，互聯網普及率達 73%。十億用戶接入互聯網，形成了全球規模最大、應用滲透最強的數字社會，互聯網應用和服務的廣泛滲透構建起數字社會的新形態：8.88 億人看短視頻，6.38 億人看直播，短視頻、直播正在

成為全民新的生活方式；8.12 億人網購，4.69 億人叫外賣，人們的購物方式、餐飲方式發生了明顯變化；3.25 億人用在線教育，2.39 億人用在線醫療，在線公共服務進一步便利了民眾。

這些海量數據蘊藏着經濟發展和社會福利的巨大潛能，但這些數據資源僅在各自領域中發揮有限的作用，並沒有形成統一的市場。問題的關鍵在於，數據對生產力的貢獻要在流通中形成，數據要以「流轉」來實現價值創造的循環，而現實中的「數據孤島」或者「數據壟斷」極大地阻礙了數據潛在價值的釋放。

2. 實現數據透明

大數據時代，社會各界一方面擁有海量數據，另一方面卻難以建立產業生態內的數據透明。而數據不透明必然會帶來不同程度的權力尋租，或者當權者的不作為，因而極大地影響社會的公平性。公平性的缺失導致了「劣幣驅逐良幣」的現象，從而導致了落後產能的大量存在。

數據透明所帶來的公平性是構建新型生產關係的基礎特性，也就是哪個國家能率先利用新技術構建一個促進社會公平性的生產關係，哪個國家就具備釋放和發展新生產力的更大的空間。中國的新經濟佈局，必須要以促進互聯網環境下的數據透明為基礎，才能夯實向數字經濟轉型的基礎。

（二）可信性

信用是經濟的基石，信任是組織的基礎。全員可信的信用體系是建立新型生產關係的另一個重要基礎。

1. 信用是經濟的基石

信用對經濟的發展具有重大的促進作用，在萬物互聯背景下，經濟平台化、協同化已成趨勢，例如，分享經濟的興起與發展就離不開信用體系的建立。

信用缺失會帶來什麼？社會學家格蘭諾維特指出，「如果沒有信用的話，當你買了五美元的汽油時，你甚至不敢把一張 20 美元的鈔票付給加油站的服務員」。絕大多數時候，分享經濟的背後是典型的陌生人之間的

社會交換，突破信任壁壘是共享經濟或協同消費的關鍵。可以說，信用就是數字經濟的「貨幣」，只有當這種貨幣被接受時，交換才能發生。

　　缺少信用機制，就會導致市場分配資源失去公正性，社會經濟的健康運行、產業轉型升級就難以進行。以中小微民營企業貸款難、貸款貴為例，導致這一現象的原因並不僅是商業銀行的問題，還有中國的信用體系不健全。銀行要控制業務風險，因此選擇主體信用高的國企（有國家信用背書）、有抵押物的大企業放貸是風險最小的。而中小微民營企業的主體信用往往沒有這些企業高，所以商業銀行不做這樣的貸款也就無可厚非了。如果我們能夠利用數字化手段，建立一套連接國企、民企的統一信用體系，保證民企建立可信的交易信用，從而也就滿足了銀行風險控制的需要，進而就可以解決中小企業融資貸款難和貨款貴的問題（詳見第七章「數字金融」部分）。

2. 信任是組織的基礎

　　信任是一個生態組織繁盛和競爭力的基礎，它嵌入組織中的各種規則、制度、文化規範之中。和傳統的機械式組織不同，生態組織包含各種各樣的參與主體，各個主體之間不是靠傳統組織的權力和命令來約束，而主要是依賴價值契約來進行約束。契約是剛性的，是硬實力；而信任則是柔性的，是軟實力。契約與信任構成了生態組織治理的兩大機制，剛柔相濟，缺一不可。組織信任的研究表明，信任可以顯著地降低緊張關係，並提升個體績效、團隊績效與組織績效。更重要的是，協同的內核和基礎是信任。儘管信任因素並不是合作所需的充分條件，但是信任的存在能夠降低風險，減少複雜性。

　　從外部環境來講，在網絡式組織興起的情境下，為了降低交易成本與防止機會主義行為，需要建立組織間的信任，網絡式組織形成的基礎也正是依賴節點間的信任。信任一直是我們為了更好地協作而付出的最小成本，各類的法律法規、合同、契約、約束機制等，其實都是為了審核信任、發展信任，以及獲得信任。

　　特別是進入萬物互聯時代，信任的主體在不斷擴大，不僅組織內的個

體高度互聯，需要信任支撐，組織外的價值網絡生態也要求高度信任以協同成長。組織間的信任能很好地降低各主體因不確定性和依賴產生的投機行為。生態網絡體系有效運作的核心也在於信任，現在很多企業都在構建生態鏈、價值網絡，只有建立信任後帶來資源或信息輸送，才能有效幫助單個企業克服「能力困境」「資源孤島」「信息孤島」等問題。

3. 構建全員可信的信用體系

全員可信是指參與社會經濟活動的每一個主體（政府部門、企業、個人）都是可信的。過去 25 年中國經濟發展過程中消費互聯網發揮了很大作用，但消費互聯網的發展核心是流量，缺少的是信用；而未來中國數字經濟的發展，尤其是產業互聯網的佈局，其核心應該是信用，而不再是流量。所以我們要抓住機遇，在各個行業生態中建立數字信用體系，從而為建立「良幣驅逐劣幣」的生產關係奠定基礎。

（三）對等性

人的價值最大化是一切商業模式和管理模式的核心。在這個百年未有之大變局中，個體力量得以充分釋放，充分激活組織中的每一個個體才能為人類創造更大的價值。

1. 身份對等

不同於工業時代的層級化、職能化生產關係，數字化生產關係中的每一個成員都是對等的。

從社會發展的角度來看，人類經過幾千年的進化，逐漸走向了尊重每個個體的文明社會。數字技術促進了個體在網絡空間的身份對等性，從而讓人類社會走向了基於透明和可信的充分釋放個體創造性的公平社會。

從經濟視角來看，利用區塊鏈等信息技術保證每個參與方的對等性，有助於最大限度地釋放每個參與方的創造力，從而為整個經濟生態創造最大化的價值。以個人為例，一旦能夠讓每個個體都能對等地參與到經濟生活中，個體的創造力將不會受傳統崗位的限制，從而能夠貢獻更大價值，釋放「智慧人口紅利」。威客、共享經濟等模式的出現，都證明了對等性

是數字化生產關係的重要組成部分。

2. 共治賦能

任何一個有創造力的個體都不願意被過度束縛，他更願意找到一個能夠激發個人潛能的平台，並在這樣的平台上為他人、企業、社會、國家創造價值，同時實現自我價值。

數字時代，以管理個體為核心的傳統管理觀念已經行不通了，管理者必須把自己調整為賦能者，成為幫助員工更好地發揮潛能的教練。比如，谷歌公司推出了與員工「共治」的管理模式，TGIF（Thank God. It's Friday,「感謝上帝。又到周五了」）會議是谷歌公司共治模式的重要組成環節。1998 年至今，谷歌公司每周都會召開一次由全體員工參加的 TGIF 會議。公司創始人和高層管理者都會參加，並向員工介紹公司一周內發生的重大事件，也常常針對某一個熱點問題進行辯論，與會人員則可以直接向谷歌公司最高領導層發問，提問自己關心的任何關於公司的問題。

為什麼要「共治」呢？

一是外部環境發生變化。管理者已經不再像以前「一切盡在掌握」。數字化環境下，很多信息都不再掌握在管理者手中，而是掌握在第一線的員工手中。正如任正非所言，要「讓聽得見炮聲的人來決策」。這也要求每個個體在面對複雜環境時，獨立作出相應的決策。

二是工作性質發生變化。隨着人工智能等數字技術的不斷發展，越來越多重複性的工作將被人工智能替代，但那些需要創造精神、以人際關係為導向的、專家型的工作職位仍然會保留下來，如大學教授、建築設計師、心理諮詢師等，並且越來越多的人會成為專家，這就更加需要組織能夠給這些人提供開放的工作平台。

三是從分工到協同轉變。工業化時代，流水線的工作強調分工，過去管理者的主要工作是計劃、組織和控制。數智化時代，跨界融合越來越普遍，更強調協同。所謂的協同，不僅是組織內部的協同，還有組織外的協同，管理者的主要工作也就變成了協調和賦能，讓每個個體的效能總體最大化。

四、數字人民幣：建立全新生產關係的嘗試

　　貨幣是生產關係的重要內容，進入數字時代，數字人民幣是中國佈局數字化生產關係的基礎設施。

（一）數字時代貨幣的三個「變化」

　　「數字化」對人類貨幣的影響體現在三個方面：貨幣的維度變化、輻射空間和價值源泉。

1. 貨幣的維度變化

　　人類社會從原始社會發展到農業社會、工業社會乃至現在的數字時代，貨幣的物理形態也從多維進化到三維、兩維再到一維。

　　原始社會沒有貨幣，通過皮毛、貝殼等稀缺的物質來進行交換，這時交換的媒介始終無法統一。此時貨幣的物理維度是多維的，不便於流通。到了農業社會，社會上的基本商品越來越多，物物交換難以適應貨物貿易對支付效率的需要。於是，黃金、白銀或銅等標誌性的貴金屬開始作為貨幣，此時貨幣的物理維度變成了不可摺疊的三維金屬貨幣，雖然依然攜帶不方便，但已經可以在一定範圍內流通了。到了工業社會後，商品的價值量越來越大，不可摺疊的金屬貨幣便攜性差的缺點逐漸凸顯，尤其當交易規模比較大時，這種三維貨幣支付相當困難。於是，紙幣隨之出現，可摺疊的紙幣是平面二維的，非常便於攜帶。20 世紀 80 年代後，貨幣的電子化越來越發達，電子錢包、信用卡、借記卡、手機支付迅猛發展。貨幣逐漸變成了存儲器中的一串符號。時至今日，以比特幣、Libra（天秤幣）為代表的數字貨幣開始出現，貨幣開始徹底迎來了一維的時代，人類已經可以不依賴於物理媒介進行交易了。概括起來，從便攜性的角度來看，幾萬年前的史前社會的貨幣是多維的，幾千年前的農業社會的貨幣是三維的，幾百年前的工業社會的貨幣是二維的，最近幾十年以來的電子貨幣和數字貨幣是一維的。

2. 貨幣的輻射空間

原始社會的物物交換，基本局限在一個很小的部落範圍內。農業社會不同的國家發行自製的金屬貨幣，流通局限在國家的疆域範圍內。比如，東周列國或者戰國時期的秦、趙、齊等國，每個國家都有自己的貨幣。工業社會後，基本上所有的國家都擁有了自己的紙幣，跨國貿易帶來了各國紙幣在全世界範圍內的使用和流通。貨幣的輻射面大幅拓寬。到了數字時代，非主權國家發行的數字貨幣一旦產生就是全球化的，無論是海關還是政府邊界管制，很難從走私的角度、關卡的角度控制它的流動。比如，比特幣加密、匿名、去中心化的特性使其可以擺脫銀行網絡、SWIFT（環球銀行金融電信協會）運行，可以被不法分子用來洗錢、恐怖主義融資等。但比特幣這種去中心化的貨幣脫離了主權信用，發行基礎無法保證，幣值無法穩定，難以真正形成社會財富，不適合作為人類的流通貨幣，或者說並不是真正的貨幣。

3. 貨幣的價值源泉

貨幣的價值主要來源於「貨幣錨」。「貨幣錨」是指貨幣發行錨定的基礎或儲備，具有支持和約束貨幣發行規模的功能。早期的物物交換時期，充當貨幣的「物」如皮毛、貝殼的價值來源於人類付出的勞動時間或物質的稀缺價值。農業社會和工業社會時期廣泛應用「金、銀、銅」等金屬作為貨幣，是由於黃金、白銀、銅開採不易，再加上這類金屬性質穩定，因此適合作為貨幣，同時這類金屬產量的自然增長難以通過人為進行操控，也能很好地保證幣值的穩定。但「金本位」或「銀本位」也存在天然的缺陷，由於金銀儲量有限且開採不易，一旦出現金銀大幅增加或者外流，金銀的價格就會大幅波動，導致經濟出現通脹或通縮。

20 世紀 70 年代布雷頓森林體系解體後，以美國為首的西方國家的貨幣實際上沒有以任何實物作為儲備，僅僅是因為國家法律規定而具備了貨幣的功能，因此也被稱為「法幣」制度。貨幣的價值來源變成了與國家主權、GDP、與財政收入相掛鈎的國家信用，但因為缺少實物儲備和明確的約束機制，在實踐中帶來了更嚴重的貨幣超發。

　　2010 年以後，基於區塊鏈技術的數字貨幣開始出現，典型如比特幣及臉書的 Libra。比特幣通過真實「挖礦」產生，它的錨是挖礦的「算法消耗」，挖礦需要挖礦機、礦場設備、電能等成本。此時的貨幣「價值」可以折算為對應生產礦機、建礦場、供應電力等的勞動時間。但此類貨幣沒有固定的發行方，沒有資產進行背書，發行規則基於特定的算法，發行數量往往是恆定的，難以根據經濟發展的需求量擴大發行規模，其幣值的波動導致其無法承擔支付使命，僅僅能作為某種數字資產而存在。而 Libra 錨定的是以美元為主的「一籃子貨幣」，本質上類似於中國香港的「聯繫匯率制」，但臉書在全球擁有超過 20 億用戶，一旦實施，Libra 將對全球的金融體系與貨幣主權產生重大影響。因此，對與 Libra 類似的穩定數字貨幣的發行，各國監管機構的態度都極為慎重。

（二）數字貨幣未來發展的主流將是央行數字貨幣

　　數字貨幣，顧名思義，是以數字化的形式實現貨幣的價格尺度、價值存儲和支付交易等貨幣職能。數字貨幣和電子貨幣的區別在於，一般而言，數字貨幣是以數字形式存在的類似於現金的貨幣，可以實現點對點的匿名交易；而電子貨幣是建立在銀行賬戶基礎上的，需要通過銀行系統實現交割。

　　從發行主體來看，當前數字貨幣可以分為央行數字貨幣及私人數字貨幣。雖然近年來私人數字貨幣逐漸放棄錨定「算法」的發行方式，通過錨定主權貨幣為其價值背書，但其面臨的發行主體可信度問題仍然沒有得到解決。縱觀貨幣發展歷程，貨幣要成為被普遍接受的交易媒介，至少要包含三個要素。第一，要有政府主權背書。第二，幣值大體上要維持穩定，除非發生嚴重危機。第三，不能偽造或不容易偽造。貨幣雖然發展到了數字貨幣階段，但也需要滿足這三個要素，數字貨幣必須由國家發行，由國家信用進行擔保。任何私人發行的數字貨幣最多只能類似於投資的證券，不能作為流通中使用的貨幣。此外，數字貨幣的價格也必須要保持穩定。市場商品價格是通過貨幣來衡量的，而各類商品價格是市場經濟環境下資

源分配的指示器，因此清晰、穩定、可靠的貨幣是市場經濟繁榮發展的基石。

貨幣是國家主權的重要內容，特別是對包括中國在內的廣大發展中國家來說，在貨幣主權方面都有過血的教訓，來之不易的貨幣主權絕不能輕易讓渡。以 Libra 為例，如果其發行和流通成功，則不可避免地會成為超主權貨幣。而這種超主權貨幣一旦形成，則不但會影響「鑄幣稅」收入，阻礙貨幣政策和財政政策執行，誘發資產外流，甚至還會削弱貨幣本身的權威性，在一些弱勢貨幣國家也可能出現對本幣的替代。失去了貨幣主導權，政府對國民經濟的掌控嚴重削弱，將淪落到任由其他國家支配的地步。

因此從短期來看，私人部門發行的數字貨幣很難構成對現有貨幣體系的挑戰。未來各國央行才是人類數字貨幣的主導者。

（三）發行央行數字貨幣的五個「動因」

自數字貨幣蓬勃發展以來，世界各國央行對央行數字貨幣的態度逐漸從謹慎保守到積極探索，很多國家在央行數字貨幣方面開展了廣泛的工作。中國、瑞典、法國、新加坡等國家的數字貨幣已進入測試、實驗等階段。中國央行大力探索央行數字貨幣主要有以下五個動因：

1. 替代紙幣，進一步降低貨幣發行和流通成本

雖然近年來中國現金支付由於移動支付的發展而持續低迷，但從規模上看，2019 年末中國 M_0（流通中的現金）仍然有 7.7 萬億元。根據測算，7.7 萬億元的 M_0 對應紙幣約 4000 億張。而平均一張紙幣的生產設計、防偽、存儲、流通、銷毀等成本約為 1.2 元。假如央行數字貨幣全部替代紙幣，紙幣的全套流程變成了數字運算，整體的創造、流轉、維護成本將大幅度降低，預計能夠節省幾千億元。另外，由於數字貨幣通過密碼算法等多重機制實現防偽，央行數字貨幣的防偽成本相比紙幣也將大幅度降低。

2. 促進普惠金融，提升支付多樣性、便利性

賬戶是傳統電子支付的核心，幾乎所有的金融活動均與銀行賬戶有

關。但從全球範圍來看，仍然有約 50% 的成年人沒有正式銀行賬戶。而基於代幣無賬戶的央行數字貨幣設計，可以使更多人享受到數字時代支付的便利，從而促進普惠金融的發展。

隨着近年來全球互聯網平台的高速發展，蘋果、亞馬遜、阿里巴巴、騰訊等公司旗下的支付機構在支付市場中的份額逐年提升，甚至開始取代傳統商業銀行成為支付市場的核心力量。一方面，某種支付方式的壟斷有可能帶來系統性的潛在風險；另一方面，引入多種支付方式可以有效加強市場競爭，方便老百姓在消費結算過程中自主選擇支付方式，促進支付方式不斷創新。尤其對於小微企業來說，不管是在境內貿易還是跨境支付場景中，小微企業多了一種收付款方式，有助於進一步降低結算成本，提高結算效率。

3. 助力人民幣國際化

在人民幣跨境支付系統（Cross-border Interbank Payment System, CIPS）上線之前，人民幣跨境清結算高度依賴美國的 SWIFT 系統和紐約清算所銀行同業支付系統（Clearing House Interbank Payment System, CHIPS）。但 SWIFT 近年來逐漸淪為美國長臂管轄的金融工具，對中國的金融安全構成威脅。CIPS 上線後，有利於支持人民幣在全球範圍內的使用，為境外銀行和當地市場提供流動性。但 CIPS 以往是基於銀行賬戶的，境外銀行需要有人民幣業務、境外企業和個人需要開設人民幣存款賬戶才能使用。而數字人民幣 DC/EP（Digital Currency/ Electronic Payment）只需要擁有 DC/EP 錢包就可以在 CIPS 上進行交易，這個要求比開設人民幣存款賬戶低得多。DC/EP 可以藉助 CIPS 系統，在有效提升 CIPS 功能的同時，進一步促進人民幣在跨境支付中的應用。

儘管 DC/EP 能夠促進人民幣國際化，但一國的貨幣要成為國際貨幣，跨境支付的便利性僅是一個必要條件，而非充分條件。成為國際貨幣還需要滿足一系列條件：貨幣可自由兌換、幣值穩定、深廣的跨境貿易場景、境內金融市場成熟且開放程度高、產權保護制度完善等。這已經超過了 DC/EP 最初的設計能力。因此真正實現人民幣國際化的關鍵條件不在

於央行數字貨幣走向國際化，而在於隨着中國綜合國力不斷增強、資本項下自由兌換逐步展開、法制不斷完善，當人民幣成為國際貨幣時，人民幣的數字貨幣才能夠真正成為國際貨幣。

4. 應對私人數字貨幣的挑戰

自加密貨幣推出以來，加密貨幣的匿名性、跨境支付的便利性以及潛在的財富保值能力就吸引了大量的人參與其中。雖然加密貨幣由於種種內在缺陷而無法成為主流貨幣，但其潛在的優異特性已引起了各方的重視。2019 年 6 月，臉書宣佈擬推出數字貨幣 Libra。Libra 完善了比特幣作為支付工具存在的「通縮」「波動大」「交易費用高」等內在缺陷。臉書在全球擁有 20 多億用戶，且業務範圍涉及跨境支付，一旦大規模推廣開發，勢必給各國貨幣帶來巨大的衝擊。基於此，各國央行開始加速研發數字貨幣，探索基於主權背書的數字貨幣是否能夠抵抗私人數字貨幣的衝擊，以捍衛數字貨幣主權，保證國家金融安全。

5. 提升監管效能，抑制洗錢、恐怖融資等犯罪活動

數字貨幣的可追蹤性和可編程性可以讓央行追蹤和監控數字貨幣發行後的流轉情況，從而獲取貨幣全息信息，實現對財政政策、貨幣政策的效果觀測，有利於實施更有效的宏觀貨幣政策。另外，經過設計的央行數字貨幣具有可追溯和標記特性，可以保證交易流程可追溯，在保障用戶部分匿名性要求的同時對監管機構信息實名，從而幫助監管機構用大數據技術追蹤洗錢、恐怖主義融資等行為，有效抑制犯罪活動。

（四）發行央行數字貨幣要注意的四個「問題」

數字貨幣有利於降低現金成本、提高金融包容性和支付系統的穩定性、提升監管效能，但在發展數字貨幣的過程中，也需要注意以下四個方面的問題：

1. 央行數字貨幣需要藉助銀行、非銀等金融機構進行間接投放

理論上，數字貨幣無需銀行賬戶即可投放。但央行直接投放數字貨幣後，容易出現兩個問題。一方面，直接面向用戶投放數字貨幣容易脫離

「貨幣錨」的控制,引起貨幣超發。當前,央行的數字貨幣的發行是由貨幣 M_0 進行置換的,商業機構需要向央行全額繳納準備金。在這種二元運營模式下,央行數字貨幣沒有脫離原有的貨幣體系,也沒有憑空創造出來新的貨幣,央行數字貨幣仍然遵守貨幣發行紀律。另一方面,央行直接投放數字貨幣有可能導致金融脫媒。商業銀行的業務運作是建立在銀行賬戶之上的,在賬戶的基礎上開展存貸匯等業務。一旦數字貨幣直接大規模面向公眾投放,等於繞過了銀行、非銀等金融機構,這些中介機構無法獲得用戶的金融交易數據,就無法提供與之風險相匹配的金融服務。因此,數字貨幣短期內仍然需要遵從二元發行結構,通過商業銀行或非銀金融機構發行,以降低對金融中介的影響。

2.央行數字貨幣不對持有者支付利息

從央行數字貨幣的定位上來看,央行數字貨幣是 M_0 的替代,相當於老百姓手裏的現鈔或硬幣,所以這筆錢放在數字錢包中,銀行並不對持有者支付利息。而且從理論上來說,央行數字貨幣一旦計息,可能使大量尋求安全的資產向中央銀行轉移,從而導致銀行的存款流失。其結果是,銀行要麼面臨負債端的成本上升導致的利潤損失,要麼提高存款利率水平。數字貨幣一旦開始計息,央行與商業銀行就形成了競爭關係。為了降低數字貨幣對銀行的影響,法定數字貨幣只能充當現金的替代物,不能替代 M_1(狹義貨幣)、M_2(廣義貨幣)。

3.央行數字貨幣實施中要考慮對貨幣乘數的影響

央行數字貨幣在滿足企業和居民需求的同時,由於其是現有貨幣體系內全新的貨幣形態,不可避免地將對現有的貨幣體系產生影響。央行數字貨幣在投放時,因為流通性更強,所以市場上流動性勢必增加。為了避免市場上 M_0 過多,未來發行的央行數字貨幣一定要少於替代的紙幣。因此,從貨幣乘數來看,由於分子不變、分母變小,整個貨幣乘數會在一定幅度上增大。當前以數量調控為主的貨幣調控模式將會因為乘數的波動而加大測量和控制難度,央行的貨幣政策操作難度將進一步加大。因此在實踐過程中,數字貨幣的推動應當循序漸進,小心驗證,使之在此過程中完

善與現金的融合對接，驗證其對金融中介和貨幣體系的影響，以弱化可能帶來的負面影響，使其真正成為中國金融高質量發展的有力推手。

4. 在發展數字貨幣的同時，也要保留現金支付

近年來，隨着移動支付的快速發展，現金在日常的使用中呈現下降趨勢。未來隨着數字貨幣發放規模的逐步擴大，其對現金的替代性將更為明顯，流通中的現金和活期存款數額將進一步減少。

但中國各地區間數字化水平發展不均衡的現象十分突出，不同地區、不同年齡段的用戶對數字貨幣的接受程度也不盡相同。因此，需要循序漸進地推動數字貨幣的發展。在推動數字貨幣的同時，不能強迫所有人使用電子化支付手段。即使未來現金支付已經接近消失，也要保留民眾選擇使用現金的基本權利。這既是經濟倫理的要求，也是為了規避在極端情況下面臨的風險 —— 不可抗力導致的電力中斷、數據丟失等情況。

（五）面向未來的數字貨幣

在工業社會，大部分法定貨幣的錨實際對應的是 GDP 增長率、稅收能力、通貨膨脹率等指標，這些錨是和當前工業社會的主要特徵物聯繫在一起的。隨着數字技術的不斷發展，數字經濟在國民經濟中的佔比不斷提高，未來全球必然進入數字化社會。這個時候，貨幣的錨也可以根據數字時代的經濟特徵，選擇一種全新的錨定物。在確定錨定物時，需要遵循以下五個原則：

第一，這種錨定物是全人類當下及未來很長時間內普遍需求的，是在現實世界中存在的，與人類的核心需求密切相關。

第二，這種錨定物一定是有具體價值的，而不只是某種算法。

第三，這種錨定物無需任何中心化的體系背書。

第四，這種錨定物的價值能夠隨着社會生產效率的提升而提升，能夠持續滿足貨幣供給。

第五，這種錨定物能夠成為全人類共同的追求，也是建立人類命運共同體的基礎。

　　實際上，能夠同時滿足上述需求的錨定物在現實中很難找到。曾經充當錨定物的黃金以及現在被廣泛使用的國家信用都只能滿足一部分要求。但回顧歷史可以發現，貨幣在不同歷史發展階段的錨定物，往往與當時的核心生產資料密切相關。在資本主義發展初期，英國煤炭產量佔據世界總產量的 2/3。到了 20 世紀初，美國石油產量也接近世界產量的 90%。在擁有當時社會生產中必需的能源的主要定價權後，英鎊和美元通過錨定煤炭和石油先後成為霸權貨幣。雖然 20 世紀 60 年代末期中東地區產油量超過了美國，但美國通過與主要產油國達成協議，使美元成為石油唯一標價結算貨幣。美元也成了大部分貨幣的名義錨。也就是說，誰能夠將自己的貨幣與當前最主要的生產資料結合起來，誰就往往能夠在世界貨幣的競爭中確定領先地位。

　　當前世界經濟已經進入新舊動能轉換期，數字經濟作為推動經濟復甦的新動能、新引擎，已是全球共識和大勢所趨。數據在經濟活動中的作用變得越來越重要，近年來數字經濟越發成為中國經濟的新增長源。2020 年中國數字經濟規模高達 39.2 萬億元，佔 GDP 的比重達到 38.6%，位列全球第二。

　　在數字時代，核心的生產資料已經不僅僅是石油、煤炭，這些能源未來可以被可持續能源 —— 太陽能、風能、電能所取代。數字時代核心的生產資料變成了大數據、計算能力、技術人員等一系列數字生產核心要素組成的數字化能力。數字化能力強的國家，可以進一步提高社會的生產效率和經濟發展水平，並在與其他國家的競爭中脫穎而出。因此可以認為，未來法定數字貨幣可以錨定數字時代的核心生產資料 —— 數據、計算能力、技術人員等組成的綜合體。可以將上述一攬子的數字化生產資料整合形成一個數字化指數。將數字貨幣錨定這個指數，通過測度全球或國家的數字化指數，來確定數字貨幣的發放量。數字化生產資料，不僅是全人類當前需要且未來持續需要的，而且本身蘊含價值，將隨着人類社會的進步而不斷增加，因此可以說數字化能力是未來數字社會中最合適的貨幣錨定物。

　　總而言之，在當下發展數字貨幣的過程中，既要大膽設想，也要充分

認識到它可能對經濟和社會帶來的潛在影響。進入數字時代後，未來人類貨幣的形態、產生方式、錨定物還將在實踐中進一步充分發展，貨幣也可以選擇數字時代的核心生產要素 —— 數字化能力 —— 作為一種全新的錨。通過錨定這種全人類未來共有的生產資料，數字貨幣就有了良好的運行基礎，還能進一步對數字經濟、數字社會的發展起到良好的推動作用，共同促進人類文明的繁榮進步。

五、爭做數字生產關係的創造者

目前人類正面臨着變革生產關係的關鍵時期，各個國家都在展現自己的智慧，建立更能匹配數字生產力發展的生產關係。中國雖然在數字技術上還要彌補大量短板，但在數字生產關係領域，無論是中國源遠流長的哲學思想，還是中國特色社會主義制度的基本主張，以及中國構建人類命運共同體的宏偉夢想，都和數字化生產關係有着天然的契合性，是從生產關係層面中國在數字時代可能領先的基礎。中國的人民民主制度，也是與區塊鏈等數字生產力最為匹配的制度體系。因此，從生產關係視角來看，中國的數字經濟正在迎來前所未有的大發展機遇，我們必須要從宏觀到微觀，抓住社會變革的主要矛盾，大膽創新，建立具有中國特色、全球價值的數字化生產關係。

疫情給產業發展帶來挑戰，也帶來機遇。一些傳統行業受衝擊較大，但智能製造、無人配送、在線消費、醫療健康等新興產業卻展現出強大的成長潛力。因此現在要以此為契機，改造提升傳統產業，培育壯大新興產業。傳統產業的數字化轉型升級需要企業抓住數字化生產關係的三個特點，從生產、交換、分配、消費等幾個角度大膽進行商業模式創新。

2020 年賀歲電影《囧媽》的上映就是一個適應數字化生產關係進行商業模式創新的典型案例。當時整個電影行業受到疫情重創，春節檔撤銷讓很多影業公司不知所措。但《囧媽》從互聯網所帶來的新生產關係入

手，重構了自己的商業模式，變院線播放為網上免費播放，它與急需流量的互聯網巨頭字節跳動公司合作，從大年初一開始讓人民群眾免費看電影，短短四天時間，就有超過六億人次的觀看。雖然此舉遭到了部分院線從業者的抵制，但不可否認的是，這部電影讓我們看到了在疫情嚴重的情況下，商業模式創新的重要性。

疫情讓很多產業停擺，但同時也湧現出很多與數字技術緊密融合的新興產業。比如線上問診平台，在疫情期間迅速發展，其已經快速形成了足夠大的體量，為建立醫療產業互聯網新生態奠定了基礎。教育產業也迎來了線上教育的發展良機，前些年不溫不火的 MOOC（慕課）模式迎來了轉機，為疫情後教育產業的革命做好了鋪墊。鐵路運輸雖然受到很大衝擊，但也進一步加速了高鐵貨運產業的發展。製造業也有機會更好地佈局工業互聯網，推動製造業價值創造方式的轉變。所以，中國經濟通過構建數字化生產關係走向「良幣驅逐劣幣」的產業生態是歷史的必然，這次疫情加速了這一過程。只要政策得當、措施有力，就可能把疫情帶來的停滯變成轉型的拐點。

總之，在解決生產力與生產關係的矛盾上，中國與其他所有國家都在同一起跑線上。但是，因為馬克思主義哲學的先進性，中國特色社會主義制度已經基本具備了數字化生產關係的三個特徵，我們需要的是充分利用好數字技術進一步創新生產關係，讓中國社會經濟系統儘快進入數據透明、全員可信、身份對等的數字化生產關係階段，從而讓中國成為促進先進生產力發展的最佳社會環境。

未來幾年，如何把中國制度的優越性和哲學的領先性轉化為經濟發展的優勢，依然是中國社會經濟發展亟須解決的大問題。為了解決這一問題，一方面，我們需要大力發展以大數據、人工智能、物聯網、雲計算、區塊鏈等為代表的各種數字生產力；另一方面，我們需要大膽創新數字化生產關係，從全社會、全產業、全供應鏈的角度，在整體上系統改變中國的產業生態，通過建設產業互聯網釋放企業活力、實現產業轉型升級，讓中國經濟插上數字生產力與數字化生產關係的翅膀，引領全球經濟發展。

第 **5** 章
數據要素化與要素數據化

一、要素市場是人類社會經濟系統運行的基礎

社會經濟系統運行的基礎是各種要素的優化配置，要素市場也是政府調控經濟、促進社會公平發展的有力手段。

（一）要素市場的基礎性作用

市場秩序理論認為，只有建立有序競爭，即要素只有在統一開放、競爭有序的市場上配置，市場調節資源配置才是有效的，成本才是最低的。而要素市場扭曲，其危害則在於使要素價格偏離市場均衡，難以根據市場形勢進行靈活調整；使要素自由流動受到限制，難以配置到能產生更高回報的領域，從而影響資源配置效率和經濟運行效率，制約技術進步和發展質量提升，並誘發經濟結構的深層次矛盾。

中國市場經濟由計劃經濟轉型而來，市場體系和市場秩序的混亂現象更為嚴重，難以實現市場配置資源的有效性。中共十九大報告提出，經濟體制改革必須以完善產權制度和要素市場化配置為重點。中共十九屆四中全會提出，推進要素市場制度建設，實現要素價格市場決定、流動自主有序、配置高效公平。中共十九屆五中全會進一步提出，全面深化改革，構建高水平社會主義市場經濟體制，「十四五」時期，高標準市場體系基本建成，市場主體更加充滿活力，產權制度改革和要素市場化配置改革取得重大進展，公平競爭制度更加健全，更高水平開放型經濟新體制基本形成。

高標準市場體系是建立在數字經濟基礎上的現代市場體系的更高級形態。現代市場體系的基本要求是使市場在資源配置中起決定性作用，其基

本特徵是統一開放、競爭有序。具體而言，就是要實現市場准入暢通、市場開放有序、市場競爭充分、市場秩序規範，加快形成企業自主經營公平競爭、消費者自由選擇自主消費、商品和要素自由流動平等交換。要素是現代市場經濟高質量發展的核心和關鍵，要素市場的市場化程度是衡量市場體系現代化水平的重要標誌。中國抓住了構建現代市場體系這一關鍵，加大要素市場的市場化配置力度，並適時提出了數據這一新要素，努力在全球率先構建支持數字經濟的要素市場體系。

建設一個健康要素市場，其功能簡言之有三個：規範要素市場秩序、發現要素市場價格、配置要素市場結構。對全國各要素市場而言，從既往的經驗來看，如果一個地域的要素市場交易量能達到 1000 億元（或者說全國要素交易總量的 10%），就能基本掌握該要素市場的全國定價權。比如醫藥產業，2014 年全國藥品交易量一萬億元，重慶搞了一個藥交所，2014 年時交易量達到 200 億元，就已經出現一定的定價效應，如果到了 1000 億元，就有了市場的定價權。

一個要素市場除了上述三個功能外，還是一個金融結算中心，通過結算中心把要素市場的交易輻射到其他地方。也就是說，一個要素市場中心可以把周邊參與交易的現金流匯聚到一起，並產生當地的稅收。

（二）中國要素市場面臨的問題和挑戰

經過改革開放 40 多年的持續快速發展，特別是中共十八屆三中全會以來，中國要素市場改革步伐有所加快，資本、勞動力、土地、產權、技術、數據等領域取得了長足發展，要素市場化配置對經濟社會發展的重要作用不斷提升。但同時也要看到，中國要素市場體系還不健全、市場發育還不充分，政府和市場的關係沒有完全理順，還存在市場准入門檻較高、市場激勵不足、要素流動不暢、資源配置效率不高、微觀經濟活力不強等問題，與建設高標準市場體系的要求差距較大。

土地要素市場化方面，市場機制對城鄉土地配置的作用發揮還不充分。首先，城鄉土地二元分割特徵依然突出，農村土地徵收、集體經營性

建設用地入市、宅基地流轉改革需要加快,國有土地和農村集體土地同地不同權情況還比較明顯。其次,土地使用結構不合理,國有土地一級市場由政府控制,主要用於保障經濟社會的基礎設施需求和基本生產性需求,城市的生活生態用地特別是住房用地的供應比重偏低。再次,建設用地急需盤活存量資源、提高存量土地效率。最後,土地取得和保有環節徵稅過低,而在流轉環節,契稅、營業稅、印花稅等整體稅率過高。

勞動力要素市場化方面,首先,既有的戶籍管理制度使得外來就業人員在就業准入、社會保障、子女教育、醫療等方面的利益得不到保障,亟須做合理變革。其次,勞動力市場供需不匹配,產業工人、生產性人員的巨大需求無法得到滿足,高校畢業生就業形勢依然嚴峻,靈活就業需要政策和制度的引導扶持。最後,勞動力的高層次開發不夠,還未能利用大數據、人工智能、區塊鏈等數字技術開發可信的人才評價體系,人才的創新能力釋放遠遠不夠。

資本要素市場化方面,首先,多層次資本市場體系仍過度依賴銀行體系間接融資的融資結構,直接融資與間接融資不協調的狀況未得到根本性改變。其次,金融市場體制機制仍不完善,服務實體經濟的功能未充分得以發揮,支持和服務「三農」及中小微企業的能力體系仍有待進一步改善。再次,金融機構市場化退出機制和金融要素市場定價機制不完善,市場化約束機制和違約風險承擔機制不健全。復次,金融市場基礎設施、金融市場自律機制、相關法規體系仍有待完善,雙向開放程度仍有待提高。最後,金融市場的中國特色理論尚未形成,需要在中國改革開放實踐和新技術潮流基礎上儘快創新。

技術要素市場化方面,首先,缺乏全面設定技術市場各類主體在技術轉移中的權利、義務和責任的法律法規。職務科技成果的使用、收益、處置政策,以及激發科研人員創新創造動力與活力等方面亟待制度創新。其次,技術市場多部門協同促進創新機制尚未定型。技術市場服務機構與技術創新的互動機制尚未真正形成。最後,技術要素與其他要素市場,尤其是資本市場尚缺乏深層次互動。

數據要素市場化方面。首先，數據孤島現象依然存在，政府數據尚未完全打通和實現商業化應用。其次，平台企業數據資源的產權、使用、責任、義務等缺乏相應的法律規範，導致大數據無法合理市場化。再次，數據違法成本較低，個人數據隱私保護有待進一步加強。復次，數據市場主體發育緩慢，引導和扶持政策有待健全。最後，大數據市場運行不規範，亟待規範治理。

(三) 推進要素市場化改革的重要意義

中共十九大報告指出，中國社會主要矛盾已經轉化為人民日益增長的美好生活需要和不平衡不充分的發展之間的矛盾。而要素市場具有前文所討論的平衡發展的功能和作用，因此中國經濟改革的方向也必須逐漸從市場化程度較高的商品市場轉向市場化程度還不那麼高的要素市場。

2020 年 3 月 30 日，《中共中央　國務院關於構建更加完善的要素市場化配置體制機制的意見》（以下簡稱《意見》）發佈，提出了許多生財型、聚財型和資源優化配置型改革，既具有針對性和前瞻性，又具有極強的戰略意義。一方面，「探索建立全國性的建設用地、補充耕地指標跨區域交易機制」「放開放寬除個別超大城市外的城市落戶限制，試行以經常居住地登記戶口制度」等措施有利於提升要素流動性，有利於引導各類要素協同向先進生產力集聚。另一方面，在當下經濟增長和財政收入因疫情而大幅受挫的背景下，這種不花錢或少花錢卻又能帶來巨量紅利的改革不僅符合經濟社會實際，也有利於復工復產、激發企業活力、重啟高質量經濟循環。

推進要素市場化改革具有三個方面的重大意義：

一是建設高標準市場體系的關鍵步驟。中共十九屆四中全會提出要建設高標準市場體系。這個高標準不僅體現在商品市場上供求機制、價格機制和競爭機制等市場機制充分發揮作用，更為基礎和重要的則是在要素市場上體現出市場配置各類要素資源的決定性作用。當前，中國商品市場發育較為充分，目前商品和服務價格已由原來的 97% 以上由政府定價，轉變為 97% 以上由市場定價。同時，要素市場建設和改革也取得了重要

進展，資本、土地、勞動力市場從無到有、從小到大，市場配置要素資源的能力明顯增強。但由於種種原因，與商品和服務市場相比，要素市場發育還不充分，在運行過程中不同程度地存在行政干預過多、市場化運作不暢、資源配置效率不高等問題，影響了市場發揮資源配置的決定性作用。儘管中央文件屢有提及，但思想觀念的障礙和利益固化的藩籬，使這些年來的相關改革進展緩慢。《意見》的出台，不僅再次明確了要素市場化改革的方向，還針對不同的要素提出了具體的市場化改革舉措，具有很強的可操作性，有利於加快高標準市場體系的建立。

二是深化供給側結構性改革的重大舉措。近年來，針對經濟運行中的結構性矛盾，中央提出了以「三去一降一補」為主要內容的供給側結構性改革思路。經過幾年努力，經濟運行中的短期結構性矛盾得到了緩解，取得了積極成效。但「三去一降一補」治的是急症、解的是表，邏輯是從產品端的結構性矛盾出發，在企業端發力，通過淘汰過剩產能、出清殭屍企業、降低過高槓桿等措施糾正結構性失衡。但從企業端深挖下去，除了微觀主體的治理機制和創新活力有待進一步激發外，作為投入的要素端的扭曲也是一大病症所在。要素配置扭曲具有很強的傳導性和擴散性，由此造成了一系列經濟結構性矛盾和問題。推進要素市場化改革，有利於提升要素流動性，有利於引導各類要素協同向先進生產力集聚，進而為產業鏈水平的提高創造條件。從培育新動能角度來看，要擴大優質增量供給，就要建立促進要素自由流動的機制，使科技創新、現代金融、人力資源等現代生產要素能夠從低質低效領域向優質高效領域流動，提高要素宏觀配置效率，共同支撐實體經濟發展，形成協同發展的產業體系。可以說，要素市場化改革是繼「三去一降一補」之後又一大供給側結構性改革的傑作，是供給側結構性改革進一步深化的重要標誌。

三是要素市場發育程度是一國經濟競爭力的重要體現。完善要素市場化配置，還有利於讓要素活力競相迸發，為經濟發展注入新動力。一方面，宏觀經濟發展依賴微觀主體活力，企業是組織生產要素的主體，企業活力是否充分釋放，取決於要素活力是否競相迸發；另一方面，數據等新

型生產要素對其他生產要素的效率有倍增作用，已和其他要素一起融入價值創造過程中，形成了新的先進生產力，它們對於推動中國經濟轉向創新驅動發展具有重要意義。

與商品市場中有千千萬萬的品種、規格、性能的商品不同，要素市場一般品種相對單一（比如相關文件中重點談到五類：土地、勞動力、資本、技術和數據），場所或平台相對集中（如各地的建設用地招拍掛中心），一般具有資源優化配置功能、維護市場秩序功能、集中競價功能、資金樞紐功能和大數據匯集功能。不論是國家級的要素市場，還是區域性要素市場，成功的前提是能夠在業態上做到三個集聚：一是交易量的集聚能力，成功的要素市場往往能集聚區域性或全國性的 80% 以上的相關要素交易資源。二是交易會員單位、中介機構等各類企業和品牌的歸集和集聚。三是物流通信的樞紐集聚功能。作為一個成功的要素市場，理應有完善的通信基礎設施以支撐這個要素市場的大數據、雲計算和人工智能的樞紐條件。

基於此，要素市場的效率往往決定了一個經濟體的運行效率，成為國家和國家之間、地區和地區之間競爭的核心能力的體現。相較於普通經濟體，那些擁有全球要素市場影響力的經濟體競爭優勢更為突出。

要素市場是統一開放、競爭有序的現代市場體系的重要組成部分，但在實踐中，不同地域、不同要素的市場化程度差異較大，面臨的問題也各不相同。因此，在推進要素市場化配置過程中，既要從整體上擴大要素市場配置範圍，加快發展要素市場，也要根據不同要素屬性、市場化程度差異和經濟社會發展需要，提高要素配置的靈活性、科學性、協同性，構建起更加完善的要素市場化配置體制機制。

二、數據要素化

數字經濟是建立在數據要素基礎上的，數據是數字經濟發展的基礎性、關鍵性、決定性的生產要素。

數字技術和數字設備的普及，使得大量的數據從各種各樣的數據源頭通過不同渠道快速產生和流轉。數據滲透到國民經濟和社會發展的各個領域、各個層次當中，成為一個國家、一個地域的新型基礎性資源，正在對經濟發展、社會治理、人民生活產生重大而深刻的影響。數據作為一種新的生產要素，在數字經濟不斷深入發展的過程中，將居於越來越重要的地位。

數據成為要素的意義體現在三個方面：首先，數據參與生產。數據對其他要素資源具有乘數作用，可以提高經濟生產效率，推動新型產品和服務的創造。其次，數據參與分配。數據對原有生產要素諸如勞動力、土地、資本和技術產生替代效應，背後涉及經濟結構的變化和要素內涵的變遷。最後，數據融合帶動。數據憑藉高流動性、低成本、長期無限性和外部經濟性等特徵，對國民經濟各部門具有廣泛輻射帶動效應，有助於提升全要素生產率。

華為公司和牛津經濟研究院的測算結果顯示，過去 30 年中，數字投資對 GDP 增長的邊際貢獻率達到 20 倍，而非數字投資的邊際貢獻率僅為三倍。數據要素作為數字經濟發展的新原料，正成為改變國際競爭格局的新變量。中國是第一個從國家層面把數據列為生產要素的國家，中國數字化轉型在消費或者服務領域的優勢正轉化為數據要素的市場優勢。

（一）數據成為要素的條件

單一的、雜亂無章的數據是沒有什麼價值可言的。數據要想成為生產要素，能被交易和流通，並產生真正的價值，就需要具備要素屬性，經歷要素化過程。

1. 數據的本質與六大特性

在辨析數據的本質之前，可以先思考一下人類是如何認識世界的。辯證唯物主義認為，世界的本質是物質，世界上先有物質後有意識，物質決定意識。在人類認知產生以前，從物質的最小單位夸克到原子、分子、生物大分子、細胞乃至生態系統，構成了客觀的物理世界。對於上述客觀物

理世界未經處理的原始記錄，就是數據（data）。人類誕生以後，為了更好地記錄世界，將客觀世界的數據以編碼的形式表達出來，就形成了信息（information）。數據強調的是客觀記錄，信息強調的是對客觀記錄的解釋，是一種已經被加工為特定形式的數據，例如文字、語言、音樂等。而知識（knowledge）是人類基於認知模型，對信息進行結構化重組而形成的更高級別的系統性認知。知識表現為兩個特徵：第一，它是有邏輯的，是人類基於數據和信息自主進化的產物；第二，它可以獨立於數據與信息而存在，表現為抽象且沒有實體的客觀知識，如文學、藝術、科學理論、經濟交往中的商業模式等。顯然，數據不是信息，信息不是知識。

數據是整個數據要素市場最基本的構成元素。計算機科學將數據定義為「對所有輸入計算機並被計算機程序處理的符號的總稱」。國際數據管理協會（DAMA）也給出了相似的定義，「數據是以文字、數字、圖形、圖像、聲音和視頻等格式對事實進行表現」。國際標準化組織（ISO）對以上兩種定義進行了進一步概括，認為「數據是對事實、概念或指令的一種形式化表示」。

以上定義各有側重，一方面，數據若想為人所用，必須能夠被計算機以數字化、可視化的形式呈現出來，這是數據必備的外在形態；另一方面，數據之所以有價值，是因為其承載着某些客觀事實，這是數據的內在實質。

數據是對客觀事物（如事實、事件、事物、過程或思想）的數字化記錄或描述，是無序的、未經加工處理的原始素材。數據可以是連續的，比如聲音、圖像；也可以是離散的，如符號、文字。通常來說，數據有六大特性：

第一，數據是取之不盡、用之不竭的。與土地、勞動力、資本等生產要素不同，數據作為客觀世界的「符號」，隨着客觀世界的演化而不斷產生，從這個角度，我們可以將數據看作客觀世界「熵」的反映。數據的這個特性意味着數據是無窮無盡的，因此要充分發揮數據的潛力，將數據轉化為信息、知識、智慧。

　　第二，原始數據是碎片化的、沒有意義的。知識的產生要經歷數據、信息兩個階段，意味着如果沒有人類的組織、加工，這些千千萬萬的數據本身對於社會毫無意義。只有將數據組織起來，從中探索出信息、知識，才能更好地推動人類文明進步。

　　第三，數據不可能完全地「原始」，其加工過程就是由無序到有序的過程。數據並非獨立於思想、工具、實踐而存在。恰恰相反，從人類的視角來看，數據的出現就意味着處理、分析流程已經在運作。因此，數據就是信息本身。所以，不存在先於分析的或作為客觀獨立元素的數據。數據的加工過程，就是將處於原始狀態的數據，即無序的數據變成有序的數據的過程。有序是極為重要的概念。

　　第四，數據產生數據。與其他生產要素相比，數據的一種主要特性是按照指數模式增長，並且具有數據產生數據的特徵。於是，數據的總體規模不斷呈現數量級的增長。不久之前是 PB（Petabyte, 千萬億字節，拍字節），現在是 EB（Exabyte, 百億億字節，艾字節），未來很快是 ZB（Zettabyte, 十萬億億字節，澤字節）。

　　第五，數據在利用過程中產生了價值與產權。數據經過人工與機器處理後成為信息，然後變成知識，再變成決策判斷、信用判斷的工具，為數據平台帶來了商業利益，從而數據就創造了價值。同時，數據在創造價值的過程中，數據的產權歸誰所有，利益如何分配，也是數據利用所面臨的一項重大課題。

　　第六，數據可以多次轉讓和買賣。數據是無形的，作為一種非消耗性資源，使用越多，產生的數據越多，其可能帶來的價值就越大。經過人類解釋後的數據，如果僅僅被個別人使用，它能夠產生的知識就相對有限，產生的價值也會大打折扣。

2. 從數據到數據要素

　　生產要素需要具有明確的產權、定價模式和交易模式，所以數據的要素化過程，就是逐漸形成數據產權、定價、交易模式的過程，要經歷數據資源化、數據資產化、數據資本化三個基本階段。

　　數據資源化。資源是指自然界和人類社會中可以用於創造物質財富和精神財富的具有一定量的積累的客觀存在形態。由此可見，單一的數據不能成為資源。**數據資源化**，是要讓數據能夠參與社會生產經營活動、可以為使用者或所有者帶來經濟效益。區別數據與數據資源的依據主要在於數據是否可以規模化開發利用。一個國家、一座城市，首先要完成對數據資源的「勘探」，制定數據資源的開發策略和基本模式，並建設相關的基礎設施。

　　數據資產化。隨着數據價值被普遍認可和數據資源的廣泛開發，**數據**將逐漸成為個人、企業、政府的一項重要資產。根據《企業會計準則》中的定義，資產是指企業過去的交易或者事項形成的、由企業擁有或者控制的、預期會給企業帶來經濟利益的資源。把這個定義推廣到數據資源，可以說數據資產是指在過去的經濟社會活動中形成的，由個人、企業、政府擁有或者控制的，預期會給個人、企業、政府帶來經濟利益的數據資源。當前，由於數據的確權、成本及價值的可靠計量等問題，在現行法律框架和技術條件下，數據資產尚無法直接體現在企業的財務報表中。但在數字時代，越來越多的企業意識到企業所掌握的數據資源的規模、數據的鮮活程度，以及採集、分析、處理、挖掘數據的能力決定了企業的核心競爭力。一些發達地區已經開始探索數據資產如何進入財務報表，並形成新的資產管理規則。

　　數據資本化。數據成為資產之後，數據在經濟活動中的地位開始等同於傳統的資本投入。資本是投入的一部分，各種投入包括勞務、土地、資金等。根據主流宏觀經濟學觀點，資本可以劃分為物質資本、人力資本、自然資源、技術知識等。數據資產是在數字經濟時代資本呈現出的新的內涵。所謂數據的資本化，是指可以按照某種方式來衡量數據的投入和產出，並估算數據資本的未來價值。在條件成熟的情況下，可以建立數據資本交易機制，設立數據資本交易所。目前國內已經有若干數據交易中心，正在嘗試數據資本化的模式，探索數據資本市場的可行之路。

　　中共十九屆四中全會首次將數據增列為生產要素。生產要素是指進

行社會生產經營活動時所需要的各種社會資源，是維繫國民經濟運行及市場主體生產經營過程中所必須具備的基本因素。數據要素是參與到社會生產經營活動、為使用者或所有者帶來經濟效益、以電子方式記錄的數據資源。判斷數據是不是已經成為一個地方生產要素的依據，主要在於其是否產生了經濟效益。數據要素具有如下特徵：

一是非競爭性。數據要素開發成本高，在動態使用中發揮價值，邊際成本遞減。

二是非排他性（或非獨佔性）。數據可複製、可共享、可多方同時使用，共享增值。

三是非耗竭性。數據可重複使用、可再生，在合理運維情況下可永久使用。

四是非稀缺性。萬物數據化，快速海量積累，總量趨近無限，具有自我繁衍性。

五是非恆價性。數據要素的價值隨着應用場景的變化而變化。不同的應用場景，數據要素價值也不同。

由此可見，單一的數據不是資源，因而也不是生產要素，也不是資產。數據要成為資源、成為生產要素，就要經過要素化過程，即數據需要經過採集、傳輸、計算、存儲和分析等過程，成為有價值的信息、知識，然後才能在生產、業務、決策、管理等過程中發揮重要作用。因而，數據採集、清洗、標註、挖掘等處理過程，數據存儲、計算、通信等關鍵硬件，數據算法、工具、解決方案等關鍵軟件，構成了數據要素化的重要基礎。

此外，作為加快培育數據要素市場的重要舉措，《意見》提出將有關領域數據採集標準化，這是數據要素可交易、可流通的一個關鍵基礎。如果數據運行各個環節的採集標準不一致，其共享共用就很難實現。這就好比火車行駛的鐵軌，如果一段路程中有的是寬軌，有的是窄軌，火車行駛的速度就起不來，更別說跑高鐵了。推進數據採集標準化正是數據要素市場的關鍵性、基礎性舉措。

（二）數據的確權

數據要成為數字資產，並能夠順暢地進行流通和交易，最重要的是對數據進行確權。當前，數據的所有權、使用權、管理權、交易權等尚未被法律明確界定，國際社會也仍沒有達成共識和通行規則。這導致企業在採集、處理、加工、使用和共享數據的過程中存在諸多隱患和風險，也關係到數據產業能否健康、安全及可持續發展。

一般而言，政府數據屬於國家，社會數據歸屬於數據產生主體。但就具體場景而言，還要根據實際情況具體考慮。其中個人數據由於考慮到隱私保護問題，更需要與數據的使用場景相結合，在具體場景中判斷相關主體的權利。不同場景下，個人數據可能涉及不同的利益訴求，有着不同的目的與用途，要根據數據類別、安全級別、隱私保護、權益歸屬等條件，明確哪些數據是完全屬於個體的，哪些是公共的，以及哪些是市場化的。

1. 數據確權的國際探索

歐盟確立了「個人數據」和「非個人數據」的二元架構。針對任何與已識別或可識別的自然人相關的「個人數據」，其權利歸屬於該自然人，其享有包括知情同意權、修改權、刪除權、拒絕和限制處理權、遺忘權、可攜權等一系列廣泛且絕對的權利。針對「個人數據」以外的「非個人數據」，企業享有「數據生產者權」。

歐盟數據確權的嘗試並不算成功，「個人數據」和「非個人數據」的區分方式與現有數據流轉實踐不符。個人數據的範圍過於寬泛，在數字時代，幾乎沒有什麼數據不能夠通過組合和處理與特定自然人相聯繫。由此，同一個數據集往往同時包含個人數據和非個人數據，想要把這些相互混合的數據區分開來，即使技術上有可能做到，在操作上也非常困難，可能過猶不及，諸如傷及互聯網成熟業態，阻礙人工智能、區塊鏈和雲計算等新興產業的發展。

美國的數據確權是一種實用主義路徑。美國個人數據置於傳統隱私權的架構下，利用「信息隱私權」化解互聯網對隱私信息的威脅，在金融、

醫療、通信等領域制定了行業法，輔以行業自律機制，形成了相對靈活的體制。美國的確權機制充分發揮了市場的作用，在政府數據的開放共享方面做了很多有益的嘗試，但過分自由的分散確權機制，不利於數據要素的規模化開發利用。

綜合考慮歐洲和美國市場在數據確權上的做法，中國在進行數據確權時，要結合中國國情和數據要素的市場化實踐，着重考慮以下五個問題：

一是安全性。數據是一個國家重要的戰略資源，因此任何數據要素的開發要充分保障數據的安全性，不得以任何形式侵犯國家安全。同時，也要建立數據分類分級安全保護制度，充分考慮對政務數據、企業商業祕密和個人數據的安全保護。

二是隱私保護。歐美數據隱私保護的做法值得我們借鑒，要根據中國不同地域、不同產業、不同用途的需要，建立中國的數據隱私保護體系，從技術、法規、市場多個角度保障數據確權過程中不侵犯個人的隱私數據。

三是公平性。數據的確權機制一定要保障數據要素市場體系的公平性。其中，區塊鏈等技術體系是確保數據要素市場公平性的技術基礎，必須給予充分考慮。在技術底座基礎上，通過制定公平的確權機制，確保在數據要素層面能夠建立公平的分配機制。

四是價值導向。經過確權的數據才可以變成數據資產，而數據資產要在市場中發揮作用，創造新的價值。所以確權的一個重要目的還是有利於數據資產的價值創造，是為了在未來能方便快捷、公平合理地進行數據交易。

五是技術工具。要充分利用數字技術手段賦能數據確權。比如，針對數據資產的獨立性、不可篡改、多方參與等特性，可採用多方安全計算，即在不改變數據實際佔有和控制權或所有權模糊的情況下，將計算能力移動到數據端，在保障企業數據安全和個人隱私的同時，促進數據資產在共享利用中創造價值。

2. 數據產權和價值分配

數據產權歸屬是數據產業發展需要解決的基本問題，它決定着如何在

不同主體間分配數據價值、義務和責任。與土地、勞動力、資本、技術等生產要素不同的是，數據的產權問題仍未解決。土地、資本或勞動力等要素具有專屬性，但數據很複雜，目前在確權方面缺乏實際的標準規則。基於對數據、信息、知識的轉化模型，我認為數據涉及以下四項基本權利：管轄權、交易監管權、所有權和使用權。

（1）數據的管轄權、交易監管權由國家所有

數據是一個國家的新型基礎性資源，具有極高的價值，對經濟發展、社會治理、人民生活都產生了重大而深刻的影響，這意味着任何主體對數據的非法收集、傳輸、使用都可能構成對國家核心利益的侵害。數據安全已經成為事關國家安全與經濟社會發展的重大問題，與切實維護國家主權、安全和發展利益密切相關。

因此，各類數據活動的管轄權、交易監管權應當歸屬於國家，內部的任何數據活動都應該遵循國家數據安全法規，可以成立中央數據部門對國內的數據活動進行統一管理。國家確立總的管理規則後，主要城市可以設立定點數據交易所，類似在北京、上海、深圳設立的證券交易所，而其他的一般省會城市、地級市不能設立。數據交易類似於證券交易，只有證監監督管理機構批准下的交易場所擁有股票的管理權和交易監管權。其中既包括政務數據資源、公共數據資源、國有企業數據資源等國家所有的數據資源，也包括各類非國有企業／機構或個人生產的數據，如電商平台積累的數據資源、互聯網金融平台的數據資源、應用程序收集的數據資源等。

（2）數據所有權、使用權的界定應以保護隱私權為前提

數字經濟時代，全球數據量呈現出爆發式的增長，數據的資源屬性不斷增強，通過大規模的數據收集、處理和分析挖掘，大數據應用產生的經濟價值不斷顯現。而在數字化時代，個人數據需要參與到各類網絡雙邊交易中，在平台上經過加工、處理轉化成信息、知識，這就需要對數據產權進行合理界定。一個基礎的問題是：當某一個平台通過大數據、雲計算、人工智能把千千萬萬碎片化的毫無價值的信息通過導流加工成有方向的、有意義的數據時，這個平台是否應該擁有所有權呢？

　　消費者在網絡平台購物、瀏覽時，留下的有關個人信息（比如手機號、身份證號、郵箱、消費偏好等）原始記錄的數據應該歸消費者自己所有，網絡平台應只有使用權，除非徵得消費者明確同意，否則網絡平台不應當擁有上述個人信息的所有權。這一條與歐美普遍要求個人可以「自操作」自己在網絡平台留下的數據的邏輯是一致的。比如個人在微軟瀏覽器上的瀏覽記錄，自己是可以直接刪除的，網絡平台不得私自保存。這實際上就是公民隱私權的體現。網絡平台對個人留下的數據只有使用權，比如可以用個人數據在平台上為買賣雙方進行撮合或導流。比如今日頭條可以根據個人的瀏覽記錄來推送個人感興趣的新聞和信息，這個過程就是行使了對個人信息的使用權。與之相關，網絡平台在行使其掌握的個人信息使用權時，不能藉助該信息優勢進行任何可能侵害所有權人利益的不當操作，比如搞大數據殺熟、利用數據優勢進行價格歧視等。因為使用權僅僅是所有權的權能之一，所以網絡平台對他人的個人信息行使使用權時，不能對所有權人本身的利益構成損害。當然，這個邊界要掌握好。

　　如果網絡平台對個人信息進行脫敏後形成了新的數據集，這個數據是加工後的信息，在不以任何形式侵犯個人隱私權的前提下，網絡平台可以擁有脫敏後個人信息的所有權。根據自身經營需要，網絡平台可以出售此類數據，比如可以被用作各種市場研究，研究某個產品可能的市場需求率、客戶群體的分類等。換言之，任何網絡平台不能把未脫敏的數據對外出售；只要是出售的數據，就一定是脫敏過的。對此，可以由國家成立並運營的大數據交易中心來承擔相應的審核職能。進一步地，網絡平台對脫敏後的數據在交易中如果產生了收益，原始數據的提供人有沒有主張的權利呢？我認為，應該明確認定為「沒有」。理由有二：一是數據脫敏了，不存在侵害隱私權的可能；二是如果認定個人有主張的權利，在實踐中舉證自己的權利和驗證舉證的真實性，成本極高，根本無法操作，並且會嚴重挫傷網絡平台發展和互聯網交易的積極性。當然，如果把有關數據交易的監管權力界定給國家，國家就可以對數據交易徵稅。

　　回過頭來看，未脫敏的數據應只限於在本網絡平台使用，而且只有

網絡平台運營商在一定規則下（該規則要經過監管部門審核認可）才能使用。這些未脫敏數據不能以任何形式出售或提供給體系外的銀行、廣告商等機構。否則原始數據人就擁有向網絡平台主張獲益的權利。但原始數據人的該項權利應當如何保護，存在一定的操作難度，技術上可能需要用到區塊鏈技術，制度上國家應實行嚴監管，不僅要先證後照，還要犯一罰萬，重罰嚴懲。

（3）數據轉讓後的主體僅擁有使用權，未經允許不得進行再度轉讓

數據使用權即使用指定數據的權利。一般來說，物品的使用權由物品的所有者行使，但也可依據法律、政策或所有者的意願將物品的使用權轉移給他人，最典型的使用權轉移是國有土地使用權的轉移和影視、音樂等使用權的轉移。由於數據能夠低成本複製無限份，同時在使用的過程中一般也不會造成數據的損耗和數據質量的下降，反而還會因為數據的使用創造新的經濟價值，因此數據的使用權轉移是一項多方共贏的行為。

但是，數據在使用權的轉移過程中，往往已經被加工成了相應的數據產品和數據服務，成為類似於影視、音樂的知識產權。我們在娛樂平台上觀看欣賞影視和音樂後，是不允許將作品私自下載再轉售給他人的。與此類似，數據的使用權通常不允許轉授，即數據所有者將指定數據的使用權授予使用者後，數據的使用者不能將數據轉手倒賣獲利。

（三）數據的定價與交易

1. 數據的定價

數據資產的定價相對於其他資產而言存在巨大的差異，數據資產的價值主要來源於其直接或間接產生的業務收益，但數據自身存在的無損複製性、按不同業務場景產生收益的可疊加性，使得特定數據資產的價值與傳統資產價值不同，不是一個固定值，而是一個隨不同因素變化的動態值。

數據定價的一個思路是基於對數據自身價值的評估。目前資產價值評估方法主要包括市場法、收益法及成本法等，而數據自身的無形化、虛擬

化等特性使得上述資產價值評估基礎理論方法很難直接應用到數據資產的定價上。

市場法基於數據資產在市場中的交易價格作為數據所代表的價值，從而為數據要素市場下一步交易提供價格參考。市場法的優勢在於，通過交易價格易於得到數據價值判斷的依據，且數據價值與交易價格呈正相關。但是，如果數據交易很不活躍，交易量又很少，就不能為市場提供準確的定價指導。同時，數據價值評估反作用於市場交易定價，如果市場存在不規範交易行為，那麼這種數據定價機制將陷入「先有雞還是先有蛋」的問題中。

收益法和成本法是基於數據要素市場中由於數據交易而帶來的收益或者消耗的成本來進行定價的方法。收益法與成本法的優勢在於通過利潤或成本可以體現出數據創造價值的本質，並為數據價值提供更直觀的描述。但是，由於數據價值的複雜性，數據持有方往往難以界定哪些利潤是由數據交易帶來的，哪些成本應該歸於數據交易成本，所以也就比較難以給出一個令人信服的數據交易定價。

那麼，數據應該如何定價才比較合理呢？由於數據的特殊性，它既有大宗商品比如煤炭、石油等因為供求關係而形成的壟斷定價特徵，也因為可重複交易而享有邊際效應遞增的特徵，因此數據產品的定價機制與一般商品有所不同，如前所述，數據的定價機制可能更多地與專利、知識產權的定價機制類似。

首先，數據的定價一定是市場化的，即充分發揮市場在數據資源配置中的決定性作用。如果數據本身沒有主體願意使用，它就沒有價值可言。有很多主體願意反覆地使用，就證明其具有較高的價值，這個時候就由交易的雙方來確定它的價格。

其次，數據最終產生的收益，應當由數據所有者共享。數據的原始貢獻者與二次加工者都應當享有數據的財產分配權。數據財產權的分配比例，可以大致模仿知識產權的分配模式，比如《拜杜法案》。政府是為人民提供公共服務責任、履行法定義務的執行機構，因此由政府作為個人數

據財產分配權益的受讓主體更為合理。同時，政府也可以將這部分收益用於加強數字化基礎設施建設，從而反哺數據生態系統。

2. 數據交易

數據市場可以分為一級市場和二級市場。數據一級市場是針對政府、企業、個人的數據直接存儲和使用的市場，在數據一級市場上，圍繞着5G、物聯網、工業互聯網等新基建領域，在未來幾年將會產生巨大的市場空間；當數據一級市場逐步完善，基於此會產生大量的融合應用，並形成二級交易市場，也就是數據交易所。數據交易所會成為未來的一個重要行業，建設數據二級市場的數據交易所需要注意以下五個方面的問題：

一是要注重數據的功能性價值發現：找到可以不斷發掘的數據，並形成針對不同功能的應用場景。

二是注重針對不同場景的數據定價系統：有了價值發現，數據就通過不同交易場景形成定價機制。

三是注重數據交易的現金流管理：數據交易市場的自動交易特性會產生巨額的現金流，該現金流如何管控也是一個新課題。

四是設計完善的數據交易機制：數據交易涉及買家、賣家、中介機構等，與數據交易有關的各種中介機構在數據交易所中發揮各自功能，需要建立一套新的交易規範。

五是注意數據交易過程中的風險防範：數據交易市場和傳統的商品交易市場、要素市場都不同 —— 傳統的商品交易市場是有形的商品、有形的交易空間，要素市場是有形的商品、無形的交易空間，而數據交易市場是無形的商品、無形的交易空間，該空間中的風險更大，更需要加強監管和防範。

（四）數據交易市場

1. 全球數據交易市場需求旺盛

根據數據服務提供商 On audience 報告，全球市場對數據的需求正在增加，企業越來越多地需要使用高質量的用戶數據進行個性化服務。2017

年，全球數據市場價值達到 189 億美元；2020 年，全球數據市場的價值超過 410 億美元；2021 年，由於受新冠肺炎疫情影響，增長速度有所放緩，同比增長近 20%；預計 2022 年全球數據市場增長將超過 26%。

美國是目前世界上最大的數據市場，其市場規模在 2020 年達到 247 億美元。歐洲 2020 年數據市場規模為 63 億美元。2020 年，中國數據市場的增長率達到 32.3%，是世界第三大數據市場，規模達到 54 億美元。

On audience 研究中估計的數據成本支出主要包括基於客戶數據的編程廣告投資 —— 有關客戶行為、興趣和購買意向的數字信息方面的支出。此外，也考慮了這些運營數據公司的軟件開發成本。根據 On audience 的報告，2020 年全球數字顯示廣告市場的價值將達到 1772 億美元，2020 年全球使用客戶數據進行定位的節目市場將達到 1291 億美元。最大的編程市場也是最大的數據市場，因為以編程方式提供服務的廣告需要大量數據。根據市場研究機構 eMarketer 的數據，2021 年美國數字顯示，幾乎有 88% 的廣告收入是按程序進行交易的，總價值達到 810 億美元。

2.國外數據交易模式

（1）美國：充分市場化的數據交易

美國發達的信息產業提供了強大的數據供給和需求驅動力，為其數據交易流通市場的形成和發展奠定了基礎。美國在數據交易流通市場構建過程中，制定了數據交易產業推動政策和相關法規，這些政策法規又進一步規範了數據交易產業的發展。

首先，建立了政務數據開放機制。美國聯邦政府自 2009 年發佈《開放政府指令》後，便通過建立「一站式」的政府數據服務平台 Data.gov 加快開放數據進程。聯邦政府、州政府、部門機構和民間組織將數據統一上傳到該平台，政府通過此平台將經濟、醫療、教育、環境與地理等方面的數據以多種訪問方式發佈，並將分散的數據整合，數據開發商還可通過平台對數據進行加工和二次開發。

其次，發展多元數據交易模式。美國現階段主要採用 C2B（消費者對

企業）分銷、B2B 集中銷售和 B2B2C（企業對企業對消費者）分銷集銷混合三種數據交易模式，其中 B2B2C 模式發展迅速，佔據美國數據交易產業主流。所謂數據平台 C2B 分銷模式，是指個人用戶將自己的數據貢獻給數據平台以換取一定數額的商品、貨幣、服務、積分等對價利益，相關平台如 Personal.com、Car and Driver 等；數據平台 B2B 集中銷售模式，即以美國微軟 Azure 為首的數據平台以中間代理人身份為數據的提供方和購買方提供數據交易撮合服務；數據平台 B2B2C 分銷集銷混合模式，即以數據平台安客誠（Acxiom）為首的數據經紀商收集用戶個人數據並將其轉讓、共享給他人的模式。

最後，平衡數據安全與產業利益。在涉及數據安全保護等方面，目前美國尚沒有聯邦層面的數據保護統一立法，數據保護立法多按照行業領域分類。雖然臉書、雅虎、優步等公司近些年來均有信息失竊案件發生，但硅谷巨頭的遊說使得美國聯邦在個人數據保護上進展較為緩慢。

（2）歐盟：加強數據立法頂層設計

歐盟委員會希望通過政策和法律手段促進數據流通，解決數據市場分裂問題，將 27 個成員國打造成統一的數字交易流通市場；同時，通過發揮數據的規模優勢建立起單一數字市場，擺脫美國「數據霸權」，回收歐盟自身「數據主權」，以繁榮歐盟數字經濟。

首先，建立數據流通法律基礎。2018 年 5 月，《通用數據保護條例》（GDPR）在歐盟正式生效，其特別注重「數據權利保護」與「數據自由流通」之間的平衡。這種標杆性的立法理念對中國、美國等全球各國的後續數據立法產生了深遠而重大的影響。但由於 GDPR 的條款較為苛刻，該法案推出後，歐盟科技企業籌集到的風險投資大幅減少，每筆交易的平均融資規模比推行前的 12 個月減少了 33%。

其次，積極推動數據開放共享。2018 年，歐盟提出構建專有領域數字空間戰略，涉及製造業、環保、交通、醫療、財政、能源、農業、公共服務和教育等多個行業和領域，以此推動公共部門數據開放共享、科研數據共享、私營企業數據分享。

最後，完善數據市場頂層設計。歐盟基於 GDPR 發佈了《歐盟數據戰略》，提出在保證個人和非個人數據（包括敏感的業務數據）安全的情況下，有「數據利他主義」意願的個人可以更方便地將產生的數據用於公共平台建設，打造歐洲公共數據空間。2020 年 12 月 15 日，歐盟委員會頒佈了兩項新法案 ——《數字服務法》和《數字市場法》，旨在彌補監管漏洞，通過完善的法律體系解決壟斷以及數據主權的問題。《數字服務法》法案為大型在線平台提供了關於監督、問責以及透明度的監管框架。《數字市場法》法案旨在促進數字市場的創新和競爭，解決數字市場上的不公平競爭問題。

（3）德國：打造「數據空間」的可信流通體系

德國提供了一種「實踐先行」的思路，通過建設行業內安全可信的數據交換途徑，排除企業對數據交換不安全性的種種擔憂，實現各行業企業間的數據互聯互通，打造相對完整的數據流通共享生態。德國的「數據空間」是一個基於標準化通信接口並用於確保數據共享安全的虛擬架構，其關鍵特徵是有明確的數據權屬邏輯。它允許用戶決定誰擁有訪問他們專有數據的權力，從而實現對其數據的持續監控。目前，德國數據空間已經得到包括中國、日本、美國在內的 20 多個國家、超過 118 家企業和機構的支持。

（4）英國：先行先試金融數據交易

英國政府也高度重視數據的價值，採用開放銀行戰略對金融數據進行開發和利用，促進金融領域數據的交易和流通。該戰略通過在金融市場開放安全的應用程序接口（API）將數據提供給授權的第三方使用，使金融市場中的中小企業與金融服務商更加安全、便捷地共享數據，從而激發市場活力，促進金融創新。開放銀行戰略為具有合適能力和地位的市場參與者提供了六種可能的商業模式：前端提供商、生態系統、應用程序商店、特許經銷商、流量巨頭、產品專家和行業專家。其中，金融科技公司、數字銀行等前端提供商通過為中小企業提供降本增效服務來換取數據，而流量巨頭作為開放銀行的最終支柱掌握着銀行業參與者所有的資產和負債

表，控制着行業內的資本流動性。目前，英國已有超過 100 家金融服務商參與了開放銀行計劃並開發出大量創新服務，金融數據交易流通市場初具規模。

（5）日本：設立「數據銀行」，成立數字廳

日本從自身國情出發，創建「數據銀行」交易模式，以期最大化地釋放個人數據價值，提升數據交易市場的活力。數據銀行在與個人簽訂契約之後，通過個人數據商店對個人數據進行管理，在獲得個人明確授意的前提下，將數據作為資產提供給數據交易市場進行開發和利用。從數據分類來看，數據銀行內所交易的數據大致分為行為數據、金融數據、醫療健康數據以及嗜好數據等；從業務內容來看，數據銀行從事包括數據保管、販賣、流通在內的基本業務以及個人信用評分業務。數據銀行管理個人數據以日本《個人信息保護法》（APPI）為基礎，對數據權屬界定以自由流通為原則，但醫療健康數據等高度敏感信息除外。日本通過數據銀行搭建起個人數據交易和流通的橋樑，促進了數據交易市場的發展。

2021 年 5 月 12 日，日本參議院通過了六部有關數字化改革的法案，其中十分重要的是《個人信息保護法》的修訂：統一日本各私營企業、行政機關和地方政府的個人信息保護制度。同時，為了杜絕個人隱私濫用，個人情報保護委員會的監管權力也擴大到了所有的行政機構。2021 年 9 月 1 日，經過近一年的籌備，負責日本數字化的最高部門 —— 日本數字廳正式成立。數字廳直屬於內閣，直接由總理領導，設有一名數字部長。該廳將負責維護、管理國家信息系統，保證各地方政府的共同使用和信息協調。由於權力較大，數字廳可以向其他部委和機構提出建議、審查業務。同時，數字廳還計劃和相關機構合作，為醫療、教育、防災等公共事務開發數據應用系統，也能整合私企、土地、交通狀況的數據用於商業。

（6）韓國 Mydata 模式

Mydata 模式由信息源（消費者）進行授權，商家將個人數據傳輸至 Mydata。消費者可以通過 Mydata 查詢個人數據。其他授權企業也可以通過中介向 Mydata 查詢個人數據（脫敏），可查詢企業包括韓國部分政府

部門、部分國有中央會、部分證券交易所，此過程由個人信息保護委員會和金融委員會共同監管，Mydata 支援中心進行支援。

綜上所述，發達國家在數據交易市場方面已經做了大量嘗試，在技術、平台、法規、監管、商業模式等方面值得我們借鑒。國外數據交易平台自 2008 年前後開始起步，發展至今，既有美國的 BDEX、Infochimps、Mashape、RapidAPI 等綜合性數據交易中心，也有很多專注細分領域的數據交易商，如位置數據領域的 Factual，經濟金融領域的 Quandl、Qlik Data Market，工業數據領域的 GE Predix、德國弗勞恩霍夫協會工業數據空間 IDS 項目，個人數據領域的 DataCoup、Personal 等。除專業數據交易平台外，近年來，國外很多 IT 頭部企業依託自身龐大的雲服務和數據資源體系，也在構建各自的數據交易平台，以此作為打造數據要素流通生態的核心抓手。較為知名的如亞馬遜 AWS Data Exchange、谷歌雲、微軟 Azure Marketplace、LinkedIn Fliptop 平台、Twitter Gnip 平台、富士通 Data Plaza、Oracle Data Cloud 等。

目前，國外數據交易機構採取完全市場化模式，數據交易產品主要集中在消費者行為、位置動態、商業財務信息、人口健康信息、醫保理賠記錄等領域。

3. 中國數據交易市場

據國家工業信息安全發展研究中心測算數據，2020 年中國數據要素市場規模達到 545 億元，「十三五」期間市場規模複合增速超過 30%；「十四五」期間，這一數值將突破 1749 億元。

在數據開放共享方面，截至 2020 年，國家電子政務網站接入中央部門和相關單位共計 162 家，接入全國政務部門共計約 25.2 萬家，初步形成了國家數據共享平台。31 個國務院部門在國家共享平台註冊發佈實時數據共享接口 1153 個，約 1.1 萬個數據項。國家共享平台累計為生態環境部、商務部、稅務總局等 27 個國務院部門、31 個省（自治區、直轄市）和新疆兵團提供查詢核驗服務 9.12 億次，有力地支持了網上身份核驗、不動產登記、人才引進、企業開辦等業務。其他各類數據開放平台達到

142 個，有效數據集達到 98558 個。

　　國內數據交易機構起步於 2015 年，截至 2021 年底，已有近百家各種類型的數據交易平台投入運營，較為知名的如北京國際大數據交易所、貴陽大數據交易所、上海大數據交易中心、華東江蘇大數據交易中心、中原大數據交易中心、優易數據網等。除上述專業數據交易平台外，與國外類似，國內 IT 頭部企業亦在構建各自的數據交易平台，例如阿里雲、騰訊雲、百度雲各自旗下的 API 市場，以及京東萬象、浪潮天元等。其中 API 技術服務企業聚合數據已經沉澱了超過 500 個分類的 API 接口，日調用次數已經達到三億次，合作客戶逾 120 萬家，涵蓋智能製造、人工智能、5G 應用等領域。2021 年，在國家政策的大力支持下，深圳、上海、貴州等地根據自身特點，出台地方「數據條例」，建設數據交易所，從而形成屬地化數據開發和治理新模式，推動地方數據走向資源化、資產化。

（五）推動數據要素產業發展，打造高水平數據開放生態

　　傳統的要素市場比如資本市場、債券市場、期貨市場、大宗商品市場等已經發展了幾十年甚至幾百年，而數據要素市場方面，歐美發達國家雖然信息技術局部領先，但在數據要素市場的規則制定、體系建立上，因為沒有經驗可以借鑒，所以大家還是幾乎處於同一起跑線上。中國數據產業的發展正面臨着巨大的歷史機遇，推動中國大數據產業發展，釋放數據紅利，助力數字經濟高質量增長必須考慮以下五個方面：

1. 做好數據要素市場的頂層設計，構建完善的大數據交易規範

　　近年來，中國數據交易市場整體呈現蓬勃發展態勢，交易平台數量和市場規模大幅增加，各類衍生服務如數據清洗、數據託管、數據技術交易等已經趨向成熟。但是從國家層面缺乏統一的大數據交易規範和交易規則，交易主體、交易標的、交易方式和交易定價都尚處於探索階段，有必要釐清一些關鍵的原則性問題，為數據要素市場的發展奠定良好的基礎。

　　首先，數據交易所必須由國有資本控股，可以是政府直接出資，也可以是國有的數字化企業投資，在股權設計上可以採用多元化股權、混合所

有制結構，但一定要國有控股。國有資本對數據交易所的管控不僅可以保證數據安全，還能進一步建立信任、打破數據孤島，在交易中確保公平公正，杜絕灰色交易的發生。

其次，明確數據交易所的法律地位，大數據交易所是所有數據交易的樞紐。一方面，通過統一的大數據交易平台進行各類數據交易，可以增加數據交易的流量，加快數據的流轉速度，提高數據交易效率；另一方面，統一的數據交易平台還能一定程度上解決貨不對板、買賣雙方互不信任的問題，打擊地下非法大數據交易。在這個平台上，還可以為數據商開展數據期貨、數據融資、數據抵押等衍生業務。

最後，確立數據交易所的平台職能，做好登記、撮合、交易、監管等各項服務。數據交易所不僅提供信息發佈、交易撮合等服務，還可以根據實踐的發展，參與大數據交易的資金劃轉、結算，進行數據商品的交付。對平台上各類交易，數據交易所有着不可推卸的監管職責。在市場主體准入上，數據交易所要對交易主體進行備案，對交易數據的真實性、來源合法性進行考察；在數據安全方面，數據交易所要對交易的數據和交易行為進行適當的監管，確保涉及國家安全的數據不被非法交易和轉移。

2. 激活數據要素市場，建立「1+3+3」的數據產品體系

當前中國數據交易平台存在活躍度低、交易數量不足等情況。究其原因，除了當前數據交易處於起步階段外，數據交易產品、服務尚不完善也是其重要原因。為了更好地激活數據要素市場，可以建立「1+3+3」的數據產品體系。「1」就是數據交易中心；第一個「3」實際上和各類數據處理中心都有關，指的是交易數據處理中心的存儲能力、通信能力、計算能力；第二個「3」，是指算力、算法、系統性的解決方案。

一切數據交易的前提是要素數據化、數據要素化。各種場景的數據在原始的狀態下，往往是碎片化的，在這種情況下，要經過加工以後才能形成具備要素質量的數據，一般是老百姓生活中的數據和企業活動中的數據，各類場景數據，全空域泛在，每時每刻連續地存在。同時數據要發揮作用，也要統一數據標準，變成具有要素市場質量的數據。

這樣的數據經過加工後，通過各類數據中心通信、存儲、計算。數據交易中心的通信能力、存儲能力和計算能力有時候也決定了數據資產的質量，所以這三項能力也可以作為交易的標的。未來國家間數字化能力比拚的基礎就是數據中心、服務器的數量、算法能力等。在此基礎上，形成的數據資源越強大，國家數字經濟的核心競爭力就越強。預計到 2025 年，在「新基建」推動下，中國將新增超過 2000 萬台服務器。數據處理中心如果有閑置的存儲能力、通信能力、計算能力，可以在數字交易所掛牌買賣。目前大量的中小企業在數字化轉型升級下缺乏這三大能力，而另外一些互聯網企業數字資源豐富，兩者應該在數字交易平台的撮合下，實現資源的優化配置。

最後，在數據處理中心的通信能力、計算能力、存儲能力的背後，實際上還涉及軟硬件方面的算力、算法、解決方案。中國目前有 13 個超算中心，很多超算中心的算力並沒有得到充分的利用，應該將一部分超算資源騰出來進行交易；很多數學家、程序員開發、優化的算法也可以交易；數字信息處理的系統性解決方案、各類數字軟件都可以在數據交易所中進行成果的資產變現。

3. 建立健全行業規制政策，營造良好的產業生態

隨着數據流通及服務的商業模式和市場業態為全社會所認知，在利益誘導和監管不完善的情況下，數據交易及服務面臨的問題也越發凸顯：數據侵權、數據竊取、非法數據使用、非法數據買賣已成為行業亂象。目前，中國雖然已經推出了《數據安全法》《個人信息保護法》等相關法律，但還需要不斷根據行業發展情況進行修訂。要使數據在陽光下以公平、公正的原則來交易，還需要安全可靠的信息科技系統和行業規制政策來支撐。

一是要建立可交易數據的可追溯系統。數據的管轄權、交易權、所有權、使用權、財產分配權，都需要對數據有全息的可追溯過程，並且保證是不可更改的，區塊鏈在這方面的應用前景廣闊。

二是要建立數據價值分類體系。這方面目前即使在世界範圍內也是相

當落後的。例如，有的數據天然就是資產，有的數據需要加工才有價值；有的數據價值具有長期性和穩定性，有的數據價值存在顯而易見的時效性。這就需要有一套對數據進行分類的操作標準和評估體系，以便數據的後續利用。條件成熟時，要抓緊研究出台數據資產方面的法律法規。

三是在這個基礎上，培育可信市場主體。以後參與數據領域加工交易的市場主體都應該像金融機構那樣，是持牌的、有資質的。只有持牌機構才能對政府數據、商業數據、互聯網數據、金融數據等進行系統的採集、清洗、建模、分析、確權等，參與市場交易。通過建立數據產業持牌體系，確保全國和地方的數據資產安全交易、數據資源的優化配置。

四是要大力發展人工智能技術。社會經濟系統運行中的各種數據每時每刻都在產生，理論上是按照指數方式增長的。面對日益增加的海量數據，如何讓數據再產生更加有價值的數據，離不開人工智能技術的持續進步和不斷迭代。實際上，人工智能近些年的巨大進步就是建立在大數據基礎上的，反過來它也必將對數據的加工和利用模式帶來新的革命。沒有人工智能，存儲、通信、算力再強，也無法應對爆炸式增長的數據，更無法讓數據真正產生持續性價值。

4. 採用新技術、新機制，打造數據交易平台新架構、新模式

一是建立「數據可用不可見」「數據可算不可識」技術平台。通過採用多方安全計算、聯邦學習、可信計算環境、數據沙箱等隱私計算技術，在不泄露原始數據的前提下對數據進行採集、加工、分析、處理與驗證，實現數據在加密狀態下被用戶使用和分析，實現數據可證去標識，從而在保證數據所有者權益、保護用戶隱私和商業祕密的同時，充分挖掘發揮數據價值。

二是採用 IPFS（InterPlanetary File System）分佈式存儲技術保障數據安全。目前的數據網絡主要是建立在傳輸控制協議／網際協議 TCP/IP（Transmission Control Protocol/Internet Protocol）、超文本傳輸協議 HTTP（Hyper Text Transfer Protocol）基礎上的，這種中心尋址的傳輸控制模式在安全性、訪問效率、開放性等方面還存在不足。目前興起的分佈式存儲

技術，正在改變着原有數據中心的運營模式。以星際文件系統 IPFS 為代表的分佈式存儲，能夠高效地利用數據存儲資源，同時採用內容尋址提高了數據存儲的安全性，消除了域名攻擊等安全隱患。同時，分佈式存儲還能降低存儲成本，提高數據傳輸效率。

三是採用非同質化通證 NFT（Non-Fungible Token）保障數據資產有效確權。數據資產化需要對最基本的數據價值單元進行確權和登記，並保證其在交易過程中的公平性、可信性。區塊鏈技術的發展為數據資產化提供了可行的底層技術，能夠確保數據流通中技術層面的公平性。NFT 是一種架構在區塊鏈上通過智能合約而產生的權益證明，在數據資產化領域具有廣泛的應用價值。

5. 推動國家之間自由貿易協定，形成統一的數字貿易規則

在未來的國際貿易中，服務貿易會逐漸超過貨物貿易，佔據主導地位。而服務貿易中，廣義的數據貿易將成為相當重要的組成部分。例如，在 2022 年上半年以來，在中國境外的 NFT 交易已經演變為典型的跨境數據貿易。數字貿易是數字化和全球化發展到一定時期而形成的一種新型貿易模式。儘管數字貿易發展迅速，但目前國際社會對數字貿易的具體規則並未達成共識，在數據跨境流動、個人隱私保護方面還存在較大分歧。例如，美國積極推動跨境數據自由流動，陸續出台了一系列「確保數據自由流通」的方針政策，宣揚信息和數據自由的立場，明確反對數字存儲本地化。歐盟則對跨境數據的自由流動更加審慎，更加注重對個人隱私和國家安全的維護，核心主張是跨境數據自由流動的前提是數據能夠得到有效的監管，同時要求跨境數據應在境內存儲，只有其他非歐盟國家或地區對數據的監管或保護達到一定的條件，才會向其傳輸。究竟數據貿易應該秉承怎樣的原則，可以把握以下三點：

一是數據終端銷售全球一體化。有記憶能力、通信能力、計算能力、存儲能力的智能電子產品，應該規定可以在全世界進行自由貿易流通。某些國家基於莫須有的國家安全考慮禁止網絡產品、通信產品在本國流通是對 WTO（世界貿易組織）規則、對全球貿易統一市場的破壞。

　　二是數據資源屬地化。但凡智能終端產品，只要有操作系統、通信功能、存儲功能，就一定有存在後門的可能。應對的關鍵在於將服務器屬地化，進行物理隔離。比如蘋果、特斯拉的數據庫都在中國境內運營，而中國企業在美國建設的 5G 基站，其背後連接的雲、服務器也都在美國境內。

　　三是有序推動跨境數據資源互訪。截至 2021 年 12 月，中國網民規模為 10.32 億，互聯網普及率達 73.0%，在互聯網流量、帶寬付費量、互聯網搜索量等各項指標上，中國在全世界均處於領先地位。但在數字經濟市場規模上，中國約為 5.36 萬億美元，與美國 13.6 萬億美元的規模相比還存在不小的差距。在全球互聯網的訪問指標上，中國低於俄羅斯。此問題癥結的核心，是跨境數據訪問存在壁壘。這種壁壘不僅阻礙了數字領域的經貿交流，也不利於中國互聯網企業在數字貿易競爭中搶佔全球市場份額。

　　數據只有在不斷交流中才能增值。在實際科研活動中，由於跨境訪問本國數據存在障礙，海外的跨國公司很少在國內建設高端研發中心、核心研發中心。而國內的科研院所、大專院校也難以訪問海外大量科研資源，阻礙了科研活動的開展。未來中國應積極對接國際高水平經貿規則，在保證國家安全、數據安全的基礎上，促進數據這一生產要素自由便利流動，進一步推動數字貿易高水平開放，增強中國在全球數字經濟中的話語權和競爭力。

　　總而言之，數據作為和土地、資本、勞動力、技術一樣的生產要素，在數字經濟不斷深入發展的過程中，將居於越來越重要的地位。合理分配好數據的管轄權、交易權、所有權、使用權、財產分配權，能夠有效促進數據資源轉化為數據資產，有利於保護數據主體權益並維護數據安全；釐清數據交易平台的基本原則、交易規範、交易產品，能夠健全市場發展機制，拉開國內大數據交易的序幕。最後，在數字貿易方面，我們也要不斷增強發展中國家在數字經濟政策、跨境數據流動規則上的話語權，推動區域經濟一體化升級和數字貿易全球規則的制定，推動數字產品嵌入全球價值鏈，實現數字貿易的全球化、全產業鏈發展。

三、要素數據化

推動數據要素市場化配置的另一個重要內容是要素數據化。在數字技術和數據要素的作用下，土地、勞動力、資本、技術這些傳統生產要素迎來了數字化變革的新機遇。

要素數據化，一方面是傳統生產要素本身的數字化。比如同樣的一畝農田，加上一個攝像頭，就成為一個可直播的「數字農場」，除了地裏的農作物產出，還有更可觀的粉絲經濟等價值分享收益；同樣的一個老師，以前在教室裏只能教幾十名學生，現在在網上課堂就可以教成千上萬名學生；同樣的一毛錢，如果是一枚鋼鏰兒，恐怕只能躺在抽屜裏無人問津，而在金融科技平台裏卻還能產生利息；同樣的一台電腦，以前只為你一個人服務，現在卻可以分享算力給其他人。

另一方面，傳統要素在數字空間裏會產生「新土地」「新勞動力」「新資本」「新技術」，從而豐富傳統要素的內容和市場化方式。比如，面向房地產開發的社區、社群等類型的「新土地」，7×24 小時在線的「客服機器人」等「新勞動力」，數字貨幣等「新資本」，中台、雲平台等「新技術」。傳統生產要素在數字空間裏的不斷創新必將給社會經濟系統帶來新價值，因此也必然會帶來這些要素市場化及配置的新規則、新模式。

對土地要素而言，有效的土地流轉，離不開土地資源數據的互聯互通。比如，加速農村土地交易大數據系統的建設，將有助於加快農村土地要素市場化配置的步伐。勞動力要素與數據要素融合，將會建立完善的勞動力大數據體系、重塑人才培養體系，這將會是每座城市未來的競爭力所在。在資本要素中，信用是金融的基礎，數據要素的融入會改變社會信用的評價方式，並進而改變資本市場的運行方式。技術要素與數據要素的融合，也會進一步提高技術開發的效率和效果，並有助於建立技術多樣化交易機制。

（一）土地要素與數據要素的融合

土地是生存之根、財富之母。中國經濟進入高質量發展新階段，大量

地方政府還主要依賴土地財政。如果在土地供給有限的前提下，同樣的土地是否能創造更多財富？對鄉村振興而言，農村土地要素如何進行市場化配置，才能做到既增加農民的財產性收入，又確保 18 億畝耕地紅線？解決這一系列重大問題，需要從土地要素與數據要素的融合上找到突破口。

數據顯示，2020 年，全國國有土地使用權出讓收入 8.4 萬億元，同比增長 15.9%，再創歷史新高。就城市來看，2020 年，全國賣地收入超過 1000 億元的城市就多達 14 個。許多城市對於賣地收入的依賴度達到 100%，堪稱地方發展的重要財政支柱。

第七次全國人口普查數據顯示，2020 年，中國的城鎮化率為 63.89%，比發達國家 80% 的平均水平低了 16.11%，與美國 82.7% 的城鎮化水平還有 18.81% 的距離。城市是經濟高速度、高質量發展的核心載體，因此中國仍需加大推進都市圈、城市群發展力度。這就要求在土地規劃和供給上創新思維和機制。

2020 年，中國城鎮居民人均可支配收入 43834 元，比上年名義增長 3.5%，扣除價格因素實際增長 1.2%；農村居民人均可支配收入 17131 元，比上年名義增長 6.9%，扣除價格因素實際增長 3.8%；城鄉居民人均收入比值為 2.56，比上年縮小 0.08。農民增收是實現共同富裕目標的重要內容，關鍵一招是要增加農民的財產性收入，而土地是農民的一項重要財產，在原有城市土地市場化模式下，農村土地很難流轉，數據要素為建立農村土地流轉模式提供了新的思路。

所以，無論是城市土地還是鄉村土地，在與數據要素融合後，會把實體空間的土地映射到數字空間中，並藉助數字手段建立土地開發、流通、監管新模式。

1. 探索建立全國性的建設用地、補充耕地指標跨區域交易機制

城市用地具有集約性，一個農民在農村的宅基地等建設性用地平均為 250 平方米，在城裏的建設性用地平均為 100 平方米。全世界城市化過程中，不管是發達國家還是發展中國家，由於城鄉的變遷，人口逐漸集聚到城市，農村的宅基地等建設性用地會大幅度減少，從而使農村耕地數量相

對增加，所以沒有出現耕地短缺的問題。但我們的農民是兩頭佔地，他到城市來算一撥人，同時在農村，宅基地還是留着的，我們的耕地因此就短缺了。宏觀上城鄉資源沒有流動、沒有配置，這就造成我們耕地短缺、住宅用地少、土地供應成本高，整個城市的房價也會升高。

探索建立全國性的建設用地、補充耕地指標跨區域交易機制，就是促進建設用地資源的市場化配置的重大舉措。以這一機制為依託，按照自願有償、守住耕地紅線、保持集體土地所有權性質不變的原則，推進農村宅基地複墾為耕地後結餘的建設用地指標入市。這實際上是幫助那些進了城、兩頭佔地的農民工家庭盤活了一筆資產，為農民工進城落戶提供資金支持，有利於真正促進這些農民工在城市扎根，推進深度城鎮化。而有效的土地流轉，離不開土地資源數據的互聯互通，尤其是考慮到土地的碳指標，更需要數字技術、大數據系統加以支撐。因此，加速農村土地交易大數據系統的建設，將有助於快速建立這個跨區域土地交易機制。

例如，2018 年，上海和雲南開展了跨省域的增減掛鈎土地指標交易嘗試，雲南將三萬畝建設用地指標以每畝 50 萬元價格調劑給上海，獲得了 150 億元的收入。這筆收入極大地促進了雲南農村振興和脫貧攻堅，也增加了上海的可用地能力。

再如，西部地區在有條件的地方發展新型戈壁農業，將戈壁灘改造成蔬菜糧食生產基地；假設這樣的農業搞了 1.5 億畝，每畝一萬元產值，將產生 1.5 萬億元產值；同時相當於增加了 1.5 億畝耕地，可以將因此而形成的耕地指標、碳匯指標賣給東部地區，既籌集了資金，又為東部城市群都市圈建設增加了用地指標。

關於耕地佔補平衡指標和城鄉建設用地增減排鈎指標交易，近些年重慶市做了一些有益探索。2008 年，經國務院同意，重慶市提出了設立農村土地交易所、開展地票交易試點的構想，經過十年來的探索完善，已經形成了「自願複墾，公開交易，收益歸農，價款直撥，依規使用」的比較成熟的制度體系。截至 2019 年 12 月底，重慶市累計交易地票 31.2 萬畝、610.8 億元，均價基本保持在 20 萬元 / 畝，地票市場運行總體平穩。

農房由原先不值錢或幾千元增加到幾萬元，農民財產性收益明顯增加，地票交易深受農民歡迎。十餘年來農民已從地票交易中累計獲得近 400 億元收益，同時集體經濟組織也獲得約 150 億元。地票制度建立了市場化的「遠距離、大範圍」城鄉區域反哺機制，讓遠在千里之外的農村土地的價值得以發現和大幅提升，在促進脫貧攻堅、耕地保護、城鄉統籌、區域協調、助農增收、生態保護等方面發揮了重要作用。2018 年重慶地票制度入選全國「改革開放 40 年地方改革創新 40 案例」。國家正在考慮將重慶農村十地交易所升級為全國性平台或區域性平台，由相關部委直接管理。

2. 開闢土地要素的數字新空間，建設物理空間＋數字空間的新型土地要素開發模式

土地要素與數據要素融合，會在原有的土地基礎上，衍生出大量新的市場空間，創造大量土地要素的數字經營模式。

一是土地自身帶來的數字空間。在物聯網、衛星遙感、地理信息系統（Geographic Information System, GIS）、建築信息建模（Building Information Modelling, BIM）、城市信息建模（City Information Modelling, CIM）、大數據、雲計算、人工智能、區塊鏈等新興數字技術的支持下，可以對土地自身、土地上的建築物和設備等物理空間的數據進行採集和整合，形成「城市一張圖」「農村一張圖」「園區一張圖」「建築一張圖」等，基於這些數據構成多種多樣的土地數字空間映射。在這些土地數字空間中，蘊含着數據要素開發的巨大機會，通過激活數字空間中的市場需求能夠創造出豐富多彩的數字經濟新業態、新模式，如數字 CBD（中央商務區，Central Business District）、直播農田、數字化車間、數字城市治理等。

以房地產企業為例。傳統土地要素開發模式中，房地產商的基本定位是提供房屋這個物理產品，房子一旦賣出交到住戶手裏，只要房子質量和購房交易不存在問題，房地產商就基本終止了與住戶的聯繫，是一種商品買賣型的交易。而在數字經濟形態下，房地產商可以轉化角色，成為房地產項目的數字空間運營商。通過將整個社區物理空間做數字化映射、智能

化服務，房地產商可以更全面、深入地了解和發掘住戶的數字需求，並為之提供更多的產品和服務；反過來，住戶也可以充分利用自己小區的數字空間，把自己的裝修方案、創意美食、生活直播等通過房地產商搭建起的平台分享出去。推而廣之，如果房地產商擁有多個樓盤、多棟物業，那麼它就可以構建起更為龐大的數字社區運營服務平台，創造數字空間中更多的運營模式。

二是土地要素數字空間裏的新機遇。當前，日益發展壯大的網絡數字空間成為數字經濟的「新土地要素」，從而創造了大量新產品、新業務、新模式，比如基於微信社群的微商，基於網絡社區的文化創意交易，基於遊戲空間的裝備交易以及數字城市第二人生（Secondlife.com）等。「綠水青山就是金山銀山」理念不僅適用於自然界的實體的綠水青山，也適用於網絡數字空間的綠色生態體系建設。數字化新土地治理好了、運用好了，將產生巨大價值，形成巨大的發展新空間。

近年來興起的元宇宙（Metaverse）概念的基礎，在某種程度上就是土地要素的數字空間拓展。比如，土地要素開發的一個代表 CBD，其主要的傳統產業就是寫字樓等企業服務，以及商業街等生活服務。由於 CBD 的土地資源有限，其經濟承載能力也是有限的。但如果把 CBD 延展到數字空間中，就可以突破土地資源的限制，數字 CBD 既是物理 CBD 的映射，又可以在虛擬世界中不斷拓展自身的數字空間，並在數字 CBD 中開發數字文旅、電商購物、辦公共享、遊戲交友等大量新商業模式，從而大大提升 CBD 傳統土地要素的經濟承載力。

（二）資本要素與數據要素的融合

資本要素和數據要素具有天然的關聯性，在數字經濟時代到來之前，資本要素也是以數據的形式體現，只不過處理數據的工具和方法與今天大不相同。所以，資本要素的市場本質在數據時代沒有大的變化，或者說人類利用資本要素創造價值的基本邏輯並沒有太大改變。資本要素的基本邏輯還是如何促進資金的有效循環，提高資本在社會經濟系統循環中的價值

貢獻。在引入數據要素後，一方面，數據改變了資本循環的範圍、內容和方式；另一方面，數據自身也會逐漸變成資本，參與到資本循環過程中。資本要素的一個重要應用領域就是金融系統，金融的本質是由信用、槓桿、風控相互作用的資本要素流通系統，以風控為邊界，以槓桿為手段，以信用為基石。所以，信用是資本要素市場化配置的立身之本，是資本要素的生命線。當數據要素與資本要素融合之後，海量數據和豐富的數字技術手段改變了社會信用的評價內容和方式，進而會改變資本市場的運行方式。

1. 從主體信用到交易信用：數據穿透了曾經的高風險交易

改革開放 40 多年來，中國資本市場幾乎從零起步，從單一結構走向門類齊全、功能完備的資本市場，對經濟高速增長發揮了關鍵作用。進入新發展階段，全球資本市場都面臨着如何加強與實體經濟深度融合避免脫實向虛，以及如何解決中小企業融資難、融資貴等問題的巨大挑戰。

普華永道的研究報告《產融 2025：共生共贏，從容應變》指出，從體量上來看，2025 年中國境內企業的融資需求將超過 100 萬億元。中國人民銀行的數據顯示，從滿足度角度來看，現在製造業企業的合理融資需求滿足度小於 58%，滿足度明顯偏低；從社會價值角度來看，中小民營企業的日常經營融資需求未滿足率大約為七成。

中小微企業為什麼融資難、融資貴？從當今資本市場的基本邏輯出發是很容易理解的。在近 400 年人類資本要素的開發過程中，為了降低資本流通的風險，人類一直在努力構建能有效控制資本使用者風險的模式，並逐漸形成了對資本使用者的主體信用評價模式。對市場主體的這種評價模式，基本上偏向於有資產、經營狀況好的企業，也就是所謂的「嫌貧愛富」。大部分中小微企業很難滿足這種主體信用評價的需要，所以很難得到資本市場的資金支持。這些中小微企業的資產規模小且存在諸多不穩定因素，銀行等機構為它們服務的風控成本太高，所以融資難、融資貴的「板子」不能單純打在銀行身上，銀行的行為從主體信用邏輯是完全可以理解的。

　　數字時代，中小微企業的數量還在不斷增加，它們的資產總量不容忽視，現代資本市場必須要找到為它們服務的路徑，那就是資本要素與數據要素的融合。資本市場有了海量數據和數字技術，中小微企業原本散亂的交易行為就有了新的衡量方法，通過搭建可信的數據穿透系統，能有效控制這些企業的資本使用風險，從而建立一套與原有資本市場互補的新的資本服務模式。

　　這個新系統要解決現今產業資本服務裏面的三個痛點：一是不信任，企業主體信用度不高；二是不清楚，產業鏈錯綜複雜，看不清交易真偽；三是不透明，企業底層資產不透明，無法穿透。為此，新系統要通過運用多方可信計算、區塊鏈等技術對企業的動態資產進行全生命周期的管理，解決它的碎片化、不真實等問題，把物理世界中的行為影射到虛擬世界中去，通過虛擬世界的算法分析得出物理世界中企業的不可信行為，從而判定是否可以給企業提供服務。

2. 基於數字平台做好數字監管，促進資本市場的數字創新

　　如前所述，數字科技與資本市場的融合並不會改變資本市場監管的基本邏輯，任何打着科技創新的幌子搞非法集資或是資本無序擴張的行為都應該被禁止。數據要素的引入也會極大地提升政府的資本監管能力，近期湧現的「監管沙箱」就是大數據數字監管的典範。政府要花大力氣建立這樣的數字監管體系，對違反資本市場基本邏輯的行為進行全面遏制。

　　就像是過去幾年比較熱門的金融科技，叫停和整頓 P2P 貸款，並不等於拒絕所有的網絡貸款模式。實踐表明，網絡貸款只要不向網民高息攬儲，資本金是自有的，貸款資金是在銀行、ABS（資產支持證券）、ABN（資產支持票據）市場中規範籌集的，總槓桿率控制在 1:10 左右，貸款對象是產業鏈上有可穿透場景的客戶，網絡貸款還是可以有效發揮普惠金融功能的。事實上，全國目前有幾十家這類規範運作的公司，8000 多億元貸款，不良率在 3% 以內，比信用卡不良率還低。

　　當然，資本要素市場的科技創新最合理、最有前途的模式是產業互聯網或物聯網形成的數字平台（大數據、雲計算、人工智能）與各類資本要

素市場機構的有機結合，各盡所能、各展所長，形成各資本要素的數字化平台，並與各類實體經濟的產業鏈、供應鏈、價值鏈相結合建立基於產業互聯網平台的產業鏈金融。

基於此，在產業互聯網時代，一個有作為的網絡數據公司，分心去搞金融業務，一要有金融企業所必需的充足資本金，二要有規範的放貸資金的市場來源，三要有專業的金融理財人士，還要受到國家監管部門的嚴格監管，這無異於棄長做短。所以，一個有作為的網絡數據平台公司應當發揮自己的長處，深耕各類產業的產業鏈、供應鏈、價值鏈，形成各行業的「五全信息」，提供給相應的金融戰略夥伴，使產業鏈金融平台服務效率得到最大化的提升、資源得到優化配置、運行風險和壞賬率得以下降等。

資本要素與數據要素融合後的各種數字創新主體，將通過五種渠道取得效益和紅利：一是通過大數據、雲計算、人工智能的應用，提高資本服務的工作效率；二是實現數字網絡平台公司和資本服務的資源優化配置，產生優化紅利；三是通過物聯網、大數據、人工智能的運籌、統計、調度，降低產業鏈、供應鏈的物流成本；四是由於全產業鏈、全流程、全場景的信息傳遞功能，降低了資本服務運行成本和風險；五是將這些看得見、摸得着的紅利，合理地返還於產業鏈、供應鏈的上游和下游、金融方和數據平台經營方，從而產生萬宗歸流的窪地效益和商家趨利集聚效益。

同樣，與網絡數字平台合作的銀行等資本服務企業，也可以通過四種優勢為合作項目取得效益和紅利：一是低成本融資的優勢。金融企業獲取企業、居民的儲蓄資金和從人民銀行運行的貨幣市場獲取資金的低成本優勢。二是企業信用判斷的優勢。網絡數字平台對客戶信用的診斷相當於是用 X 光（X 射線）、CT（計算機體層攝影）或是核磁共振進行身體檢查，代替不了醫生臨門一腳的診斷治療。對客戶放貸的實際淨值調查、信用判斷，以及客戶的抵押、信用、風險防範，本質上還要金融企業獨立擔當，這方面更是金融企業的強項。三是資本規模的優勢。網絡數據平台儘管可能有巨大的客戶徵信規模（百億元、千億元、萬億元），但資本金規模往往很小，要真正實現放貸融資，自身至少要有相應的融資規模 10% 以上

的資本金。只有銀行、信託、保險等專業的金融公司有這種資本金規模和與時俱進的擴張能力。四是社會信用的優勢。不論是金融監管當局的管理習慣，還是老百姓存款習慣，或是企業投融資習慣，與有牌照、有傳統的金融企業打交道往往更放心、更順手、更相通。在這方面，專業的金融企業比網絡數據平台更為有利。基於上述四項分析，網絡數據公司與專業的資本服務企業的合作應該是強強聯合、優勢互補、資源優化配置，這才是最好的發展模式。

（三）科技要素與數據要素的融合

科技要素與數據要素的融合，也會進一步提高科技研發的效率和效果，變革科技創新體制機制，充分調動各方面力量突破「卡脖子」技術，增強國家科技戰略力量。同時，可信科技創新大數據系統的建立，也有助於建立科技成果的多樣化交易機制。

1. 基於數據要素的科技創新基礎設施及模式創新

數據要素時代，「數據＋算法＋算力」成為科技創新的新動力，開源、共享、協同成為科技創新的新模式。

隨着實體空間和數字空間的融合發展，人類的科技創新將面對更複雜的場景、更巨量的信息，需要創新者具備一定的創新鏈協調處理能力、一定的算法能力或者海量信息處理能力。也就是說，人類創新的基礎設施在發生着革命性改變，從圖書館變成了數據庫，從研討會變成了開放社區，從實驗室變成了算力模擬，從單一設備變成了設備網絡。這些創新基礎設施的變化，對政府、企業、個體都提出了全新的要求。政府會將一部分算力、算法、數據變成公共創新資源，並開放給相應創新主體，為他們提供創新的數字土壤。企業將打破原有的學科和產業界限，通過數字空間進行協同創新，打造共建共享共治的科技創新新模式。個體創新者的智慧也將通過數字手段得到最大限度的釋放，形成個體互聯的數字創新社區。

（1）數字科技創新基礎設施：算力網

隨着數字經濟與實體經濟的深度融合加快，算力先發國家或地區在科

技創新領域的優勢可能將進一步加強，而後發國家或地區的落後情況可能會更難改變。以汽車製造為例，藉助 VR 技術在不生產真實樣車的情況下即可完成對新車的設計；應用數字孿生技術可以降低製造成本、提升生產效率，針對個性化喜好進行汽車定製等等。這些創新能力都需要更強大的算力支撐。

如前所述，經過多年籌劃，國家發改委、中央網信辦等四部門聯合印發通知，同意在京津冀、長三角、粵港澳大灣區、成渝，以及內蒙古、貴州、甘肅、寧夏等地啟動建設國家算力樞紐節點，並規劃了十個國家數據中心集群。實施「東數西算」工程，對於推動數據中心合理佈局、優化算力供需、綠色集約和互聯互通等意義重大。

隨着「東數西算」工程的實施，未來可能出現類似電力插座一樣的「算力插座」，用戶只需像購買電力一樣付費，就可以購買到無處不在、方便易用的算力服務；隨着算力需求的持續增長和技術的成熟，未來還可能出現類似發電廠的「算力工廠」「算法工廠」，類似電網的「算網」，用戶能夠像現今購買手機流量套餐一樣，購買面向各種創新應用的算力服務套餐，從而為基於算力、算法的創新建立堅實的國家基礎設施。

（2）數字科技創新的模式創新：開放創新平台

企業積極探索開放創新平台。隨着數字經濟的迅速發展，許多傳統製造業領先的龍頭企業都在藉助自身的生態系統向平台模式轉型，重新構建創新鏈、產業鏈和價值鏈。產業鏈平台、物聯網平台、工業互聯網平台逐漸成為傳統產業數字化轉型的主要內容。

以工業互聯網平台為例。工業互聯網涉及工業生產、分配、交換、消費等各個環節，貫穿於企業的研發、設計、採購、生產、銷售、金融、物流等各個經營環節。工業互聯網集成應用了雲計算、大數據、移動互聯網、物聯網、人工智能、區塊鏈等新一代信息技術，已經逐漸演化成工業企業最重要的開放創新平台。

例如，海爾集團的工業互聯網平台卡奧斯 COSMO Plat 集成了系統集成商、獨立軟件供應商、技術合作夥伴、解決方案提供商和渠道經銷商，

致力於打造工業新生態。用戶可以通過智能設備提出需求，在需求形成一定規模後，COSMO Plat 可以通過所連接的九大互聯工廠實現產品研發製造，從而生產出符合用戶需求的個性化產品。

這種顛覆傳統的個性化定製形成了以用戶需求為主導的工業企業技術創新模式，實現了在交互、定製、設計、採購、生產、物流、服務等環節的用戶深度參與，把用戶變成了企業技術創新的一個重要組成部分。

政府對開放創新平台的推動。2020 年 4 月，國家發改委、中央網信辦印發《關於推進「上雲用數賦智」行動培育新經濟發展實施方案》通知，從夯實技術支撐、構建產業互聯網平台、加快企業「上雲用數賦智」、建立數字化生態、加大支撐保障力度等方面作出部署，深入推進企業數字化轉型。2020 年 5 月，國家發改委、工信部等 17 部門聯合發起了「數字化轉型夥伴行動」，倡議政府和社會各界聯合起來，共同構建「政府引導 — 平台賦能 — 龍頭引領 — 機構支撐 — 多元服務」的聯合推進機制，以帶動中小微企業數字化轉型為重點，在更大範圍、更深程度推行普惠性「上雲用數賦智」服務，提升轉型服務供給能力，加快打造數字化企業，構建數字化產業鏈，培育數字化生態，支撐經濟高質量發展。

（3）數字科技創新的模式創新：開源生態

「軟件定義未來的世界，開源決定軟件的未來。」開源是全球軟件技術和產業創新的主導模式；開源軟件已經成為軟件產業創新源泉和「標準件庫」。開源理念還開闢了科技創新的新賽道，基於全球開發者眾研、眾用、眾創的開源創新生態正加速形成。

開源創新生態政策逐漸成熟。在《中華人民共和國國民經濟和社會發展第十四個五年規劃和 2035 年遠景目標綱要》中，「開源」首次被明確提及，指出要支持數字技術開源社區等創新聯合體發展，完善開源知識產權和法律體系，鼓勵企業開放軟件源代碼、硬件設計和應用服務。工業和信息化部印發的《「十四五」軟件和信息技術服務業發展規劃》，突出強調開源在驅動軟件產業創新發展、賦能數字中國建設的重要作用，提出到 2025 年建兩到三個具有國際影響力的開源社區，設置「開源生態培育」

專項行動，統籌推進建設高水平基金會，打造優秀開源項目，深化開源技術應用，夯實開源基礎設施，普及開源文化，完善開源治理機制和治理規則，加強開源國際合作，推動形成眾研眾用眾創的開源軟件生態。中央網絡安全和信息化委員會印發《「十四五」國家信息化規劃》，鼓勵中國相關機構和企業積極加入國際重大核心技術的開源組織，參與國際標準合作共建，加快國際化的開源社區和開源平台建設，聯合有關國家和組織完善開源開發平台接口建設，規範開源產品法律、市場和許可。

此外，中國人民銀行辦公廳、中央網絡安全和信息化委員會辦公室祕書局、工業和信息化部辦公廳、中國銀行保險監督管理委員會辦公廳、中國證券監督管理委員會辦公廳聯合發佈了《關於規範金融業開源技術應用與發展的意見》，鼓勵金融機構將開源技術應用納入自身信息化發展規劃，加強對開源技術應用的組織管理和統籌協調，建立健全開源技術應用管理制度體系，制定合理的開源技術應用策略；鼓勵金融機構提升自身對開源技術的評估能力、合規審查能力、應急處置能力、供應鏈管理能力等；鼓勵金融機構積極參與開源生態建設，加大與產學研交流合作力度，加入開源社會組織等。

產業界也積極投身開源創新生態建設。目前，中國互聯網、金融、軟件和信息技術服務等行業是開源創新的主要參與者，醫療、電信、能源、交通物流、製造業在內的眾多傳統行業也在不斷擁抱開源模式，探索科技創新新路徑。從全球來看，中國已成為開源技術的主要消費者和貢獻者，代碼託管服務平台 GitHub 上關注者最多的前五個賬號中，有兩個是中國人，GitHub 500 強榜單中也有 26 個中國項目。國際頂級開源基金會中，當前國內共有 23 個項目進入了 ASF（Apache 軟件基金會），其中已有 15 個項目順利畢業，成為 ASF 的「頂級項目」，2021 年進入 ASF 孵化的所有項目均來自中國；當前國內已經有 25 個開源項目進入了 CNCF（雲原生計算基金會），佔到基金會所有項目的 20% 以上，同時這些項目多為邊緣計算、AI（人工智能）批量計算、多雲管理、混沌工程、分佈式存儲與 Web Assembly 等前沿技術，這些領域被 CNCF 技術委員會認定為雲原生

未來的主要方向。與此同時，國內大型科技企業對世界級開源項目的貢獻持續保持着較高的水平，LWN.net 發佈的關於 Linux Kernel5.10 開發周期的統計數據中，在企業層面，在總共 228 家公司中，華為提交的補丁（變更集，changeset）數量為 1434 個，佔比為 8.9%，超越 Intel 排名第一。另外，越來越多的中國開發者在國際開源社區中扮演着越來越重要的角色，成為各大國際開源基金會的管理層，參與到國際開源標準的制定中。

2. 基於數據要素的科技成果轉化新模式

創新活動從無中生有到產業化，大致可分為三個階段。

第一階段是「0~1」，是原始創新、基礎創新、無中生有的科技創新。這是高層次專業人才在科研院所的實驗室、在大專院校的工程中心、在大企業集團的研發中心搞出來的，需要的是國家科研經費、企業科研經費以及種子基金、天使基金的投入。

第二階段是「1~100」，是技術轉化創新，是將基礎原理轉化為生產技術專利的創新，包括小試、中試，也包括技術成果轉化為產品開發形成功能性樣機，確立生產工藝等。這是各種科創中心、孵化基地、加速器的主要業務。

第三階段是「100~100 萬」，是將轉化成果變成大規模生產能力的過程。比如一個手機雛形，怎麼變成幾百萬台、幾千萬台手機成品，最後賣到全世界去呢？既要有大規模的生產基地，這是各種開發區、大型企業投資的結果；也要通過產業鏈水平整合、垂直整合，形成具有國際競爭力的產業集群。

近年來，中國全社會研發投入年均增長率超過 11%，總規模已經躍居世界第二位，2021 年達到 2.79 萬億元，佔 GDP 的比重達 2.44%，湧現了一大批重大科技成果。但科技成果產業化方面仍然不盡如人意，科技成果轉化率低、科學研究與產業發展之間兩張皮的現象較為突出，貫穿從科學研究到技術開發再到市場推廣的創新鏈條沒有完全打通。其中，缺乏訓練有素的技術轉移機構和技術經理人是一大痛點。

作為科技與產業的橋樑，技術轉移機構和技術經理人的使命就是面向

企業和產業需求，組織和整合科技力量進行深度研發，通過將科學轉化為技術、以中試驗證和改進技術來為企業界提供先進的技術解決方案。著名的德國弗朗恩霍夫研究所就專注於此。類似的機構在德國有很多，這也是德國科技創新如此先進的關鍵。

數據要素與科技要素的融合，在技術轉移機構設置和技術經理人培育上，都會產生許多新模式。創新數據平台和創新網絡的建立，將會直接連接創新供給者和需求者，通過區塊鏈等可信計算環境記錄每一個參與創新者的貢獻，從而把傳統的技術轉移機構分散化、網絡化，以充分發揮每個機構的能力。此外，技術經理人體系在大數據支持下也會變得更加廣泛和高效，從而能更好地激活市場創新投入能力和創新者的創新潛力。建立面向不同創新階段的數字化創新成果轉化模式，是提升國家、企業、個體創新能力的關鍵，也是保持持續創新動力的根本。

（四）勞動力要素與數據要素的融合：智慧人口紅利

勞動力要素在引入數據要素之後，因為有了海量基礎數據和大量數字化工具，在勞動力的培養、開發、管理、評價等方面都會有許多新方法，從而能夠進一步釋放勞動力所帶來的價值。

改革開放以來，勞動力要素在中國經濟發展中發揮了至關重要的作用，中國 40 多年來的高速發展是勞動力人口紅利的集中體現。但是，隨着中國經濟發展逐步向高質量階段邁進，中國勞動力要素的市場化配置面臨許多新問題。

第一，中國勞動人口數量逐年下降。勞動年齡人口在總人口中的比重由 2010 年的 74.5% 下降至 2020 年的 71%，人口「撫養比」持續上升。2015 年，中國 0~19 歲和 65 歲以上人口數量與 20~64 歲人口數量之比為 49.6%，根據聯合國的數據，這一數字到 2035 年將上升至 69.1%。

第二，青年人的擇業觀發生變化。在傳統建築業工地上幹活的普遍都是年齡偏大的人，即使工資一提再提，仍然很少有年輕人願意來工地工作。青年人習慣於在實體和數字兩個空間中生活，數字空間正在為年輕人提供更

多的就業機會，也成為最吸引年輕人的就業領域，如主播、寫手等。

第三，高技能人才短缺。技能勞動者數量只佔全國就業人員總量的 19%，高技能人才不足 6%，而日本產業工人中高級技工佔 40%，德國佔 50%。這一方面和年輕人就業觀的變化有關係，但更重要的是高技能人才的培養方式和工作方式落後，只注重傳統的技能培養，忽視了數字空間的技能開發，從而不能吸引年輕人加入。

在有了充足的勞動力數據之後，這些問題就會有解決方案。我們要從靠勞動力數量取勝，逐漸走向靠勞動力質量取勝，也就是要提高單一勞動力的價值貢獻率。從生理學上看，人的大腦還有無窮的潛力等待我們去挖掘，原有的生產關係只能開發人的智力的 20%~30%。如果採用第四章所討論的數字化生產關係，每個人將會有更均等的機會做自己最擅長的事情，從而大大開發人的大腦潛力，形成所謂的「智慧人口紅利」。

根據麥肯錫的研究，到 2030 年，中國可能有多達 2.2 億勞動者（佔勞動力總數的 30%）需要變更職業，其中前沿創新者的需求可能增長 46%，熟練專業人才增長 28%，一線服務人員增長 23%，製造業工人減少 27%，建築和農業勞動者減少 28%；體力和人工操作技能以及基礎認知技能的需求將分別下降 18% 和 11%，社會和情感溝通技能以及技術技能需求則會分別增加 18% 和 51%。這種變化趨勢也說明，人類的勞動已經從體力勞動逐漸向腦力勞動轉變，而腦力勞動需要數據作為原料，需要軟件和算法技能作為工具。這些腦力工作者的培養、組織、考評、激勵模式也會和以往大不相同，需要重新設計。

在開發智慧人口紅利的過程中，應秉持以人為本的原則，重視人的全面發展，運用數字技術和海量數據，建立勞動力大數據體系和公共就業信息服務體系，加快培養數字化勞動力等數字經濟專門人才；培育數字空間的靈活就業形態，鼓勵實體和數字空間中的創新創業；推進農村勞動力城鎮落戶、高質量就業。

1. 推進農村勞動力城鎮落戶、高質量就業

20 世紀 80 年代農村承包制改革把勞動力釋放到城裏，產生了轟轟烈

烈的城市化過程，這是巨大的勞動力釋放。但是在農民工問題上，有一件
事目前各地區還沒有做到位，這件事恰恰是黨中央、國務院十八大以來大
力倡導的，中央提出到「十三五」末要實現兩億農民工就地落戶城區，其
中有一億在沿海城市落戶，一億在內陸城市落戶，這具有非常重大的戰略
意義。

　　目前中國還有近三億農民工。與中國城市職工一般 60 歲退休不同，
農民工一般幹到 45 歲左右時，隨着年齡的增長，沿海城市的企業一般就
不再聘用。農民工本來可以幹到 60 歲，但現在只幹到 45 歲，少工作了
15 年，少了 15 年就等於就業工齡少了 1/3。同時，農民工在正常上班的
時候，一年 12 個月中總有兩個月回家探親，這兩個月回家相當於一年的
1/6。兩者加起來，1/3+1/6=1/2，由於不能落戶城區，這三億農民工的勞
動壽命理論上減少了一半。所以戶籍制度改革不僅是改善農民工待遇的問
題，同樣也是生產力問題，是人口紅利的問題。

　　中央明確提出「放開放寬除個別超大城市外的城市落戶限制，試行以
經常居住地登記戶口制度。建立城鎮教育、就業創業、醫療衛生等基本公
共服務與常住人口掛鉤機制，推動公共資源按常住人口規模配置」。這是
延長和釋放潛在人口紅利的重大舉措。

　　大量農村勞動力在城鎮落戶後，既帶來了豐富的勞動力資源，也帶來
了更大的就業壓力。傳統經濟模式難以消納這麼多新增的就業需求和消費
需求，而數字經濟則可提供可行的解決方案。

　　比如，運用大數據、雲計算等現代信息技術，建立勞動力大數據體系
和公共就業信息服務體系，搭建地方人力資源信息統計平台和動態就業信
息發佈平台，促進更多居民就業；大力發展平台經濟、共享經濟，通過線
上線下相結合，發展新個體經濟、微經濟，支持微商電商、網絡直播等多
樣化就業增收等；多渠道支持靈活就業、新就業形態發展，支持勞動者做
臨時性、非全日制、季節性、彈性制工作等；鼓勵和支持居民尤其是鄉村
居民藉助電商平台開展平台網購、在線團購、餐飲外賣、共享出行等非接
觸消費等。

2. 加快發展數字化勞動力

數字經濟不斷發展壯大，既催生了新興的數字產業，也大大推動了傳統產業的數字化轉型升級。新的經濟形態對勞動力的數字素養提出了新的要求，加快發展數字化勞動力成為當下必須重視的問題。

一是提高勞動力數字化能力素養。加大人力資本投資，深化教育改革，出台優惠扶持政策，營造鼓勵基礎理論研究的社會環境。實施精英人才培養工程。進一步加大職業教育和技能培訓，全面提升勞動者素質。

二是優化勞動力數字化發展環境。借鑒健康碼體系和機制，建立勞動力年假數字化管理、全民健身運動管理、健康體檢管理、心理輔導服務等平台和機制，讓勞動力身心更加健康。

三是探索培養數字化新勞動力。運用人工智能、大數據、AR（增強現實）、VR 等新一代信息技術，探索培養和使用數字教師、數字醫生、數字服務員等數字空間勞動力的方法和機制。

四是加快培養數字經濟專業人才。未來，數字經濟各領域將需要以下幾類關鍵人才：數字化的基礎研發人才、數字化的交叉融合型人才、數字化的治理型人才。為此，要深度開展產教融合創新，人才引進和外腦聯合，建設便利學員合作創新的服務體系，以全面、系統、專業的數字經濟人才培養體系，提高全民全社會的數字經濟素質素養和技能，夯實中國數字經濟發展的社會基礎。

四、數據要素理論是數字經濟理論的重要組成

當今世界正經歷百年未有之大變局，新一輪科技革命和產業變革深入發展，全球經濟越來越呈現出數字化特徵，數字經濟成為各國經濟轉型升級的戰略抉擇。數據作為新生產要素將深刻影響人類生產生活方式，是數字經濟發展的基礎性、關鍵性、決定性的要素基礎。

中國擁有全球規模最大的單體數字市場，網民規模相當於全球網民的

1/5，已超過十億，中等收入人群超過四億並在進一步增加，居民消費升級的需求潛力巨大；同時，中國是全球唯一擁有聯合國產業分類中全部工業門類的國家，製造業規模連續 11 年位居世界首位；這些都為數字經濟發展提供了廣闊的發展空間。中國是第一個把數據列為生產要素的國家。因此，在數字經濟理論創新和實踐創新方面，我們有機會、有能力也應該有擔當地做應有的貢獻。

數據要素理論是中國政府在全球數字經濟理論和實踐上的巨大貢獻。

一是基石性地發展了數字經濟的基礎理論。數據是數字經濟的基石，數據要素理論在數字經濟的基礎理論核心框架中處於不可或缺的位置。數據要素化創造性地、清晰地構建了數據要素理論的底層邏輯，基石性地發展了數字經濟的基礎理論。

二是創造性地釐清了數據要素和其他要素的辯證關係。數據要素化和要素數據化的提出，深刻地闡述了數據要素與土地、勞動力、資本、技術等傳統要素的辯證關係，對於推動和促進數字經濟與實體經濟深度融合至關重要。

三是開創性地提出了數據要素市場化的可實施路徑。數據要素化指明了數據價值的根本判斷依據，闡明了數據成為生產要素的路徑和方法，給出了解決數據要素市場化中的確權、定價、交易等關鍵問題的可行性解決方案，將大大推動中國數據要素市場化的進程。

在此基礎上，數字經濟領域的專家學者需要突破傳統思維的桎梏，勇於開拓、大膽創新，把數字經濟理論應用到中國偉大的數字經濟實踐中，並努力引領全球數字經濟的理論創新。

第 6 章
數字經濟的平台化發展：
從消費互聯網到產業互聯網

　　數字經濟是面向實體和數字兩個空間的經濟形態，傳統工業在實體空間中得到了長足發展，傳統的互聯網企業在數字空間中找到了機遇。席捲全球的新冠肺炎疫情讓全世界看到實體空間的脆弱性，並開始重視數字空間的開發利用，這突出表現在實體經濟全面開始做數字化轉型，進軍數字空間。也就是說，數字時代的任何一家企業不再只是存在於物理空間，它也必然孿生於數字空間之中。數字空間同樣是人類社會的巨大市場，是企業在數字經濟時代經營的重要環境。早期在這一市場空間中經營的是消費互聯網企業，但它們往往難以觸及傳統實體經濟。所以，數字經濟的發展必然要求傳統實體經濟也進入數字空間，建設以全產業鏈協同整合為目標的產業互聯網。

　　產業互聯網是通過產業內各個參與者（包括終端消費者）的互聯互通，改變產業內數據採集、流通和使用的方式，通過為每一個環節提供可信的數字賦能，改變每個環節創造價值的方式，並最終改變產業生態的運轉方式。產業互聯網充分體現了數據要素在產業內的價值創造能力，利用大數據、人工智能、區塊鏈等技術加工產業內的數據要素，把數據變成產品價值的一部分，進而提升整個產業的價值。產業互聯網直接觸達終端消費者，為消費者提供基於產業數據的新產品、新服務、新價值，這也是釋放終端的數字消費潛力，用數字消費帶動產業互聯網價值提升。

　　1994 — 2019 年，中國的消費互聯網得到迅速發展，其核心是利用網絡廣覆蓋的傳播特性，在每個人群關注的領域獲取流量，再用各種傳統的方式把流量變現。這種以流量為核心的商業模式，無法為社會提供足夠可信的交易環境，並因此給互聯網經濟帶來了「劣幣驅逐良幣」等很多問題。與消費互聯網不同，產業互聯網的核心是信用，是用技術手段保證產

業互聯網生態內的可信性，並依託這種可信性建立產業的價值體系。也就是說，產業互聯網的構建需要一個公平、可信的軟硬件環境，區塊鏈技術也就成了構建產業互聯網的重要支撐。建立產業互聯網僅僅靠一兩家企業是很難實現的，必須要有政府協調或者龍頭企業帶頭，這也是實現產業互聯網的難點。

一、消費互聯網天花板漸近，產業互聯網是數字經濟新熱點

消費互聯網是在數字空間中開發與老百姓的生活消費場景密切相關的各種網絡服務平台。過去十餘年來，中國消費互聯網取得了舉世矚目的成績，湧現了阿里巴巴、騰訊、百度、京東等一批世界知名互聯網企業，產生了超過十億網民，從而為發展數字經濟奠定了堅實的基礎。但在消費互聯網蓬勃發展中，有兩個方面的重要趨勢是不可忽視的。

(一) 消費互聯網增量紅利逐漸消退，產業互聯網價值凸顯

當前中國網民數量、手機用戶均已經超過十億，網民數量進一步增長的空間有限。移動互聯網月活用戶增速持續下降，互聯網增量紅利逐漸消退，所以消費互聯網的流量天花板早晚會到來。

數字經濟真正的藍海在於數字化平台與生產場景相結合，對傳統產業進行賦能升級，形成產業互聯網。根據測算，僅僅在航空、電力、醫療保健、鐵路、油氣這五個領域引入數字化支持，建設產業互聯網，假設只提高 1% 的效益，平均每年就能產生 200 億美元，這是一片巨大的藍海。中國的傳統產業規模巨大，因此發展產業互聯網的價值空間也非常巨大。基於「五全信息」，通過數字技術和智能創新，對大量的傳統產業賦能，將會使傳統產業全面進入產業互聯網時代。如果說中國的消費互聯網市場只能夠容納幾家萬億元級的企業，那麼在產業互聯網領域有可能容納幾十

家、上百家同等規模的創新企業。

對比中美互聯網行業，美國產業互聯網公司佔據美股科技前 20 強的半壁江山，相比之下，中國的 GDP 約為美國的 70%，但美國產業互聯網科技股市值為中國的 30 倍，中國尚無領先的產業互聯網巨頭企業。可以說，產業互聯網具備更加廣闊的發展空間。

（二）消費互聯網值得深思的三大問題

消費互聯網為中國數字經濟發展奠定了堅實的基礎，為數字經濟積累了大量的網民，暢通了網絡空間的商品循環，創造了一批數字空間中的商業模式，但是我們也要看到，消費互聯網 20 多年的快速增長還存在很多值得深思的問題。

一是參與者之間的博弈往往是零和遊戲。消費互聯網競爭到最後往往是贏家獨吞整個市場。因此很多早期互聯網企業不計成本融資燒錢擴展業務，意圖打敗所有競爭對手。在形成壟斷優勢後，又對平台商戶或消費者收取高昂的門檻費、服務費。這類商業模式在社會總體價值創造上貢獻有限，因為過度關注流量，助長了假冒偽劣商品在網上的泛濫，甚至倒逼製造業出現「劣幣驅逐良幣」的現象。

二是利用人性弱點設計各種產品。網絡市場形成初期所主導的自由理念，使網絡上失信的違約成本極低，於是會出現很多企業利用人性的弱點設計各種產品來獲取流量，罔顧消費者的長期利益和市場的良性發展。比如一些信息服務公司，通過各種打擦邊球的圖片、噱頭標題吸引用戶點擊觀看視頻、新聞。這種利用人性弱點誘使用戶使用產品的行為實際上是不正當的，甚至是觸犯法律的。未來互聯網經濟的競爭，一定是在更公平、可信的環境下進行，這些利用人性弱點設計產品的公司很難長久生存。

三是互聯網上普遍存在大數據殺熟、算法殺熟行為。在用戶不知情的情況下，互聯網企業根據大數據分析將用戶群體劃分為不同類別，進而收取不同的價格，這類殺熟行為有違市場公平、透明的原則，被殺熟的消費者一旦獲悉後也會感到憤怒。平台企業與用戶之間存在嚴重的信息不對

稱，因而平台企業可以輕易應用算法分析客戶的行為特徵，進而形成歧視性定價。

究其原因，這三個方面的問題還是因為消費互聯網沒有形成明確的各方多贏的盈利模式。在消費互聯網下，一旦確定某種模式就可以「一刀切」地全盤推進，就可以通過燒錢追求流量並形成規模效應。這樣的發展模式顯然不是數字經濟發展的未來，消費互聯網自身也必須針對這些問題轉型發展。

(三) 產業互聯網兼顧實體和數字空間，是數字經濟的藍海

與消費互聯網不同，產業互聯網下，每一個行業的結構、模式各不相同，並不是「一刀切」的，而是針對不同行業生態的「小鍋菜」，需要一個行業一個行業地推進。比如汽車產業鏈的產業互聯網就不一定適用於電力產業鏈，化工產業鏈的產業互聯網也無法直接平移複製到金融行業。

產業互聯網必須通過產生整個產業鏈上企業的降本效應，提高效率，形成資源優化配置，降低融資成本，產生 1＋1>2 的效益。比如，通過金融科技降低融資成本，解決融資難、融資貴的問題；通過智能物流體系降低物流成本等，使產業鏈上的龍頭企業、中小企業，以及中介公司、服務業公司、互聯網平台各得其所、各有效益，形成明確的多方共贏的盈利模式。

二、產業互聯網通過四個步驟走向數字孿生

(一) 產業互聯網的四個步驟

產業互聯網的建立不是一蹴而就的，每個行業雖然有每個行業的特點，但概括起來，發展產業互聯網還是有四個步驟可以遵循的。

　　第一個步驟是數字化。要實現「萬物發聲」，目的是讓產業鏈上中下游各環節通過數字技術表述出來，發出「聲音」、留下痕跡，為構建產業數字空間提供源頭數據。

　　第二個步驟是網絡化。要實現「萬物萬聯」，通過 5G、物聯網、工業互聯網、衛星互聯網等通信基礎設施，把所有能夠「發聲」的單元連接在一起，高帶寬、低時延地實現大範圍的數據交互共享。

　　第三個步驟是智能化。要實現「人機對話」，也就是要在「萬物萬聯」的基礎上，讓物與人可以交流，通過與人的智慧的融合，實現局部的智能反應與調控。

　　第四個步驟是智慧化。要實現「智慧網聯」，就是藉助「萬物互聯」「人機對話」，使整個系統中的各種要素在人的智慧的驅動下，實現優化運行。

　　這四個步驟，前一步是後一步的基礎，但又不是截然分開、涇渭分明的。推進產業互聯網建設，要循序漸進、適度超前，但也不要好高騖遠、急於求成。

（二）產業互聯網的最高境界是數字孿生

　　當某一個行業的數字化轉型升級完成了這四個步驟，就有條件進入產業互聯網的最高境界 —— 數字孿生。要實現數字孿生，首先就要通過智能傳感器、儀器儀表對物理對象的狀態進行多物理量的採集和測量，並以數字化的方式，將物理對象的屬性和數據全面映射到虛擬空間中，創建出全生命周期的動態虛擬模型，以此模擬其在現實中的行為特徵。其次要將動態仿真的數字模型與物理實體互相疊加、同步運行，實現有機融合。最後，要實現數字虛擬世界和物理真實世界的精準映射、交互協同、實時聯動。在虛擬世界中，一是可以對現實世界進行調控和干預；二是可以通過模擬和預測真實系統的運行，想像真實系統如何進一步完善，從而進行改造和優化。而通過 VR 技術的深度應用，以及 VR 技術所具備的沉浸感、交互性和想像性的特徵，將更有利於數字孿生在數字場景中的可視化表達

和人機交互。

數字孿生具有四個特徵：

一是動態性特徵。數字孿生是動態的而非靜止的，不僅能全面描繪物理實體的狀態，還能動態反映出物理實體的運行。即通過動態仿真賦予數字孿生體靈氣，讓其從靜止的虛擬影像一躍而成為鮮活靈動的動態模型，並無限逼近真實世界中的物理實體。要實現這一點，關鍵就在於根據物理學規律和機理，通過先進的算法在虛擬世界中重現物體在真實世界下的運行過程，比如物體受重力作用下落、移動時因摩擦力而減速、液體和空氣的流動等，乃至模擬生命體的神經反射。

二是持續性特徵。數字孿生覆蓋物理實體從研發、設計、製造，到運行、檢測，再到回收利用的全生命周期，數字孿生體與物理實體之間的作用是持續的、不間斷的。

三是實時性特徵。數字孿生構建的虛擬模型與物理實體之間的聯動和交互應該是實時或準實時的，能夠及時地傳輸數據並進行精準映射。如果虛擬模型與物理實體之間存在較高的遲延，就無法準確、及時地反映物理實體的各種狀態，數字孿生的許多功能也就無以為繼。

四是雙向性特徵。虛擬空間中的數字孿生體不僅是物理實體的數字鏡像，也是與物理實體實時聯動、相互作用的。物理實體的狀態將實時映射在數字孿生體，同時數字孿生體運行產生的數據和指令也會傳輸到物理實體上；數字模型不僅單向地反映物理實體的運行，而且雙向地對物理實體進行反饋。

隨着雲計算、人工智能、邊緣計算等支撐技術的跨越式發展，數字孿生技術已經應用到製造、航空航天、電力、醫療、基建工程乃至城市治理領域。

比如在製造領域，數字孿生應用於產品的設計、生產、製造、運營等全生命周期過程。在研發設計環節，可以利用虛擬模型將產品的各類物理參數以可視化的方式表現，並在虛擬空間中進行可重複、參數可變的仿真實驗，測試和驗證產品在不同外部環境下的性能和表現，從而提高設計

的準確性和可靠性，縮短研發流程，大幅降低研發和試錯成本；在生產環節，利用虛擬生產線的 3D（三維）可視化效果，工作人員不用去現場就能夠充分掌握生產線的實時狀態，從而進行運維管理、資源和能源管理、調整生產工藝、優化生產參數、生產調度預判等。除了幫助傳統製造業提升效率，數字孿生也不斷創新製造業的資本運營、供應鏈管理、客戶服務等模式，為製造業拓展了大量的價值空間。

再如在城市治理領域，數字孿生技術的應用造就了數字孿生城市。通過海量的傳感器對城市中數以億計的數據進行採集和測量，並利用數字高清地圖技術，在虛擬空間中構建整個城市的高精度數字孿生體，通過城市的物理空間與虛擬空間之間的交互映射、虛實對應、實時互動，在城市虛擬空間中對天氣變化、地理環境、基礎設施、城市建築、市政資源、人口土地、產業規劃、城市交通等要素進行數字化表達，並對其進行推演，從而實現城市實時狀態的可視化和城市運作管理的智能化，進而提升城市規劃質量，優化城市建設，提高城市管理水平。

三、消費和產業互聯網平台經濟的壟斷問題及對策

如前所述，中國數字平台經濟已經從上半場的消費互聯網進入下半場的產業互聯網，在這裏我們把二者統稱為互聯網平台經濟，但因為產業互聯網還處於發展初期，互聯網平台經濟現階段主要還是指消費互聯網平台。

中國互聯網平台經濟已經滲透到生產、生活的諸多方面。根據《互聯網平台分類分級指南（徵求意見稿）》，依據平台的連接對象和主要功能，可將中國互聯網平台分為六大類，見表 6-1。

綜合考慮用戶規模（即平台在中國的年活躍用戶數量）、業務種類（平台分類涉及的平台業務）以及限制能力（平台具有的限制或阻礙商戶接觸消費者的能力），可將中國互聯網平台分為三級，見表 6-2。

表 6-1　互聯網平台分類

平台類別	連接屬性	主要功能	包含種類
網絡銷售類平台	連接人與商品	交易功能	綜合商品交易類、垂直商品交易類、商超團購類等
生活服務類平台	連接人與服務	服務功能	出行服務類、旅遊服務類、配送服務類、家政服務類、房屋經紀類等
社交娛樂類平台	連接人與人	社交娛樂功能	即時通信類、遊戲休閒類、視聽服務類、直播視頻類、短視頻類、文學類等
信息資訊類平台	連接人與信息	信息資訊功能	新聞門戶類、搜索引擎類、用戶內容生成（UGC）類、視聽資訊類、新聞機構類等
金融服務類平台	連接人與資金	融資功能	綜合金融服務類、支付結算類、消費金融類、金融資訊類、證券投資類等
計算應用類平台	連接人與計算能力	網絡計算功能	智能終端類、操作系統類、手機軟件（App）商店類、信息管理類、雲計算類、網絡服務類、工業互聯網類等

資料來源：根據公開資料整理

表 6-2　互聯網平台分級

平台分級	分級依據	具體標準
超級平台	超大用戶規模	在中國的上年度年活躍用戶不低於五億
	超廣業務種類	核心業務至少涉及兩類平台業務
	超高經濟體量	上年底市值（估值）不低於 10000 億元
	超強限制能力	具有超強的限制商戶接觸消費者（用戶）的能力
大型平台	較大用戶規模	在中國的上年度年活躍用戶不低於 5000 萬
	主營業務	具有表現突出的平台主營業務
	較高經濟體量	上年底市值（估值）不低於 1000 億元
	較強限制能力	具有較強的限制商戶接觸消費者（用戶）的能力
中小平台	一定用戶規模	在中國具有一定的年活躍用戶
	一定業務種類	具有一定業務
	一定經濟體量	具有一定的市值（估值）
	一定限制能力	具有一定的限制商戶接觸消費者（用戶）的能力

資料來源：根據公開資料整理

超級平台具有規模、數據、算法、技術、資本等諸多優勢，在市場競爭中容易佔據優勢地位。

（一）互聯網平台經濟中壟斷的表現及社會福利損失

1. 互聯網平台經濟壟斷的類型

根據《國務院反壟斷委員會關於平台經濟領域的反壟斷指南》，平台經濟領域的壟斷行為主要包括經營者達成壟斷協議，經營者濫用市場支配地位，經營者集中濫用行政權力排除和限制競爭等。目前，互聯網平台經濟領域較為典型，受到反壟斷執法機構重點關注的壟斷行為主要包括以下七個方面：

第一，數據濫用。一是互聯網平台濫用非公開數據識別潛在競爭對手，例如臉書通過收購虛擬專用網 Onavo，並將其收集的消費者對各類應用程序的使用情況和花費時間等非公開實時數據作為「早期預警系統」，從而識別、跟蹤可能威脅臉書市場地位的潛在競爭對手。二是「大數據殺熟」，例如國內酒店預訂平台、外賣平台、售房平台等均曾被媒體曝光，存在利用大數據殺熟的歧視性定價行為。

第二，掠奪性定價。主要指互聯網平台通過交叉補貼等方式，以低於成本的價格銷售商品或服務，將客戶鎖定在平台的生態系統中，從而擠壓競爭對手並佔領市場。例如，亞馬遜為了應對競爭對手 Diapers.com 在母嬰與個人護理產品市場的崛起，大幅降低其自營相關產品的價格，僅在一個季度內就虧損兩億美元。當亞馬遜成功吸引足夠的消費者並確保其在相關市場上的主導地位後，便轉而提高價格或取消相應補貼。國內的典型案例是，2021 年 3 月，國家市場監督管理總局對「多多買菜」低於成本定價予以處罰。掠奪性定價的危害之處在於，它憑藉資本的力量摧毀了中小經營者參與市場競爭的可能性，且通常只是在同質競爭、價格競爭，與創新關聯不大。

第三，拒絕交易。主要表現為具有市場支配地位的互聯網平台拒絕與第三方開展業務，從而剝奪市場參與者的競爭可能。2021 年 9 月 9 日，

工業和信息化部信息通信管理局舉辦的一場「屏蔽網址鏈接問題行政指導會」上，參會的國內主要互聯網平台企業被要求在 9 月 17 日前必須按標準解除屏蔽，否則將依法採取處置措施。9 月 13 日國務院新聞辦舉行的新聞發佈會上，工業和信息化部新聞發言人指出，保障合法的網址鏈接正常訪問是互聯網發展的基本要求，無正當理由限制網址鏈接的識別、解析、正常訪問，影響了用戶體驗，也損害了用戶權益，擾亂了市場秩序。

第四，限定交易。主要表現為具有市場支配地位的互聯網平台限定他人按照自己的意願進行交易，從而排斥其他經營者的公平競爭。例如，國內電商平台「二選一」的行為，通過迫使平台內經營者（合作方）站隊，放棄與其他平台合作的機會，直接損害了其他電子商務平台經營者（競爭者）和電子商務經營者的交易機會和經濟利益，也明顯影響了消費者的選擇機會和消費利益。

第五，搭售。例如，谷歌濫用在安卓操作系統市場的支配地位，通過簽訂具有排他性的合同，強制智能手機製造商預先安裝谷歌搜索引擎和谷歌 Chrome 瀏覽器，並將其設置為默認應用狀態，阻礙了應用市場中的其他競爭對手進入市場。

第六，自我優待。主要指互聯網平台通過操縱算法等行為，增強自有商品或服務的競爭優勢，扭曲平台內的競爭。例如，谷歌在 2007 年推出了「通用搜索」，向用戶展示整合了谷歌各種自有資源的搜索結果，包括谷歌圖片、谷歌新聞等。谷歌通過調整搜索算法，自動提升自有資源的搜索排名，致使競爭對手的流量大幅降低。

第七，扼殺型併購。大型企業以防止未來競爭為目的，收購初創、有快速增長用戶群和巨大業績增長潛力的企業。有數據表明，2015 — 2017 年，谷歌、亞馬遜、蘋果、臉書、微軟共收購 175 家企業，這些企業的平均年齡為 4.05 歲，其中 105 家企業在收購一年內被關閉，約佔總數的 60%。通過直接消滅競爭者，平台企業提高了競爭壁壘，損害了市場創新。

2.互聯網平台壟斷造成的福利損失

（1）增加消費者剩餘的損失

當壟斷造成參與競爭的企業數量減少時，產品和服務的提供量會減少，但企業的收益會增加，增加的部分是原有的消費者剩餘，即壟斷造成了競爭下降，帶來了消費者剩餘的損失，損害了消費者利益。例如，2015年以前的「滴滴」和「快的」兩個出行平台，為吸引客戶競相發放優惠券，在 2015 年 2 月合併前合計佔據打車軟件的 99% 以上，是典型的「雙寡頭壟斷」。最終雙方走向合併的表面原因是其宣傳「雙方的所有投資人共同的強烈期望」，但最核心的原因還是合併能獲取更高的壟斷利潤。合併後，消費者不僅沒有了優惠券，而且在高峰時段需要加價才能打到車，這嚴重影響了消費者的出行體驗。再如，2020 年 12 月 24 日，市場監管總局依法對阿里巴巴集團控股有限公司實施「二選一」等涉嫌壟斷行為立案調查，認為阿里巴巴破壞了市場公平競爭的秩序，使被迫「二選一」的平台商家商品銷售受到影響，消費者自由選擇的權利和合法利益遭到損害。

（2）增加生產者剩餘的損失

先入市場的企業具有先佔優勢，會對後入企業形成擠壓，提高行業的准入門檻，從而限制新企業的入場。《國務院反壟斷委員會關於平台經濟領域的反壟斷指南》第十二條對這種不公平價格行為的定性是：「具有市場支配地位的平台經濟領域經營者，可能濫用市場支配地位，以不公平的高價銷售商品或者以不公平的低價購買商品。」早在 2017 年，中國移動支付領域裏阿里巴巴和騰訊就合計佔據了 94% 以上的市場，[56] 二者不僅具有市場支配地位，還可以輕易阻止新數字平台來擴大移動支付領域的市場份額。2021 年 7月 24 日，國家市場監管總局宣佈依法對騰訊控股有限公司作出責令解除網絡音樂獨家版權等處罰。騰訊與主要競爭對手合併後實體佔有的獨家曲庫資源超過 80%，對相關市場具有或者可能具有排除、限制競爭效果。

（二）互聯網平台經濟中壟斷所帶來的問題

上述這些互聯網大型平台特別是超級平台所出現的一些壟斷行為，涉

及的用戶龐大，與社會的很多行業都有着密切的聯繫，因壟斷而產生的反競爭問題、侵害同行及消費者利益等問題不僅涉及企業之間的競爭，而且對整個數字經濟的發展造成了一定的負面影響，其中暴露的數據安全問題更有可能威脅到國家安全。這些問題概括起來包括以下六個方面：

1. 平台壟斷導致平台生態的環境惡化

互聯網企業通過燒錢等手段獲得市場規模優勢，實現贏家通吃和流量壟斷，對用戶或消費者收取高昂的平台費。過度關注流量導致假冒偽劣商品泛濫，甚至倒逼製造業「劣幣驅逐良幣」，損害實體經濟發展。

2. 平台壟斷出現擾亂市場秩序、違背公平競爭的苗頭，損害社會公平

部分平台企業濫用市場地位，限制競爭性交易，導致依靠互聯網平台的生產經營者失去了與平台企業談判議價的權利，存在互聯網平台「二選一」、限制弱勢企業發展、屏蔽和攔截第三方網址鏈接阻礙平台間互聯互通、網絡資源（如知識產權等）的壟斷、違規合併獲取市場壟斷優勢等問題，擾亂了市場秩序。

部分平台企業依託包括資本、技術等在內的要素資源優勢，形成圍繞「流量」的全新資本競爭模式和估值體系，依託互聯網平台進行資本積累，通過平台資本補貼壓縮市場參與者的利潤空間，提高行業壁壘，限制公平競爭。

3. 平台過度挖掘數據侵犯個人隱私，損害公眾合法利益

部分平台企業形成絕對壟斷後，採用「大數據殺熟」、濫用人臉識別技術、過度挖掘和濫用個人數據、數據泄漏、數據非法轉售等手段，獨佔用戶個人敏感數據並肆意處置，侵害個人隱私權。

部分平台企業將公開的原始信息當作私人財產處置，拒絕他人接入關鍵數據庫，製造數據孤島，排除或限制競爭等，損害了公眾的合法利益。由於市場初期失信和違約成本低，消費互聯網企業利用人性的弱點設計各種產品來獲取流量，損害消費者利益。如通過打擦邊球的圖片和視頻、噱頭標題吸引用戶點擊。

4. 平台壟斷阻礙新興企業提升技術創新能力

某些平台企業由於流量池封閉、遏制競爭對手帶來了相對「輕鬆」的

收入模式，讓其無需增加基礎科技投入即可獲得超額利潤。這類企業往往習慣於商業模式創新，而忽視了底層核心技術的攻關，容易受到國際競爭對手「卡脖子」威脅，影響國際競爭力。

5. 加大收入分配差異，影響社會公平

某些互聯網平台企業充分享受了中國超大規模市場紅利，快速積累的資本使它們往往通過高薪模式爭搶人才，這種爭搶模式如果不加以監管，不僅會拉大與其他行業的收入差距，而且會對互聯網平台企業的長遠發展帶來負面影響。從另一個角度看，互聯網平台在開發數據要素價值時，是在數據要素市場還不完備的時候，數據擁有方的利益並沒有得到體現，所以其利潤水平也將隨着數據市場的規範而受到影響。

6. 缺乏監管的數據聚集帶來各種安全隱患

國際上，少數互聯網平台藉助數據優勢，開始強有力地擴張到社會其他領域，力圖改變這些領域的既有秩序。如 2021 年 1 月 22 日，谷歌抵制向新聞機構內容付費，威脅澳大利亞政府將關閉搜索服務；2021 年 2 月 17 日，臉書屏蔽澳大利亞所有媒體的新聞內容，同時限制該國用戶分享和獲取海外新聞的權限；2021 年 2 月 23 日，澳大利亞政府妥協，將對此前通過的新法進行修訂，臉書宣佈將解除針對澳大利亞的新聞封禁。超級互聯網平台因為實際掌控海量用戶、實時數據和巨額交易，已經大大超越了傳統跨國公司的實力與能力，其數據資源的使用必須得到有效監管，否則會帶來各種安全隱患。

（三）互聯網平台經濟壟斷問題產生的原因

一般而言，互聯網平台經濟的壟斷問題不是單一平台企業的問題，而是數字經濟在開發數據要素過程中，數據紅利期必然帶來的現象。壟斷問題的成因是既有社會經濟系統不適應數字生產力發展，是多方位的、系統性的因素疊加而成。

1. 資本的無序擴張是壟斷的根本原因

資本是互聯網平台生存、發展的根本動力。互聯網平台的穩定性、

容量、技術底層並無較高的門檻，在發展初期企業無法形成明顯的技術優勢。對於消費者來說，需求高度同質化且單一，選擇互聯網平台的關鍵因素在於便利和價格優勢。多數企業採用「先免費，後獲利」的方式發展，在平台企業進入市場初期，以免費提供服務的方式吸引供需雙方入駐和使用平台。互聯網平台企業在形成用戶規模化之前，不可避免地要經歷「燒錢」期。

資本市場追求的就是局部性的壟斷，以保持市場地位。資本具有逐利的天性，資本投資的目標是尋求更高的回報。當平台企業形成規模化或是有形成規模化趨勢的時候，更容易吸引資本的目光。擁有足夠資金支持的平台，可以為消費者提供更多的價格優惠，以保持或擴大市場優勢。資本助推的壟斷性還表現在壟斷平台的「投行化」，擁有大量資本的平台通過投資併購形成壟斷生態圈，僅在 2020 年，三家主要互聯網平台企業騰訊、阿里巴巴、百度對外投資收購項目（次數）分別為 43、16、13，總投資金額分別達到 1110.30 億元、619.86 億元、423.38 億元，涉及領域十分廣泛，不斷擴大並加強了其生態圈。[57] 因此，資本是平台不斷發展和擴張的推手，促使強者恆強。

2. 單純以流量為核心的商業模式容易形成數據壟斷

從 1994 年中國接入互聯網開始，消費互聯網經歷了流量瓜分階段、流量壟斷階段、流量挖掘階段，以流量為核心的商業模式無法掩蓋平台上誠信體系的缺失，並開始脫離「實體」經濟。1994 — 2019 年，消費互聯網迅速發展的核心是利用網絡廣覆蓋的快速傳播，在不同人群關注領域獲取流量，再用各種所謂互聯網創新的方式把流量變現。以流量為核心的商業模式無法為社會提供足夠可信的交易環境，這一方面會帶來一定程度的「劣幣驅逐良幣」問題，另一方面片面追求流量也會導致企業逐漸走向數據壟斷的路徑。

3. 不加約束的技術與算法創新會進一步推動壟斷

隨着數據收集、存儲、分析等技術的進步，互聯網平台在運營中可以更便捷、更低成本地獲取用戶數據，並通過海量數據對用戶進行分析，

作出更精準的人群畫像，對於不同人群推行更精準的產品、促銷活動。各平台都非常重視算法研究，憑藉排他性數據優勢，平台可以與傳統產業形成單方向的「破壞性算法創新」。這些算法已經開始上升為平台內部的公共管理權限，算法可以強制要求商戶不與競爭對手進行交易。同樣憑藉這種管理權限，平台可以向平台內的經營者收取費用，壓制其競爭對手的發展。一旦算法侵佔了平台的公共屬性，平台就變成一個壟斷者，就會出現濫用算法權力的現象。

4. 政府在互聯網平台領域監管能力不足助長了壟斷

互聯網平台在發展初期，政府普遍採取了鼓勵的態度，但在對新生事物的監管上缺乏手段。互聯網平台強大的滲透力和影響力使消費者、經營者和政府對平台產生了事實上的依賴，這也使得大型互聯網平台在監管盲區中獲利頗豐。這種鼓勵的政策在互聯網平台發展初期起到了培育新產業、新業態、新模式的作用，但同時也會助長某些平台在監管不完善情況下肆意擴張、形成壟斷。

（四）互聯網平台經濟反壟斷對策

依據《關於強化反壟斷深入推進公平競爭政策實施的意見》，中國互聯網平台經濟反壟斷必須處理好發展和安全、效率和公平、活力和秩序、國內和國際四個關係，堅持基於技術的監管規範和促進創新發展兩手並重、兩手都要硬。

總體而言，互聯網平台經濟反壟斷要從規則、數據、技術、資本多個角度出發，統籌運用市場政策調節、法律法規調節、文化觀念調節，構建全方位、多層次、立體化的互聯網平台反壟斷體系，實現事前事中事後全鏈條全領域監管。市場政策調節依靠供求關係的變化對資源配置自發地調節，避免壟斷，是「無形之手」。法律法規調節依靠法律、法規、規章制度、政策等對資源配置直接或間接進行調節，是「有形之手」。文化觀念調節依靠道德力量、文化力量對資源配置進行調節，是一種共同價值觀塑造的過程。

1. 市場政策調節

一是要界定平台業務範圍，不能藉助新技術工具無序擴張市場邊界，要在自身業務上做精做專。無論是消費互聯網平台還是產業互聯網平台，都要摒棄一味做大流量的慣性思維，而是要界定企業的業務範圍，明確自己的核心業務，在企業的核心技術能力上下功夫、做精做專。更不能藉助資本力量，盲目向不熟悉的民生等領域擴張，不能觸碰國家數據安全的底線。

二是鼓勵平台企業瞄準互聯網發展的技術趨勢，投身於未來科技的研發。鼓勵互聯網平台企業充分利用數據、資金、人才、用戶和技術等資源優勢，瞄準互聯網發展的技術趨勢，加大創新投入，提升技術水平，組織核心技術攻關，投身於「卡脖子」技術、未來科技的研發，用技術儲備能力築高企業的競爭壁壘。

三是鼓勵平台積極開拓國際市場，提升國際競爭力和影響力。構建網絡空間人類命運共同體，是中國作為一個大國的努力目標。中國互聯網平台企業要有廣闊的國際視野，在網絡空間中為全人類探索全新的服務模式。因此，市場政策要鼓勵互聯網平台企業走出國門，參與到全球數字經濟競爭中，一方面便於互聯網平台企業繼續做大做強，另一方面互聯網平台企業也能在國際競爭中不斷磨煉自己，逐漸成為全球相關技術的領先者。

四是鼓勵平台企業積極參與數據要素市場化配置，建立可信、規範的市場環境。消費互聯網平台企業雖然遇到了一些問題，但這些問題大多數還是發展中的問題，隨着中國平台經濟政策的完善，這些問題都是可以解決的。互聯網平台的發展趨勢，一定是向着更公平、更規範、更高質量的方向發展，所以相應企業必須要順應大勢，積極參與中國數字經濟的總體佈局，把平台逐漸建設成可信、規範的數字經濟平台，成為中國數據要素市場化配置的重要組成部分。

2. 法律法規調節

一是要加快推進數據立法，適時推出《數據資產法》，注意數據立法

和反壟斷法的一致性。在保護個人隱私、保護企業商業機密、保護國家數據資產安全的前提下，要積極探索多種數據所有制，推動數據資產的確權、數據資產進入財務報表，並在條件成熟時推出《數據資產法》。數據立法要與反壟斷法的要求相適應，2021 年 10 月 23 日，《中華人民共和國反壟斷法（修正草案）》向社會公開徵求意見。修正草案提出進一步完善反壟斷相關制度規則，包括增加規定經營者不得濫用數據和算法、技術、資本優勢以及平台規則排除、限制競爭，建立「安全港」制度；建立經營者集中審查期限「停鐘」制度，明確國務院市場監督管理部門負責反壟斷統一執法工作等。這些反壟斷的法律要求都是數據立法要遵循的基本原則。

二是要加強監管技術平台建設，用技術手段儘量做到事前監管。可信計算、大數據、人工智能等技術為相關部門提升監管水平提供了工具，政府要加強監管技術平台等監管領域的基礎設施建設，如金融領域的監管沙箱等，用技術手段增強對平台企業的監管能力。把壟斷問題消滅在苗頭階段，儘量避免事後監管。

三是要強化對特定領域的監管，避免發生規則性的惡性事件。在公共服務、公共安全等特定領域，一旦發生問題，將嚴重影響國家的經濟安全、社會安全，後果不堪設想。因此，對這些領域要有特別的法規進行規範。國家發展改革委、商務部聯合發佈的《市場准入負面清單（2021 年版）》就是這種法規，它既有助於防患於未然，又給相關平台企業提供了發展指引。

3. 文化觀念調節

一是要鼓勵平台企業建設高尚的企業文化，樹立建設網絡空間人類命運共同體的崇高理想。從歷史經驗來看，任何一家偉大的企業都是有着正確價值導向、崇高企業文化和遠大共同理想的企業，都一定不是資本裹挾下的利益追逐者。互聯網平台企業是先進生產力的聚集地，是數字經濟最活躍的代表，也是年輕人嚮往的時代熱點，所以更要鼓勵平台樹立高尚的企業文化，鼓勵平台上的年輕人具有崇高的理想。有了正確的思想，就會避免大量的短視行為，也就可以有效地避免前述的各種壟斷現象。

二是要鼓勵互聯網平台企業扶貧助弱，積極參加各種公益活動。人生的追求不是金錢的積累，而是探索未知、解決問題、為子孫後代開創更美好的環境和制度。互聯網平台企業是先進生產力的代表，要鼓勵這些企業積極參與各種形式的公益活動，在公益活動中發揮這些企業的帶動作用，通過扶貧助弱，一方面助力於中國共同富裕的國家大計，另一方面也從人才、技術、市場等方面為互聯網平台企業帶來可持續發展的空間。

四、數字產業化和產業數字化

大數據、雲計算、人工智能、區塊鏈和移動互聯網等數字技術在人類社會及其經濟系統一旦大規模應用，就會形成數字技術產業化。而各種數字化技術有機結合形成的智慧綜合體，一旦與社會消費結合，就會形成消費互聯網；與實體經濟結合，就會形成產業互聯網、形成產業經濟數字化。

（一）數字產業化

數字技術產業化，也就是新基建中的信息基礎設施建設。根據工信部有關機構測算，2020 年中國數字產業化規模達到 7.5 萬億元，佔 GDP 比重的 7.3%。隨着新基建戰略的進一步推進，各類數字化技術，包括 5G 網絡、大數據、人工智能、雲計算等在內的每一項數字產業都將在今後五年內產生萬億元級的投資，也都將產生巨大的收益。

1. 5G 產業化

具體來說，在 5G 方面，截至 2020 年底，中國累計開通 5G 基站 96 萬座。根據工信部等十部門聯合印發的《5G 應用「揚帆」行動計劃（2021 — 2023 年）》，到 2023 年要實現每萬人擁有 5G 基站超過 18 座，意味着到 2023 年底中國將建成 5G 基站超過 250 萬座；預計 2020 — 2025 年建成 5G 基站 500 萬～600 萬座，保守估計每座投資 20 萬元，僅 5G 基站建設的投資規模就將達到萬億元。更重要的是，5G 的大規模商用將對

包括終端設備、應用場景、運維服務等在內的整個 5G 生態系統產生難以估量的帶動作用。

2. 雲計算產業化

在雲計算方面，雲計算以具備存儲能力、通信能力和計算能力的大型數據處理中心 IDC 作為硬件載體，本質上是大量服務器的集合，數據處理中心的功能是以服務器的數量來衡量的。中國今後五年將會增加 1000 萬台服務器。這 1000 萬台服務器連帶機房、電力等設施建設至少將帶動一萬億元規模的投資。相應地，雲計算服務商可以 IDC 為硬件，以私有雲、公共雲作為客戶服務的接口，向客戶提供服務。就像居民通過水龍頭管道向自來水廠買水一樣，各類客戶按需購買，按所需的計算量、存儲量、通信量購買 IDC 資源，並按量結算費用。資源閑置時也可供其他客戶使用，這樣就能有效、全面、有彈性地利用雲計算架構中的資源，既能同時為千家萬戶服務，又能使大量服務器不發生閑置，從而使資源優化配置，產生巨大紅利。

3. 大數據產業化

在大數據方面，隨着全球數據量的爆發式增長和數據的資源屬性不斷增強，大數據應用的經濟價值也不斷顯現出來。數據具備六大特性：一是數據是取之不盡、用之不竭的；二是原始數據是碎片化的、沒有意義的；三是數據不可能完全原始，其加工過程就是由無序到有序的過程；四是數據能夠產生數據；五是數據在利用過程中產生了價值和產權；六是數據可以經過多次轉讓和買賣。基於數據的這六大特性，雜亂無章的數據經過大數據平台的加工和處理後成了有指向性的、有意義的信息，再由信息歸納形成了知識，從而成為決策判斷、信用判斷的工具，數據就具備了價值，就能為大數據平台帶來可觀的商業收益。

4. 人工智能產業化

在人工智能方面，人工智能企業基於大數據平台的支撐為客戶提供算法服務，也可以獲得收入。雲計算、大數據、人工智能的軟件植入在雲計算廠商提供的數據處理中心硬件中，對客戶形成三種在線服務。第一個是

IaaS，雲計算的雲是一個硬件，是一個具有通信能力、計算能力、存儲能力的基礎設施，可以提供基礎設施服務。第二個是 PaaS，大數據公司往往在收集、組織管理了大量數據的基礎上，使用人工智能算法後為客戶提供有效的數據服務，形成一個大數據的服務平台，可以提供大數據平台服務。第三個是 SaaS，人工智能公司依靠大數據平台支撐，提供算法，算法也是一種服務。

再比如物聯網，預計未來五年將有 30 億～50 億個終端聯網，形成萬物互聯，相應的投資規模也會達到兩萬億至三萬億元。區塊鏈等數字產業今後也將帶動萬億元級別的投資，同時產生巨大的回報和收益。

總而言之，數字經濟產業化，在當前數字革命方興未艾、信息基礎設施建設如火如荼的大背景下，數字化技術的各個環節，雲計算、大數據、人工智能、以 5G 為基礎的移動互聯網、區塊鏈等，本身就能夠形成若干個萬億元級規模的龐大產業，成為國民經濟的重要組成部分。

（二）傳統產業數字化

傳統產業數字化，也就是新基建中的融合基礎設施建設。數字化技術綜合體不僅自身能夠形成龐大的產業，還能夠對傳統產業進行賦能增效，改造升級，從而產生巨大的疊加效應、乘數效應。中國的工業產值在 90 萬億元左右，假設通過數字化轉型提升 5% 的效能，每年就能在不增加其他原材料投入的基礎上，產生四五萬億元的增加值；此外，中國還有大約 150 萬億元銷售額的服務業，假設通過數字化轉型提高 5% 的效能，就能產生七八萬億元的增加值。通過下面四個例子，我們可以看到傳統產業是如何進行數字化改造升級的。

1. 與製造業結合形成智能製造、工業 4.0

數字技術與製造業深度融合發展，形成智能製造、工業 4.0，就是傳統產業數字化的典型範例。能被稱為工業 4.0 的企業，一般具有互聯、數據、集成、轉型四大特點，就是企業的儀錶、生產線、車間、管理部門、供應鏈、研發、運營、產品、客戶、消費者的數據和信息互聯互通、實時

集成、信息反饋，使得整個工廠企業從傳統製造轉向個性化定製，實現生產過程柔性化、個性化，同時提高運營效率，加快庫存周轉。

工業 4.0 具備三大特徵。一是車間裏幾乎沒有人，由機器人代替人力進行高精尖的運轉。二是整個車間、整個工廠可以當作一個人體在自動化地運轉，自動地對生產、物流等環節進行思考和決策。三是跟整個市場密切聯繫。產品的需求、市場的定製需求、個性化要求，都在事先設計之中。以芯片製造企業為例，在流水線中運行的芯片不是按同一批次、同一種芯片批量生產，而是每一個盤片所對應的芯片都是有不同要求的，輸入指令後，機器人能夠進行高速運作和個性化生產。

更進一步，數字孿生的應用貫穿產品的設計、生產、製造、運營等全生命周期。在研發設計環節，可以利用虛擬模型進行可重複、參數可變的仿真實驗，測試、驗證產品在不同外部環境下的性能和表現，從而提高設計的準確性和可靠性，縮短研發流程，大幅降低研發和試錯成本；在生產環節，工作人員不用去現場就能充分掌握生產線的實時狀態，從而進行運維管理、資源能源管理、調整生產工藝、優化生產參數、生產調度預判等。除了幫助傳統製造業提升效率，數字孿生也不斷創新製造業的資本運營、供應鏈管理、客戶服務等模式，為製造業拓展了大量的價值空間。傳統製造業以生產加工各種工業品為主，做的是實體空間的實體產品創造。數字技術賦予了傳統製造業「五全信息」，工廠形成了孿生的數字工廠，產品形成了孿生的數字產品，服務形成了孿生的數字服務。當有了「五全信息」作為基礎，傳統製造業的數字化轉型就有了豐富資源，在數字空間中就可以產生出大量生產性服務業的創新模式。

2.與城市管理結合形成智慧城市

智慧城市是數字城市與物聯網相結合的產物，被認為是信息時代城市發展的大方向、文明發展的大趨勢，其實質就是運用現代信息技術，推動城市運行系統的互聯、高效和智能，賦予城市智慧感知、智慧反應、智慧管理的能力，從而為城市居民創造更加美好的生活，使城市發展更加和諧、更具活力、更可持續。

智慧城市是新型城市化的升級版，是未來城市的高級形態，以大數據、雲計算、互聯網、物聯網等新一代信息技術為支撐，致力於城市發展的智慧化，使城市具有智慧感知、反應、調控能力，實現城市的可持續發展。

從戰術層面推進智慧城市的建設，務必要把握其內在邏輯規律，抓住兩個關鍵點。一是推動智慧城市建造，必須全面掌握並熟練運用互聯網時代的新技術、新理念、新思維，更加科學主動地推動城市與智慧融合。二是智慧城市的建設要遵循數字化轉型的四個步驟循序漸進。第一步是讓城市的物能說話；第二步是通過物聯網、移動互聯網將數字化的城市要件連接起來，讓城市的物與物之間能對話；第三步是讓人與物能夠交流，實現城市局部的智能反應與調控，比如智能收費、智能交通等；第四步是讓城市會思考。

通過數字孿生技術的應用，實現城市實體空間和虛擬空間的聯動，智慧城市的建設能夠達到新的高度。通過海量的傳感器對城市中數以億計的數據進行採集和測量，並利用數字高清地圖技術，在虛擬空間中構建一整個城市的高精度數字孿生體，對天氣變化、地理環境、基礎設施、城市建築、市政資源、人口土地、產業規劃、城市交通等要素進行數字化表達，並對其進行推演，從而實現城市實時狀態的可視化和城市運作管理的智能化。傳統的城市治理是以實體空間和實體人群為主體，數字技術促進傳統的實體空間擴展到數字空間之中，數字空間中信息的有序和實體空間的治理是相輔相成的關係，能夠有效提升城市規劃質量，優化城市建設，提高城市管理水平。同時，數字孿生城市會產生更為豐富的「五全信息」，城市的海量數據轉變成為財富，進而創新出大量的智慧城市應用。「實體空間＋數字空間」是城市經濟新的發展基礎，也是城市治理的數字體系，是真正意義上造福於民的智慧城市。

3. 與建築業結合形成智慧建築

面向未來，傳統建築業進行數字化轉型升級至少可以帶來三點好處。

一是能夠滿足客戶的個性化需求。在許多產業，客戶的需求不斷呈現個性化、差異化，逐漸從千篇一律的產品需求過渡到千人千面的產品需

求。這一趨勢未來也會體現在建築產業中。AR、VR、MR（混合現實）、人工智能和物聯網等數字技術正以多種方式轉變零售和辦公空間，全球新冠肺炎疫情的大流行加速推動了這一轉變。隨着客戶需求和業務需求的不斷發展，要求未來的空間適應不同的場景，為多模式、多功能預留可能性。建築產業通過數字化賦能能夠使建築空間更具適應性和靈活性，更好地滿足客戶需求。

二是可以利用數字化技術，打通供應鏈上下游企業，實現信息協同和產業效率的升級。例如，浪費現象在建築領域十分普遍，物料和人工在實施過程中的浪費往往超過 1/3。而通過數字化技術打通供應鏈，建築業可以顯著減少浪費，還能大幅提高管理效能，提高施工的安全性。此外，對建築業進行數字化賦能還能大幅提升節能環保效能。

三是可以通過數字孿生，創新建築業的商業模式，重組建築業的價值鏈。傳統建築業的價值兌現主要體現在建築物物理空間的出租和出售上。數字技術的應用也讓建築物有了「五全信息」，傳統的實體建築便也有了數字孿生體。通過 BIM（建築信息模型）等數字模型技術，一棟建築可以為客戶提供更為全面的空間數字信息，同時還可以提供建築物內的環境等各種相關信息。在這些信息的基礎上，建築業的商業模式將會發生顛覆式的創新，價值鏈也將發生根本性的重組。建築業價值將更多體現在對建築物的物理和數字空間的持續使用上，也就是通過運營建築業的「五全信息」來創造價值。

總之，作為中國經濟發展的支柱產業，建築業在數字化時代的發展空間巨大。但這個空間絕不是靠蓋房子、修高速公路來實現的，而是要轉變發展思路，激活數據要素潛能，緊緊抓住新基建的歷史機遇，以技術變革推動建築業的數字化、智能化。尤其要高度重視數字模型技術的研發和應用，創造建築產業互聯網新業態，改變建築產業的商業模式，打造開創性的、萬物互聯時代的中國式數字建築產業。

4. 與金融結合形成金融科技

金融科技發展的基礎是產業互聯網，主體是產業互聯網金融。在大數

據、雲計算、物聯網、人工智能等技術賦能下,金融科技發展帶來了前所未有的歷史機遇。面向未來,產業互聯網金融具有巨大的發展前景。產業互聯網金融是機構通過金融科技向產業生態,尤其是中小微企業提供投融資服務的統稱。產業互聯網金融以企業為用戶,以生產經營活動為場景提供數字金融服務。由於產業價值鏈更複雜、鏈條更長,目前數字化的比例仍然很低,產業金融服務還遠未達到面向個人端的數字金融智能化、便捷化的程度,因此產業互聯網金融是金融科技發展的下一個藍海。

產業互聯網金融的現實意義在於解決中小微企業的融資難、融資貴問題。中小微企業融資難、融資貴,不僅是中國的問題,也是世界性難題;不僅是銀行自身的問題,還與小微企業自身特點有關。小微企業屬於金融業長尾客戶,存在抵押品不足、信用資質差、信息不對稱、生命周期短等問題。傳統金融機構在開展小微金融業務時,也存在獲客、盡職調查成本高、擔保不足、風險成本高、風控流程長等問題。

藉助產業互聯網金融,通過「五全信息」的合理運用,一是可以降低獲客成本;二是可以有效解決中小企業存在的信息、信用「孤島」問題;三是能夠實現智能風控;四是可以有效提高審批效率,為小微企業提供與之匹配的金融服務。

未來產業互聯網金融發展的關鍵節點將逐步打通,進入成熟發展階段。金融的底層邏輯是信用,在「五全信息」驅動下,企業運營數據可以與金融服務緊密結合起來,以信息流轉帶動信用流轉,從而解決傳統金融供給無效的問題。

數字化平台與專業金融機構有機結合、各展所長是金融科技最合理的發展模式。數字化平台深耕產業,形成各行業的「五全信息」,提供給相應的金融戰略夥伴,使金融機構服務效率得到最大化的提升,同時金融機構發揮自身低融資成本、信用判斷、資本規模和社會信用等方面的優勢,兩者優勢互補、資源優化配置。最終,金融科技要形成明確的各方多贏的效益格局。

第 7 章
數字金融

　　近年來，隨着全球科技創新進入空前密集活躍時期，新一代的數字技術加快突破應用，數字經濟發展進入了快車道，以移動金融、互聯網金融、智能金融等為代表的帶有鮮明數字化時代特徵的金融新業態、新應用、新模式不斷湧現。數字金融作為與信息社會、數字經濟相對應的金融發展新階段正迎面而來，為現代金融體系注入了新活力，為更好地服務實體經濟奠定了基礎，為進一步滿足人民日益增長的美好生活需要提供了有力支撐。

一、金融創新與科技革命

　　產業革命始於科技，成於金融。科技的不斷進步，不僅可以改變傳統的企業經營模式，刷新經營者的思維，還可以推動新行業的出現，孕育出大量商機。技術還能從根本上改變金融業的服務生產和提供方式，降低交易成本，提升管理效率，改進市場秩序；同時，伴隨着科技發展的企業創新升級也對金融提出了新需求，促使和推動金融機構不斷創新。

（一）四次技術革命中的金融創新

　　技術革命是指技術的升級創新，在生產方式上由機器取代人力，以大規模工廠化生產取代個體工廠手工生產的一場生產與科技革命。人類社會的發展已經歷四次技術革命，在金融行業也表現出四次比較重大的變革和突破。

1. 第一次技術革命：蒸汽時代推動了現代銀行體系的誕生

18 世紀 60 年代，以蒸汽機的發明和廣泛普及為主要標誌的第一次技

術革命，實現了工業生產從手工器具到機械化的轉變。蒸汽機的出現和廣泛使用也推動了其他工業部門的機械化，引起了工程技術上的全面改革。在工業上，導致了機器製造業、鋼鐵工業、運輸工業的蓬勃興起，初步形成了完整的工業技術體系。

此時，人類擺脫了小農經濟，出現了大規模工業生產，異地交易和國際貿易進一步發展，商業往來的規模越來越大。而當時銀行過高的利率幾乎吞噬了產業資本家的全部利潤，使新興的資產階級無利潤可圖，不能適應資本主義工商企業的發展需要。隨着社會化的大生產和工業革命的興起，迫切需要建立起能夠服務、支持和推動資本主義生產方式發展，並能以合理的貸款利率服務工商企業的商業銀行。

因此，為順應資本主義生產方式的發展，在第一次技術革命後，以中央銀行和商業銀行為代表的現代銀行體系初見雛形，為工業生產源源不斷地輸送資本燃料和動力。

2. 第二次技術革命：電氣時代推動了投資銀行的誕生

19 世紀 80 年代以後，隨着科學技術的迅猛發展，世界範圍內興起了近代第二次技術革命，這次技術革命以電力技術為主導，以電力的廣泛應用為主要標誌，因此也被稱為電氣時代。它的產生、發展及其應用，極大地推動了化工技術、鋼鐵技術、內燃機技術等其他技術的全面發展。

電氣時代是產業規模經濟誕生的年代，需要密集資本的大規模投入。而傳統的商業銀行是針對傳統企業設定的，主要經營債務屬性的存貸款業務，無法滿足市場需求。對於新技術、新行業，需要設計出新的金融服務和產品。因此，第二次技術革命推動了以摩根銀行、卡內基投資銀行、洛克菲勒財團為代表的投資銀行的誕生和興起。這些投資銀行在當時的市場中，為大規模生產匹配資金、構造證券市場，起到了優化資源配置、促進產業整合的作用，為規模經濟的發展提供了助力。

3. 第三次技術革命：信息技術時代推動了 PE/VC 風投體系的誕生

從 20 世紀 50 年代開始，電子計算機的迅速發展和廣泛應用，極大地改變了世界的面貌和人類的生活。以全球互聯網絡為標誌的信息高速公

路正在縮短人類交往的距離。這次科技革命不僅極大地推動了人類社會經濟、政治、文化領域的變革，而且影響了人類的生活方式和思維方式，使人類社會生活和人的現代化向更高境界發展。

1965 年提出的摩爾定律指出，約每隔 18 個月集成芯片上的電路數目就會翻一番。新技術的快速發展和應用誕生了大量的創業企業。同時，信息技術時代，若沒有創新的產品模式和有競爭力的服務，現有企業也很容易被新的業務和模式取而代之。因此，這一階段有大量企業誕生的同時，也有很多企業在快速消失。這就需要資本在投資時能擦亮眼睛、慧眼識英雄，同時也要具有承受創投失敗的抗風險能力。這一階段的投資有很多的不確定性，會給投資及其回報帶來很大的風險，為滿足這些融資需求，PE/VC（私募股權投資 / 風險投資）等現代風投體系由此誕生。

風險投資在創業企業發展初期投入風險資本，待其發育相對成熟後，通過市場退出機制將所投入的資本由股權形態轉化為資金形態，以收回投資，具有高風險、高收益的特點。風險投資是優化現有企業生產要素組合，是把科學技術轉化為生產力的催化劑，能強化市場對企業的優勝劣汰。這些不同的風險投資模式通過不同風險偏好資金的匯集，分擔了創業企業的高風險，推動了信息技術時代的發展。

4. 第四次技術革命：數字經濟時代推動了消費數字金融、產業數字金融的誕生

進入 21 世紀，在第四次技術革命中，5G、物聯網創造了萬物互聯的全新世界，全面改變社會生產要素和生產關係，數據逐漸成為關鍵的生產要素。以數字經濟發展為代表，人類社會也正在進入以數字化生產力為主要標誌的新階段。

在數字經濟時代，以物聯網、大數據、人工智能等為代表的新一代信息與通信技術的發展，給人們的生活帶來巨大變化，正推動形成數字化生活。一方面，隨着線上支付的發展，C 端（客戶端）的消費場景逐步向線上化轉移。為滿足 C 端的消費需求，技術的創新帶動了金融服務的創新，在支付、消費信貸、智能投顧等領域開展了很多嘗試，涵蓋了人們的衣食

住行各個方面，面向 C 端的數字金融服務越來越豐富。另一方面，伴隨着數字經濟時代新技術的落地，數字科技開始與產業深度融合。傳統的 B 端（企業端）需要利用數字技術破解企業、產業發展中的難題，重新定義、設計產品和服務，實現業務的轉型、創新和增長。當前，數字金融在產業端的應用方興未艾，在產業數字化變革的進程中，服務於實體經濟的產業金融預計將迎來黃金發展期。

（二）小結

金融行業歷來是先進技術應用的先行者，金融發展史也是一部與技術不斷融合的歷史。技術的發展不僅提高了金融資源配置的效率，還拓展了金融服務的範圍，使交易可能性邊界得到極大拓展，資源可以在全球範圍內、在網絡空間內實現優化配置。

當今世界正面臨百年未有之大變局，變局中危和機同生並存，這給實現中華民族偉大復興帶來了重大機遇。那麼，如何才能最大限度地把握這次歷史性機遇？歷史經驗證明，只有抓住這次技術革命的機會，以技術手段構建更加健全的具有高度適應性、競爭力、普惠性的現代金融體系，才能更加有效地支持實體經濟的發展，形成金融和實體經濟的良性循環，並最終實現經濟結構的優化升級，推動經濟高質量發展。

二、數字金融的發展：成績、問題與對策

數字金融是利用金融科技構建的金融新生態。中華人民共和國成立 70 多年來，金融業櫛風沐雨、砥礪前行，積極利用信息技術優化業務流程，拓寬客戶渠道，提升服務質效，推動金融服務方式發生了根本性變革，明顯增強了人民群眾對數字化、網絡化、智能化金融產品和服務的滿意度。2020 年新冠肺炎疫情的暴發，進一步加速了數字金融的發展。當前，中國在數字金融的一些領域已取得不錯成績，佔據了全球領跑的優

勢，但在此過程中，也不免會遭遇曲折、走彎路，暴露出一些問題。對這些風險問題進行總結，可以對未來的更好發展指明方向，意義重大。

（一）數字金融在發展中取得的成績

截至 2020 年，中國數字金融的用戶總數超過十億，居全球第一。各類數字金融的應用，拓展了中國金融服務的廣度和深度，填補了傳統金融機構在普惠金融領域的空白。通過發展金融科技和新型商業模式，數字金融有效提升了中國金融行業的整體效率。近十年來，中國持續在數字金融領域深耕，取得了不錯的成效，特別是在消費互聯網的金融科技創新和應用方面已佔領全球領先地位。

例如，移動支付的興起和發展在中國數字金融歷史上算是濃墨重彩的一筆。在移動支付普及前，中國處於現金和銀行交易並行發展的支付節點，並且銀行卡支付基礎設施相較發達國家而言有很大差距。在移動支付普及的今天，中國呈現銀行卡、現金和移動支付並行發展的格局，其中在移動支付領域全球領先。Statista 發佈的《2021 金融科技報告：數字支付》（*FinTech Report 2021-Digital Payments*）顯示，2020 年全球最大的數字支付市場是中國，數字支付規模達 24965 億美元，佔比 45.6%；其次為美國，數字支付市場規模為 10354 億美元，佔比 18.915%。

同時，中國互聯網絡信息中心發佈的第 47 次《中國互聯網絡發展狀況統計報告》數據顯示，截至 2020 年 12 月，中國移動支付用戶規模達到 8.54 億，比 2019 年 6 月增長了 34.9%，網民移動支付的使用比例由 2018 年底的 72.5% 提升至 86.4%。中國人民銀行發佈的數據顯示，截至 2020 年底，中國移動支付業務 1232.20 億筆，金額 432.16 萬億元，同比分別增長 21.48% 和 24.50%。伴隨着中國消費者的消費觀念和行為的改變，未來中國移動支付市場規模還會進一步擴大，預計到 2026 年移動支付的交易規模有望達到 1290.42 萬億元。

在數字金融領域，移動支付是數字金融的起點和發展基礎，它讓居民擁有較發達的數字生活，已成為中國在全球的名片。在 2020 年新冠

肺炎疫情期間，包括數字政務在內的數字化生活服務，成了中國居民抵禦疫情對生活衝擊的重要科技力量。中國金融科技企業利用全球領先的移動支付技術，讓中國數億居民享受到了便捷的數字生活服務。高比例的移動支付背後是中國居民領先全球的數字生活方式，數億居民足不出戶，僅憑手機就可以實現在線繳納水電煤氣費、交通罰款，辦理社保、公積金查詢等數十項便捷服務。此外，移動支付作為數字普惠金融的重要工具載體，提高了金融服務的便捷性與可得性，縮小了區域發展不平衡和城鄉數字鴻溝。

金融與科技緊密結合，不僅催生了新的支付方式，還帶動了金融配套服務的發展。信貸方面，隨着第三方支付的普及，阿里巴巴、騰訊、京東等互聯網企業利用平台上累積的互聯網大數據，實現大數據風控，通過旗下的數字銀行或互聯網小貸公司，向平台生態內的微型企業和消費者發放數字貸款。保險方面，中國近十年保險增長速度較為高速，居民保障需求也呈現快速上升態勢，業內普遍預計中國在 2030 年前後有望超過美國，成為全球第一大保險市場。得益於保險市場需求旺盛、數字保險降本增效效應強，以及中國金融科技具有整體領先優勢等有利因素，中國數字保險近年獲得快速發展。中國多家大保險公司在發展線下代理人模式的同時，或自建線上保險銷售渠道，或與保險科技平台合作線上銷售保險產品，大量商業保險公司還與互聯網保險科技平台合作，創新推出多種定製化互聯網保險產品，並把服務觸達到原本難以獲得保險服務的群體。

總體而言，基於新科技、新技術的數字金融新趨勢正在形成，在新發展形勢下，多樣化的參與主體、業務模式、服務方式，將為中國帶來由表及裏的更新和變革。數字金融經歷了幾年的快速發展，市場體量不斷擴大。特別是互聯網技術發展和場景應用豐富，細分領域越來越多，客群範圍逐漸向下沉市場覆蓋已初見成效，但這僅是起步和奠基時代。未來，由技術升級帶來的數字化轉型進程還將進一步加速，中國金融業也將進入整體數字化轉型升級時期。

（二）數字金融領域曾經的風險爆雷

中國的數字金融在前期發展迅速，規模快速擴張，代表了中國金融一定的國際競爭力。但我們也要清醒地看到，在快速發展的過程中，數字金融的風險和問題也在不斷暴露。從 P2P 爆雷到校園貸、現金貸等，沉渣泛起、良莠不齊。

1. P2P

P2P 本質是信息中介，與作為信用中介的傳統金融機構有根本區別。P2P 交易模式誕生於歐美，本來僅是針對特定範圍的小眾商業模式，但是 2006 年傳入中國後，打着金融創新的旗號，有所變質。總結 P2P 在中國發展的教訓，一是監管不完善、商業模式異化；二是 P2P 商業模式天然存在缺陷，難以持續。

P2P 興起之初是為企業和個人解決融資渠道狹窄的問題，更好地服務實體經濟發展。在 2012 年以後的幾年時間裏，P2P 等互聯網金融業務迅速發展，最高峰時中國網絡借貸平台數量超過 5000 家。但由於行業的進入門檻低，同時國內的相關監管機構對於這種新興的借款平台沒有及時出台相應的監管政策，風險開始集中暴露。為維護金融穩定、保護投資者利益，2016 年開始，國家陸續出台監管措施整治 P2P 行業，在 2017 年以後的強監管下，開始出現 P2P 清退潮，到 2020 年 11 月中旬，中國 P2P 清零落幕。

縱觀 P2P 在中國的發展歷程，自 2006 年實踐至今，大致經歷了四個階段。

2006 — 2011 年：萌芽期。行業發展緩慢，以借鑒國外模式為主，以信息中介模式存在。隨着英美 P2P 創新浪潮傳入中國，2006 年宜信首先實踐，2008 年拍拍貸首創國內小額信貸網站。這一階段業務模式以信息中介模式存在，借款人基於授信額度在平台發佈借款信息，投資人自行選擇投資。據不完全統計，截至 2011 年末，中國網貸平台數量大約有 60 家，活躍的平台只有不到 20 家，平均月成交金額為五億元，有效投資人

約為一萬人。

2012 — 2013 年：野蠻擴張期。市場需求激發高增長，但在監管不完善的情況下，P2P 異化為信用中介。由於彼時中國金融市場尚不健全，且以間接融資為主，居民理財渠道有限，小微企業、個人融資難度大，P2P 一定程度上彌補金融系統空缺，市場需求較大。2012 — 2013 年，貨幣政策中性偏緊，部分信用資質較低的中小企業無法獲得貸款，P2P 平台結合民間借貸開始對中小企業融資採用「線下審核＋線上融資」模式，並要求借款方出具抵押物，同時平台承諾保障本金和利息，出現信用中介特點。

2013 — 2015 年：風險暴露期。大量民間借貸、小貸公司、融資擔保公司湧入 P2P 行業，自融、資金池、龐氏融資等層出不窮，平台風險激增。這一階段，P2P 行業出現兩次爆雷潮。第一次是 2013 年，宏觀經濟下行引爆部分平台風險。2012 年以來經濟換擋趨勢明顯，信用風險壓力提升，而此時野蠻生長的平台自融、假標等亂象叢生，因此集中違約、資金抽離引發了部分平台捲款跑路等問題。第二次是 2014 — 2016 年，股市上漲導致流動性抽離，疊加監管政策落地，大量違規平台風險暴露。2016 年 4 月，原銀監會印發《P2P 網絡借貸風險專項整治工作實施方案》，要求成立網貸風險專項整治工作領導小組，全面排查。在此期間，問題平台出現大量跑路行為。

2016 — 2020 年 11 月中旬：整頓規範、清退期。針對 P2P 風險爆雷，2016 年 3 月，互聯網金融協會成立；8 月，原銀監會等四部委聯合發佈了《網絡借貸信息中介機構業務活動管理暫行辦法》，隨後關於存管、備案、信息披露三大主要配套政策陸續落地；10 月 13 日，國務院辦公廳印發了《互聯網金融風險專項整治工作實施方案的通知》，集中力量對 P2P 網絡借貸、股權眾籌、互聯網保險、第三方支付、通過互聯網開展資產管理及跨界從事金融業務、互聯網金融領域廣告等重點領域進行整治。一年以後，開始強監管和清退：2017 年 12 月，P2P 網貸風險專項整治工作領導小組下發《關於做好 P2P 網絡借貸風險專項整治整改驗收工作的通知》；由於各地執行力度不一，2018 年 8 月領導小組再度下發《關於開展

P2P 網絡借貸機構合規檢查工作的通知》，全面強化備案要求；2019 年 1 月，互聯網金融風險專項整治工作領導小組辦公室、P2P 網貸風險專項整治工作領導小組辦公室聯合發佈了《關於做好網貸機構分類處置和風險防範工作的意見》，提出堅持以機構退出為主要工作方向，除部分嚴格合規的在營機構外，其餘機構能退盡退、應關盡關，加大和加快整治工作的力度和速度。2020 年 11 月 27 日，銀保監會首席律師劉福壽表示，中國 P2P 網貸機構數量已完全歸零。

在短短不到十年時間裏，P2P 從遍地開花到完全歸零，導致居民財富流失、金融風險加劇，教訓深刻，值得反思。從整個市場發展的角度來說，中國一直面臨着企業和個人融資難、融資貴的問題，P2P 的出現，其實是用互聯網手段來解決金融發展過程中信息不對稱難題的一種有效思路，其出發點是好的。但是由於過度發展，行業泥沙俱下，P2P 出現大量問題，這些問題最終無法得到有效解決，風險越來越大。在這種情況下，P2P 迫不得已最終退出了市場。

之所以 P2P 在中國風險大量集聚並暴露，是因為其業務模式出現異化，並且監管尚不完善。P2P 的業務模式主要分為兩類：一類是正規的信息中介，只對借貸雙方進行信息匹配，以拍拍貸為代表；另一類是違規的類信用中介，包括擔保模式、超級債權人模式、類資產證券化模式等，其共性均為資金池方式運營，背離信息中介職能，存在期限錯配、自融、龐氏融資等多種違規操作。隨着網絡借貸行業的發展，監管漏洞逐漸湧現，大量 P2P 在發展過程中以類信用中介模式衝規模，擠壓正規信息中介生存空間，劣幣驅逐良幣，導致風險快速積聚。與此同時，由於經濟下行壓力加大，壞賬現象越來越多，1000 多家網絡借貸平台集中爆雷，行業出現「龐氏騙局」，危及社會和金融穩定。

2. 互聯網消費信貸

互聯網消費信貸是指金融機構、類金融組織以及互聯網企業等藉助互聯網技術向消費者提供的以個人消費為目的，無擔保、無抵押的短期、小額信用類消費貸款服務，其申請、審核、放款和還款等全流程都在互聯網

上完成。與傳統消費金融相比，互聯網消費信貸在降低資金成本、提高業務效率、減少信息不對稱性等方面具有無可比擬的優勢。

中國個人消費信貸從 20 世紀 80 年代中期開始發展至今，業務範圍已經得到了明顯的擴大。隨着經濟的發展，各類銀行為適應市場需要，拓展金融業務服務範圍，以滿足個人正常消費需求而紛紛開展了針對個人開辦的貸款品種，如個人住房抵押貸款、汽車消費貸款、教育助學金貸款、大額耐用消費品貸款、家居裝修貸款、度假旅遊消費貸款等。這些個人信貸品種的發展，拉動了市場內需，推動了相關產業的發展。

隨着居民消費支出不斷提高，以及人們對線上化生活、消費接受程度的不斷提升，互聯網消費信貸也呈倍數增長，商業銀行的個人消費貸款在信貸資產中的比重快速增加。雖然中國狹義消費信貸餘額已經超過美國，達到 15 萬億元左右，但中國人均狹義消費信貸餘額、人均收入和人均消費支出等指標仍處於較低水平，還有很大的發展空間。因此可以預見，在宏觀經濟發展的推動下，商業銀行還將繼續在數字消費信貸上發力，創新個人消費金融產品，把個人數字消費信貸作為拓展業務的一個重要領域。

但隨着互聯網消費信貸的逐年發展，制約該項業務發展的風險也將逐步暴露和突出，需要引起足夠的重視。目前，互聯網消費信貸風險主要表現在以下三個方面：

一是信用風險。借款人信用風險就是消費貸款逾期、違約等帶來的風險，它的風險大小主要取決於平台公司的徵信水平和風控能力。互聯網金融平台雖然借貸方便，但利息成本較高，其客戶大多是很難在商業銀行獲取貸款的客戶。因此，相對於商業銀行的客戶，互聯網消費金融的借款人信用水平較差。並且，由於互聯網消費金融產品的實際利率遠遠高於市場利率，在市場利率波動或者市場競爭激烈的情況下，借款人違約的可能性較大。此外，由於互聯網金融平台在對借款人的相關數據採集時，在其真實性、有效性等方面難以保證，雖然數據海量，但數據質量不高、金融屬性弱，對借款人的信用風險較難準確評估。

二是監管不完善。首先，國家鼓勵消費信貸開展的政策是明確的，但

配套政策、法律法規、從政措施尚未到位，數字消費信貸領域可適用的法規不完善。現行的《商業銀行法》《銀行業監督管理法》《證券法》等金融法律法規在數字消費信貸領域的針對性和操作性不足。其次，規範互聯網金融發展的指導性文件或者整治方案效力層次較低，缺乏長效性。數字消費信貸創新產品層出不窮，立法和監管的滯後性無法應對互聯網金融市場的創新。立法和監管的不完善是中國近幾年互聯網金融行業門檻低、行業亂象叢生的主要原因之一。

三是引導過度消費，侵害消費者合法權益。越來越低的借錢門檻、過度消費的刻意誘導等，對涉世未深的年輕人過度消費起到了推波助瀾的作用。一段時間以來，借條貸、校園貸等亂象頻發、屢見報端，超前消費、借貸消費不僅裏挾年輕人個人財務狀況，更是對其發展前景乃至人身安全構成威脅。同時，由於信息不對稱，互聯網消費平台擁有金融消費者無法比擬的信息優勢，金融消費者很難獲得互聯網金融平台在產品創新、產品定價和風險控制等方面的完備信息，尤其當平台為了自身利益，延遲或拒絕披露相關信息時，金融消費者的合法權益容易受到侵犯。

（三）消費互聯網時代數字金融發展的經驗教訓

消費互聯網時代，中國金融科技蓬勃發展，在取得世人矚目的成績的同時，也走了不少彎路，積累了經驗教訓。

總體而言，數字金融的發展要以確保金融安全、維護消費者權益為底線，以遵守公平競爭的市場秩序為要求。數字金融的監管要以持牌經營為前提，以嚴格監管為關鍵，調整監管理念，加強監管能力建設，在理念和行動上將嚴格監管貫穿於金融機構和金融活動生命周期的全過程。

持牌經營。由於金融企業存在專業性、槓桿性、信用性、風險性，必須有專業監管機構予以持牌許可才能經營，無牌經營就是非法經營，可能產生信用風險、流動性風險、交叉金融業務風險等諸多風險。凡是互聯網平台或公司業務涉及金融領域的，必須提高註冊門檻，實行嚴格的「先證

後照」，即有關監管部門在基於對相應資質和人員素質條件的確認基礎上發出許可證，之後工商部門才能發執照。

加強監管能力建設。隨着現代科技水平的提升，行業健康有序發展對監管能力也提出了更高要求。推進科技與監管深度融合，加強科技監管能力建設，一方面，要積極開展新技術研究，提高數據分析能力、信息處理能力等，為監管科技建設的推進提供強有力的技術保障；另一方面，要加強監管科技與現有金融監管體系的有效配合，明確監管科技的應用是對現有金融監管的補充，進一步完善金融監管框架。例如，可依託數字化監管協議、實時化數據採集、智能化風險感知等科技手段，優化金融監管流程，提升金融監管的效率。

促進公平競爭，維護市場秩序。針對不當行為實施反壟斷監管，加快完善相關法律法規機制，維護市場公平。例如，可加快健全市場准入制度、公平競爭審查機制、數字經濟公平競爭監管制度、預防和制止濫用行政權力排除限制競爭制度等。監管部門應關注科技企業利用其壟斷地位採取捆綁銷售、畸高定價、限制競爭等壟斷行為，並對燒錢補貼等非正常競爭手段進行穿透式審查，落實反壟斷法。同時，加快完善反壟斷體制機制，建立全方位、多層次、立體化監管體系，實現事前事中事後全鏈條全領域監管。

加強消費者保護。可分別從法律監管和平台機構兩方面雙管齊下，保護消費者合法權益。首先，法律監管方面，構建權責明確、保護有效、利用規範的個人信息處理和保護制度規則，通過加快立法、強化監管、嚴格執法，及時彌補規則空白和漏洞，加強數據產權制度建設，強化平台企業數據安全責任，保障消費者信息數據的產權和安全。其次，平台機構方面，要提高自身金融科技倫理意識，保障消費用戶的知情權，做到信貸產品信息的全面告知、風險提醒，遵循「適當性原則」進行額度授信，承擔起金融教育的責任，幫助用戶提升理性借貸、理性消費意識和風險防範能力。

（四）小結

「數字化」是這個社會最先進、最具穿透力的生產力，近十年可以說是在氣勢磅礴地發展。當前，數字金融的普惠性、便捷性已經重塑了消費生態，相關政策監管也在逐步完善，中國的消費互聯網數字金融領域已在全球擁有領先優勢。面對發展過程中出現的一些風險和問題，我們還需要深刻反思與經驗總結。金融的發展要回歸初心，唯有回歸服務本源，根植實體經濟，關注民生百姓，才能與時代發展同方向、同步調，才能行穩致遠。

三、金融回歸實體經濟：產業數字金融

產業數字金融是在數字經濟時代背景下，中國現代金融在服務產業需求端全新的發展方向，是智慧科技成果在金融領域應用空間最廣泛、潛在價值最豐富的領域。產業數字金融作為產業與金融的完美結合，能有效降低產業鏈上各類民營、中小企業融資成本，真正助力實體企業降本增效，提升企業生產活力，實現金融回歸服務實體經濟的本源與初心。

（一）從消費金融服務創新到產業金融服務創新

數字時代消費金融服務的創新基於消費互聯網的發展，產業互聯網時代的到來，孕育着產業金融服務的創新。

中共十九屆五中全會明確提出「加快發展現代產業體系，推動經濟體系優化升級」，要求堅持把發展經濟着力點放在實體經濟上，堅定不移地建設製造強國、質量強國、網絡強國、數字中國，推進產業基礎高級化、產業鏈現代化，提高經濟質量效益和核心競爭力。發展現代產業體系，推動經濟體系優化升級，既是建設現代化經濟體系、推動經濟高質量發展的必然要求，也是重塑中國產業競爭新優勢、構建新發展格局的重要舉措。

而金融在促進經濟增長中發揮着不可替代的作用。在此背景下，要實現 B 端的產業轉型升級，還需要大量的資金支持，金融服務空間巨大。

雖然 B 端產業金融服務的需求巨大，但產業金融服務不充分、不均衡的問題較為突出。不充分的問題主要表現在中國的製造業企業有着大量的資金需求，但一方面直接融資比重低，企業缺乏融資渠道或融資渠道不暢通；另一方面間接融資成本高，企業缺乏信用擔保。因此，企業的合理融資需求不能得到很好的滿足。不均衡主要表現為更多的金融資源流向供應鏈中具有絕對話語權的核心優勢大企業以及有政府信用背書的企業和項目，中小企業「融資難、融資貴」的問題仍然非常突出。世界銀行等發佈的《中小微企業融資缺口》報告顯示，中國中小企業潛在融資需求達到 29 萬億元，但 41% 的中小微企業面臨融資難題。由於製造業企業大多數為民營企業，如果不及時向製造業「輸血」，一些中小製造業可能會面臨轉型升級資金不足的窘境。而對於先進製造業、戰略新興產業這類資本規模需求較大的行業，充足的資本金是企業發展的先決條件，倘若沒有信貸支持和金融驅動，其發展將面臨不可持續性和巨大阻力。

為解決這一問題，多年來，從中央到地方，各級政府出台了一系列政策措施；從金融界到科技圈，許多機構和企業做了大量的探索。但問題依然存在，主要在於風險控制的技術性原因上。此前，過往的風控技術的限制以及技術限制導致的風控理念的限制，即過分依賴主體信用，金融機構天然地傾向於貸款給安全度高、風險度低的大企業。對大多數中小企業而言，由於金融機構缺少一手客觀數據，對中小企業的經營情況難以掌握，底層資產難以穿透，真實貿易背景難以確認，傳統的「供應鏈金融」模式試圖通過核心企業對上下游中小企業的確權、增信來解決問題，但由於激勵機制的缺乏，真正被核心企業惠及的中小企業只是產業鏈上很小的部分。

幸運的是，隨着第四次工業革命的到來以及產業互聯網的發展，5G、物聯網、區塊鏈、人工智能、雲計算、大數據等數字技術的集成應用，數字技術賦能下的全新「數據」具備較強的金融屬性，為產業金融風控的技術和理念創新提供了可能。

（二）中國產業金融的發展歷程

改革開放 40 多年以來，中國產業金融發展大致經歷了三個階段。產業金融 1.0 階段，即傳統銀行的對公業務，通常表現為點對點地服務某龍頭企業，且特別以有政府背景或政府背書的企業為主。產業金融 2.0 階段，即以核心企業為中心，依託核心企業的主體信用，通過核心企業的擔保、確權、增信，使金融服務延伸到與核心企業有供需關係的上下游企業，形成的大家所熟知的供應鏈金融形態。當前，第四次工業革命邁入產業互聯網時代，產業金融創新也迎來了「產業數字金融」的 3.0 階段。

1. 產業金融 1.0 與產業金融 2.0

產業金融 1.0 階段只服務單一機構，服務範圍非常有限。產業金融 2.0 階段的供應鏈金融，又分為兩種典型版本，其一是金融機構主導的供應鏈金融，其二是核心企業主導的供應鏈金融。

在金融機構主導的供應鏈金融版本中，銀行主導、企業配合。金融機構主要服務產業鏈核心企業和核心企業願意擔保、確權、增信的上下游核心供應商企業，供應鏈金融鏈條拓展長度有限。這是因為銀行的專長在於資金安排，其對產業鏈把控能力相對不足，具體而言有以下四個方面：一是看不清。產業鏈錯綜複雜，實體產業鏈結構複雜、風險敞口大，銀行缺乏垂直行業細分的經驗和能力，無法深入提供金融服務。二是摸不透。底層資產不透明，缺乏通過技術手段獲取實時一手數據和有效的風險預警的能力，缺乏監控底層資產的能力。三是不信任。除行業龍頭企業外，絕大部分實體企業主體信用不足，缺乏必要的抵押物，主體信用模式下無法獲得金融服務。四是不完整。產業鏈金融服務和金融監管之間存在區位錯配，金融機構無法按照產業鏈全鏈路思維拓客，沒有形成全鏈路閉環的風險控制模式。

而在核心企業主導的供應鏈金融版本中，銀行配合企業推動供應鏈金融。由企業管理供應鏈運營，把握其上下游中小微企業的狀況，並提出金融服務的對象和要求，商業銀行參與評估、直接提供流動性。這種模式

下，由於推進的主體就是產業中的企業，因此對於供應鏈中小微企業的狀況更為了解，能有針對性地將合適的資金在合適的時間以合適的成本提供給合適的對象，因而金融與產業的結合更趨緊密。但這種模式也存在不足，核心企業推動的供應鏈金融的服務對象往往是核心企業的直接上下游合作夥伴，這是一種「鏈條」化的金融服務，而無法聚合更為廣泛的供應鏈參與者，特別是同產業的融合合作，即供應鏈和供應鏈之間的合作無法有效實現，因而無法形成全行業、全產業更大範圍的金融疏通。此外，產業中除了核心龍頭企業，還有一些准大型企業甚至偏中型企業，這些企業在行業中也具有一定的競爭力，但是它們缺乏足夠的資源和能力構建供應鏈服務體系，很難與金融機構合作為上下游客戶企業提供金融服務。

2. 產業金融 3.0 階段：產業數字金融

無論是產業金融的 1.0 階段還是 2.0 階段，都過度依賴產業鏈上核心企業的主體信用，過度看重核心企業對上下游企業的確權、增信，因而只對與核心企業有供需關係的企業提供金融服務，對產業鏈企業服務的門檻高、範圍窄、深度淺。

與產業金融 1.0、產業金融 2.0 模式相比，產業金融 3.0 階段的產業數字金融依託物聯網、大數據、區塊鏈、人工智能、雲計算等數字技術，解決了上述痛點。具體來說：產業數字金融根據不同行業的業務流程特點、風險特點，一行一策地定製數據採集與算法模型；通過物聯網佈點、企業系統無縫直連、第三方交易平台數據自動採集等多維手段，以及區塊鏈不可篡改、可追溯的特點，一是將每一筆資產背後交易情況全數字化、透明化、可視化，對交易標的進行實時的、可信的全方位監控；二是藉由物流、商流、資金流和信息流「四流合一」的數據交叉驗證，完成資產穿透、交易背景驗真、風險揭示，實現交易信用對金融機構傳統的主體信用風控體系提供有益補充，提升風控模型的準確性。

通過以上方法，產業數字金融理念創新了「主體信用＋交易信用」的數字風控體系，創新了確權邏輯，擺脫了傳統供應鏈金融對核心企業確權的過度依賴，實現了對底層資產和貿易背景的認定，從而從根本上解決

了金融機構對供應鏈產業鏈上下游中小微企業看不穿、看不透、不信任的問題，為系統性解決中小企業融資難、融資貴這一世界性難題提供了解決方案。在產業數字金融模式下，產業鏈上中下游所有企業，不論大小，不論是否與核心企業建立了直接的供應關係，無論是否獲得了核心企業的確權、增信與擔保，均可平等地獲得金融服務；產業鏈上的金融血脈得以疏通，金融的中介效率和分配效率得以提升。

實際上，產業金融 3.0 階段的產業數字金融的相關理念也給金融機構下一步數字化轉型提供了方向，為金融機構商業模式理念的升級提供了啟發。一是全產業鏈理念。傳統模式是通過銀行對公業務服務零散、單一的企業，而產業數字金融模式是服務完整的產業鏈，系統性解決產業鏈上金融服務不均衡、不充分的問題。二是閉環理念。傳統的模式並沒有形成產業鏈資金閉環，而在產業數字金融模式中，產業鏈資金從供給側到需求側形成了完整閉環，保證了資金在整個產業鏈內部封閉流轉，從而能使上下游企業獲取低成本的結算資金，降低負債成本，實現資金去向的可控和可追溯。三是生態理念。傳統模式中，或銀行主導、企業配合，或銀行配合企業，均只由銀行和企業來主導。但產業數字金融模式是與科技公司共建「數字門戶」，以開放包容的心態擁抱外部科技平台，依靠服務商、金融科技公司的力量，通過開放平台模式，更好地填平產業環境和金融服務之間的鴻溝，共建產融生態。

綜上所述，產業數字金融是金融科技經歷消費互聯網金融之後的全新發展階段。與服務 C 端的互聯網金融不同，產業數字金融聚焦於服務 B 端產業鏈。建立完善的產業數字金融體系，要吸取過去互聯網金融發展過程中的經驗教訓，做到三個堅持：

一是堅持科技公司和金融機構各司其職、取長補短、共建生態。產業金融市場體量是消費金融的若干倍，服務的要求和專業度也與消費金融不可同日而語。龐大而複雜的市場一定不是單靠科技公司或者金融機構的力量就能夠支撐的，兩者誰也不能取代誰。科技公司提供數字技術賦能，金融機構提供金融場景服務，雙方要堅持各司其職，保持開放心態，取長補

短方能建設完善的產業數字金融生態。

　　二是堅持嚴把准入門檻，吸取消費互聯網的經驗教訓，穩步推進產業數字金融科技創新。產業數字金融是一項門檻很高的科技金融創新，特別是要能滿足金融機構嚴格的風控要求，這不是任何科技公司、供應鏈公司通過簡單的系統對接和數據採集就能完成的。產業數字金融必須對產業金融服務全流程進行深度科技賦能，真正實現產業鏈上數據的四流合一。為此，金融機構要審慎選擇對金融和科技均有較深理解的科技平台，共同建設產業數字金融體系。

　　三是堅持為實體經濟降本增效的初心。數字技術賦能產業金融，一定要切實為實體經濟帶來降本增效的效果，而不應增加企業金融服務的成本。產業數字金融平台要成為金融機構和實體經濟之間有益的科技橋樑。

消費互聯網金融科技與產業互聯網金融科技

　　金融科技進入了全新時代，從消費互聯網時代的金融科技全面升級到產業互聯網時代的金融科技，具有四大本質上的不同。

　　第一，使用的數據基礎並不相同。消費互聯網時代的金融科技使用的數據主觀、維度單一，容易被篡改，傳輸不及時，來源不可信，應用場景少，不具備金融屬性；而產業互聯網時代的金融科技萬物互聯、數據多維，物聯網設備採集，由 5G 高速網絡傳輸，經區塊鏈加密，確保鏈上鏈下均真實可信，是金融機構風控管理最重要的生產資料，具備極強的金融屬性。

　　第二，提供的數據服務截然不同。消費互聯網時代的數據服務粗放、簡單，數據來源和採集過程單一，缺乏複雜的建模和分析手段，只能提供簡單的 IT 數據服務，即大數法則和概率預測，對金融機構嚴格風控管理不具有太多價值。而產業互聯網時代提供的是 DT（數據處理技術）時代的數據服務，數據採集來源多樣，中台處理嚴謹科學，建模分析複雜，輸出模型準確度極高，支持定製化數據應用服

務，不再是簡單的大數法則和概率預測。未來，隨着人工智能技術不斷成熟，還將進入 AT（智慧數據服務）時代。

第三，扮演的角色並不相同。消費互聯網時代的金融科技是「做金融的金融科技」，自辦金融，以收取息差為盈利模式，背離了科技公司初心，並沒有解決實體企業融資難、融資貴問題，同時存在平台壟斷、一家獨大、監管不完善和准入門檻較低、真正科技含量較低等諸多問題。產業互聯網時代的金融科技是「不做金融的金融科技」，以提供數字科技技術服務為盈利模式，真正拓寬實體企業融資渠道，降低實體企業融資成本，積極主動納入監管機構監管，秉持生態的理念，綜合使用數字科技各項技術。

第四，對金融業的價值截然不同。消費互聯網時代的金融科技遵循的是一家獨大、贏者通吃的零和遊戲規則，部分業內專家認為有可能形成國內大循環的「栓塞」。而產業互聯網時代的金融科技定位為「疏通血管」，表現為「三性」：一是保護性，通過科技手段揭示風險，顯著降低金融服務的潛在風險；二是引流性，通過科技手段讓金融服務更好地下沉到產業鏈，引導金融血液流向更多過去流通不到的中小企業；三是疏通性，通過科技手段賦能提升金融血液的流通效率，讓金融服務更高效。

（三）產業數字金融的實施邏輯

為有效貫徹產業數字金融理念的落地和價值的實現，清華大學產業互聯網研究院與上海聚均科技有限公司（簡稱「聚均科技」）基於實踐，總結出了一套可複製、可推廣的標準化實施步驟，共分六步，分別是產業鏈深度調研、數字化方案定製、場景數據採集實施、數據整合、指標監控和預警服務輸出，以及專屬運營支持。

第一步：產業鏈深度調研。通過對產業鏈上中下游的深度調研，真實還原產業鏈生產、經營、貿易流程，了解產業鏈的具體特點，根據其特

性、潛在風險特點、風控特點和金融服務需求形成產業金融數字化轉型方案和系統升級方案。

第二步：數字化方案定製。具體而言，根據委託機構風險偏好，結合產業鏈業務特點，梳理風險維度，設計風險指標體系；針對產業鏈風險點提供風險應對策略；根據委託機構風險偏好，結合產業鏈業務特點定製專屬數字化方案。

第三步：場景數據採集實施。首先根據業務方案擬定數據採集覆蓋範圍，然後通過物聯網設備對生產和倉庫實施監控，對物流軌跡進行跟蹤，同時對接企業 ERP 等信息管理系統，對接多種方式開展四流（物流、商流、資金流、信息流）數據的採集。

第四步：數據整合。首先通過監控模型的設立和 AI 訓練去除無效數據，形成一套委託機構認可的定製化數據體系，然後根據數字化方案設計的規則對採集數據進行交叉對比，實現貿易背景驗真、底層資產穿透。

第五步：指標監控和預警服務輸出。通過搭建數字風控體系，定製數字風控模型，進行實時的風險預警，對預警信息進行解讀並推送給委託機構，推送周期報告。同時，為委託機構定製化「數字門戶」，並在「數字門戶」上呈現可視化的日常指標監控和預警服務。

第六步：專屬運營支持。服務合作期間，為委託機構提供一對一專屬運營團隊，確保資金流閉環管理，確保預警服務的準確和及時。此外，收集機構反饋，根據委託需求的變化動態優化調整服務。

聚均科技：醫藥行業產業數字金融解決方案

在醫藥行業產業鏈中，醫藥流通行業在整個鏈條中處於弱勢地位，面臨的資金壓力最大，也是最需要金融服務的一個環節。流通行業普遍採用輕資產運營形式，缺少銀行認可的重資產抵押物，主體信用不足，因此得不到充分的金融服務。其實流通行業的醫院應收賬款資產是銀行非常認可的資產，但醫院應收賬款單筆金額小，醫院不可

能通過傳統手段對應收賬款逐筆確權。

　　一邊是資金壓力大、手握優質資產但得不到金融服務的流通企業；另一邊是想要提供金融服務，但是因為對流通企業主體不信任、資產看不清、回款難管控，從而無法提供金融服務的銀行。為解決上述痛點，聚均科技依據產業數字金融的理念，打造了醫藥行業的數字化解決方案。

　　第一，解決方案及價值。

　　解決方案有三大重點：一是資產驗證，解決資產看不清問題；二是嚴格的資金閉環方案，解決回款難管控問題；三是補充交易信用指標，形成完善的風控體系，且風險透明可視，解決主體不信任問題。

　　• 資產驗證方面。聚均科技在梳理了醫藥行業的業務流程的基礎上，探索出了一套標準化的數據採集流程，在被授權的前提下，運用增設物聯網設備、紙質單據的電子化識別等多維度技術手段，對數據進行批量化、自動化採集；同時也在被授權的前提下購買第三方平台數據。數據採集後，根據聚均科技業內首創的醫藥應收賬款轉確權邏輯，進行單據的自動匹配、穿透驗證，剔除中間關鍵單據缺失、數據有問題、邏輯不合理的資產，形成了合格資產。最後通過區塊鏈對其中的關鍵數據進行加密，防止篡改，確保數據真實可靠。通過穿透驗證，形成了軟確權邏輯，解決了醫院不配合確權、傳統模式無法解決的痛點。該模式通用性廣、可複製性強。

　　• 資金閉環管理方面。一是對回款的監控，實現資金的嚴格回流，並為銀行帶來低成本的資金；二是該監控是實時自動化的，減少銀行貸後人工管理成本，幫助銀行提前發現風險、化解風險。

　　• 數字風控方面。打造了一套針對醫藥行業的完整的數據交易信用預警指標庫，根據採集到的顆粒度更細、更高頻、更多維的數據進行實時預警，幫助銀行補充更為完善的風控體系。同時，資產穿透回款管理以及風險監控過程都是透明可視的，幫助金融機構實時掌握資產的變化情況。

第二，方案實現了四個「業內首創」，且標準化可複用。

• 業內首創資產包逐筆穿透確保交易背景真實：資產包所有訂單逐筆穿透，所有資產憑證全部數據化，區塊鏈加密，第三方平台驗真，確保貿易背景的真實性。

• 業內首創產品存續期資產包 100% 逐筆追蹤：資產回款情況逐筆追蹤，實時反映回款情況。

• 業內首創基於實時數據的交易風險預警：聚焦於封閉場景，基於實時可信的數據，通過大數據和人工智能形成交易信用風險預警機制，與銀行主體信用風控形成互補。

• 業內首創集中運營平台實時、全面、全透明展示：建立集中運營平台，向金融機構全面開放，資產包內所有數據逐筆展示，逐筆實時追蹤，逐筆預警。

該方案解決了金融機構在醫療行業提供金融服務的難點，得到了金融機構的認可，同時服務了醫藥批發企業和醫藥零售企業等醫藥供應鏈上的弱勢機構，在賦能金融機構的同時賦能了企業。未來，基於對醫藥產業各大小產業鏈上下游運營、交易、風控特點越來越深入的理解，聚均科技將可實現對醫藥全產業鏈的整體解決方案提供。

（四）大力發展產業數字金融的價值

產業數字金融是產業互聯網時代金融服務的創新理念，發展產業數字金融有三方面的多重價值：

1. 從產業鏈現代化的角度看

第一，產業數字金融能系統性地解決產業鏈上中小微企業融資難題。數字技術賦能下的產業數字金融，將產業鏈上各企業主體經營情況全數字化、透明化，並通過保障全經營過程的可信性，讓產業鏈上各類企業都能獲得平等的金融服務。金融機構也能夠在技術賦能幫助下直接深入中小微企業的經營過程，依據可信的資產與交易數據為企業提供直接的金融服

務。發展產業數字金融不是對企業階段性的政策扶持，而是一項長期的「管道疏通」工程，將成為提振產業鏈上民營中小微企業經營活力的一種長期有效的手段。

第二，產業數字金融能為實體經濟帶來顯著的降本增效。數字時代的規模效應，使得規則上哪怕只有 1% 的改變也會帶來系統上的巨大變化。中國實體企業應收賬款、應付賬款和存量固定資產總額超 100 萬億元，如果通過在全社會大力發展產業數字金融，每降低企業這兩塊資產 1% 的融資利率，就能為實體企業釋放總量超過一萬億元的融資成本。這在社會融資成本較高的民營中小微企業中，發揮的效果將更加顯著。通過改變融資模式，可以為實體經濟帶來數萬億元規模的成本減負。

第三，產業數字金融還能助力加速各實體產業自身的數字化轉型，提高企業轉型的積極性。產業數字金融和產業互聯網是驅動實體企業數字化轉型的兩個輪子，要結合起來一起落地。企業數字化轉型在軟硬件上都可能有巨大的成本投入，這對本已處在較大經營壓力下的民營中小微企業而言往往是難以承受的。通過構建產業數字金融體系，企業的數字化改造不僅給企業帶來業務上的轉型升級，還可以通過提供可信數據，讓企業在較短時間內獲得數字金融服務帶來的降本增效實際便利，從而減輕企業數字化轉型的成本壓力。

2. 從金融穩定和發展的角度看

第一，提升中國產業金融服務的科技水平，健全融資增信支持體系，引導社會金融服務從主體信用向交易信用轉變。

產業數字金融作為產業金融服務的 3.0 階段，充分利用了數字時代以可信計算為代表的技術體系，保證產業鏈上數據的客觀、公允、難篡改等特點，建立全新的智能化產業金融服務模式，並以此賦能實體經濟的數字化轉型。這對於中國金融體系是個百年不遇的機遇，通過「數字技術＋產業金融」實現中國在產業數字金融領域走在世界前列。

發展產業數字金融還能夠引導中國的金融服務從過去供應鏈金融模式下只看重企業主體信用向關注企業交易信用轉變，有助於創新金融支持中

小企業政策工具，健全融資增信支持體系，降低綜合融資成本，從而徹底解決現有金融體系下中小微企業主體信用評級不高、無法放貸的難題，激發中小企業市場主體活力。

第二，為金融機構帶來顯著的「三升三降」，提升金融機構的經營表現和市場競爭力。產業數字金融模式可以有效解決產業鏈金融服務區位錯配，金融服務不均衡、不充分的痛點，從而提升金融機構全產業鏈服務能力；產業數字金融全程數字化的閉環管理，符合監管機構監管要求，從而提升金融機構的風險合規能力；產業數字金融通過打造產業金融服務真正的「數字化」商業模式，從而提升金融機構整體商業模式的競爭力。與此同時，產業數字金融模式還能降低金融機構資金成本、風險成本和運營成本，從而實現金融機構整體 ROE（淨資產收益率）、ROA（資產收益率）的提升。

第三，通過全程數據透明、可控，能有效控制全社會的系統性金融風險。金融科技的創新往往因為伴隨高風險而被市場詬病。但產業數字金融恰恰是有效控制社會系統性金融風險的重要創新。產業數字金融的本質是通過數字技術，最大限度地透明化產業金融服務的各個環節，使虛假貿易背景、虛假交易過程、虛假資金往來、虛假賬戶管理、虛假數據等傳統金融風險點無處遁藏。產業數字金融將通過數字化手段充分暴露並極大地降低當前金融系統中各類潛在的風險，打造全透明化的數字金融市場。

第四，為監管機構提供數字監管、科技監管奠定了堅實的數據基礎。監管機構亦可使用數字技術，實時監控各金融機構開展產業數字金融的服務過程，並可以通過基於實時數據的預警模型提前揭示潛在風險，這將顯著提升中國金融行業的監管科技能力。

3. 從建設中國特色金融體系的角度看

產業數字金融體現了新發展理念，能有效地服務新發展格局，對中國特色金融體系的建構發展具有積極意義。「創新、協調、綠色、開放、共享」的新發展理念，是習近平新時代中國特色社會主義思想的重要內容，是確保中國經濟社會持續健康發展的科學理念。產業數字金融通過創新技

術手段，賦能金融機構和傳統企業轉型升級；通過系統性疏通產業鏈金融血脈，使上下游企業協調發展，產業鏈現代化水平不斷提升；通過搭建開放的產融平台，實現產融生態各方互利共享；通過技術賦能對產業鏈上下游企業（特別是中小企業）底層資產的穿透驗真，幫助金融機構看得清、摸得透、信得過，讓產業鏈上各類企業都能獲得平等的金融服務，實現了金融回歸實體經濟的本源。

與此同時，產業鏈現代化是加快構建「雙循環」新發展格局背景下的一項重要工作。產業鏈現代化是中共十九屆五中全會對中國發展現代產業體系、推動經濟體系優化升級所作出的重大謀劃和部署，包括產業基礎能力提升、運行模式優化、產業鏈控制力增強和治理能力提升等方面。產業數字金融能有效疏通產業金融血脈，支持供應鏈上下游企業轉型發展，是助力產業鏈現代化的重要金融手段之一。

總之，產業數字金融作為數字技術時代產業與金融的完美結合，體現了新發展理念，服務新發展格局，並為系統性解決產業鏈上中小企業融資難、融資貴的世界性難題提供了原創的中國方案，是新時期中國特色金融體系的重要創新與實踐，值得在世界範圍內推廣。

（五）發展產業數字金融的建議

產業數字金融是清華大學互聯網產業研究院基於與產業金融服務平台和解決方案提供方聚均科技合作開展研究的成果、由專家學者共同提出的金融領域的一個全新概念，它既是中國產業金融領域理論創新的代表，也是中國實現經濟數字化轉型的工具。為更好地發展產業數字金融，有以下五個建議：

一是產業鏈數字化程度有待進一步提升。中國企業的信息化、數字化基礎薄弱，企業離產業數字金融要求的數字化程度還有較大差距，不少企業在生產層面、財務層面、供銷層面上的信息化、數字化都還沒有完成。企業與產業鏈的數字化是基礎性工作，如果佈局上有大量欠缺，產業數字金融在實際推進的過程當中就會出現基礎不足、動力不足等問題。因此，

短期內或要有針對性的政策支持，對於確實在自身數字化方面有所投入的企業，給予企業所得稅的專項附加扣除政策，提升企業夯實數字化基礎的積極性。

二是人民銀行完善和提升「監管沙盒」制度，加強對產業數字金融科技平台的創新支持。通過「監管沙盒」為已經成熟的產業數字金融平台進行包容審慎監管。鼓勵銀行等金融機構在 B 端產業金融方面進一步踐行「開放銀行」的理念，積極擁抱接受沙盒監管的科技平台，規範市場准入機制。

三是「一行兩會」監管機構出台政策引導各類金融機構提高自身金融資產數字化的佔比。各類金融機構要特別提升對存量和增量資產數字化風控的佔比。這將有助於提升金融機構風險管理的科技水平，並進一步提高資產質量。鼓勵金融機構開展自身數字化創新的同時，也要鼓勵其與接受沙盒監管的第三方科技平台開展創新合作。

四是建議國家相關部門設立相應的扶持基金，支持從事產業數字金融相關業務的科技企業做大做強。通過基金扶持，讓產業數字金融的每一個細分領域科技成果不斷豐富。同時，通過鼓勵研發，不斷完善對產業鏈、企業資產的數字穿透和預警能力，從而建立更加完善的各個產業數字金融體系，更好地控制體系內的風險，真正滿足實體經濟的金融需求。

五是在某些行業和地區儘快開展產業數字金融的試點工作，通過試點，總結理論，完善相應的政策法規體系。目前已經有一些產業數字金融平台在不同行業進行了局部嘗試。建議國家儘快出台政策，確定「產業數字金融示範區」，加快這一全新領域的理論與實踐工作。

（六）小結

經濟是肌體，金融是血脈，在數字經濟的大背景下，金融業也應該積極開啟自身數字化創新轉型之路。產業數字金融就是產業互聯網時代數字技術與金融相結合的有益探索、在傳統產業金融領域的數字化轉型實踐，對於助力有中國特色的金融體系的建設與發展，對於助力產業數字化轉

型、產業鏈現代化及經濟高質量發展均有積極價值。

　　未來在發展產業數字金融的過程中，我們要吸取在消費互聯網金融發展過程中的經驗教訓，加強監管，積極納入監管機構的科技創新監管試點，並通過產業數字金融技術助力監管科技能力提升；金融機構與科技公司各司其職，讓「專業的人幹專業事」；嚴守准入門檻，避免行業泥沙俱下、良莠不齊；同時，不忘金融服務實體經濟的初心，以加快構建新發展格局為使命，建立更加創新、協調、綠色、開放、共享的金融新生態。

第 **8** 章

數字治理

伴隨着第四次工業革命走向縱深，大數據、人工智能、區塊鏈等新興技術深刻地影響着國家治理的方方面面，新興數字與智能技術的快速迭代，正在加速全社會數字化進程。數字技術的飛速發展對傳統政府治理提出一定挑戰，傳統的政務信息化、信息公開已經不再適應時代需求，政府須更大程度地整合與公開政府數據資源。此外，新技術的發展也促使公眾參與意識的提高，其越發重視對政務信息的知情權和民意表達權，以及對公共治理的過程參與。因此，傳統的政府治理方式已經無法滿足當前時代發展和治理需求。中共十八屆三中全會提出推進國家治理體系和治理能力現代化的要求，並將推進國家治理體系和治理能力現代化作為全面深化改革的總目標。

在人類文明發展的長河中，技術對於經濟社會發展一直發揮着重要的驅動作用。進入數字時代，基於數據、面向數據和經由數據的數字治理正在成為全球數字化轉型的最強勁引擎。[58] 數字技術為解決各類治理難題提供了新思路、新方法、新手段，因此如何利用好大數據、人工智能等數字技術提升社會治理現代化水平，更好地服務經濟社會發展和人民生活改善，成為重要的時代命題。

一、數字治理概述

（一）數字治理基本定義

1. 數字治理的時代背景

中共十九大以來，黨中央高度重視數字化發展，提出實施國家大數據戰略，加快建設數字中國，在全球範圍內率先探索數字化轉型之路。在頂

層設計指引下，中國數字化進程成效顯著，經濟和社會生活日益數字化，十幾億人造就的數字紅利得以充分發揮。電子商務、社會交往、移動支付、短視頻等數字生活方式快速普及，驅動政務服務、經濟監管和社會治理的數字化轉型，「互聯網＋」政務服務、數字政府、城市大腦建設成效顯著，中國成為全球數字治理的引領者。面對新冠肺炎疫情肆虐的艱巨挑戰，數字治理成為中國疫情防控、復工復產的關鍵抓手，不僅交上了滿意答卷，在一定程度上也保障中國成為 2020 年全球唯一實現正增長的主要經濟體。

中共十九屆五中全會進一步提出中國要加快「數字化發展」。統籌數字經濟、數字政府和數字社會協同發展，數字治理發揮着全方位賦能數字化轉型的不可或缺的作用。數字治理強調基於數據平台的協同與開放，基於數據要素的協同與合作，基於數據資源的決策和服務，對於中國這樣一個超大規模、快速數字化的國家來說尤為適用。

2. 數字治理的定義

數字治理來源於信息技術發展實踐，其理論內涵也隨着技術與社會的雙向互動而不斷豐富與完善，更多地體現為治理哲學、體制、機制與技術的統一複合體。[59] 數字治理是現代信息技術在政府治理上的創新應用，其本質是對物質城市及其經濟社會等相關現象的數字化重現和認識，基於對城市中如人流、交通流、資金流等信息的數據感知、處理與分析能力，優化現有結構和運行效能。[60] 此外，治理本身是一種體制機制、決策、監督和實施的綜合性概念，所以數字治理不能僅從「數字化」的角度來看，「智能化」才是其根本。從主體方看，要實現智能、自驅動、高效實時的功能；從對象方來看，要解決便捷、效率、連通、公平的問題。這樣來看，數字治理必然是系統科學問題，因此數字治理更傾向於數智化治理。[61]

狹義的數字治理主要是指對內提升政府的管理效能，對外提升政府的透明度和公共服務水平，類似於數字政府的概念；而廣義的數字治理不僅是技術與公共管理的結合，而且要以發展的、動態的視角去審視政府、社

會、企業之間的關係，體現的是服務型政府以及善治政府建設的要求，是一種共商、共治、共享的治理模式。廣義的數字治理既包括狹義數字治理中的內容，還將數字技術應用於政府、企業、社會公眾等多個主體，擴大公共參與治理，優化公共政策的制定，提高公共服務的水平。

因此，可以將數字治理定義為政府採取數字化方式，推進數據信息共享和政務數字化公開，並在此基礎上，通過數字治理解決社會發展的治理命題，即利用數字化手段更加全面地考察政府行政行為產生的效果，採用有效的數據分析方法提高政府對政策和措施效果的精準評估能力，儘可能地輔助政府作出符合公共利益的價值判斷。簡言之，就是通過數字化、智能化手段賦能，提升社會治理的科學性、透明性、民主性、多元性和包容性，進而提升社會治理的效能。

（二）數字治理的特點

作為數字時代的全新治理方式，數據治理在治理對象、治理方式、治理場域和治理結構方面形成了新的拓展。[62]總體來看，數字治理具有數據驅動化、協同化、精準化、泛在化以及智能化五大特點。

1. 數據驅動化

數字治理的基本特點就是數據驅動化。政府在數字治理過程中，主張「用數據對話、用數據決策、用數據服務、用數據創新」，以數據引導各項變革。數據作為一種新的生產要素參與市場流動已在國家層面提出，隨着數字時代的全面來臨，各主體數字化轉型加快，數據將成為萬事萬物的表現形式和連接方式，呈現海量、動態、多樣的特徵，進行數據匯聚整合、挖掘利用、分析研判將是政府數字治理活動的重要內容。

2. 協同化

數字治理的協同化包含兩方面，一方面是各部門之間的協同，另一方面是「政府—社會—個人」的協同。

一是各部門之間的協同。在當前全面建設社會主義現代化國家的新征程中，總會遇到各種問題需要各領域、各部門的協同配合解決。傳統的

政府治理更多是科層制的治理方式，導致在政策制定或問題解決過程中，通常以部門利益為中心，缺乏整體性、協同性，對於群眾需求的響應和反饋較為遲鈍，信息碎片化、應用條塊化、服務割裂化問題明顯。數字治理基於數字技術，能夠有效打通政府社會間、區域間、部門間壁壘，實現治理流程的再造和聯動治理，例如在疫情防控過程中，需要應急、交通、醫療、財政、社區等多個部門和治理主體的協同。

　　二是「政府 — 社會 — 個人」的協同。共建共治共享是數字治理的天然基因。[62] 在傳統治理中，政府治理通常是單向的，無法實現政府、社會、個人間的良性互動。但在數字治理的框架下，互聯網與物聯網將人、物、服務聯繫起來，形成政社協同的反饋閉環，政府、社會、企業和個人都可以通過數字技術參與到治理中，發揮各自的比較優勢，實現社會治理的「群體智慧」。政府擅長制度設計、政策制定等方面，而在技術層面上，企業、專業機構通常更具優勢。「政府 — 社會 — 個人」的協同能夠讓政府的政策和服務更加細化、人性化，群眾的滿足感也會大大提升。

3. 精準化

　　數字治理能夠實現政策的精準滴灌。在此前的脫貧攻堅和抗擊新冠肺炎疫情中，政府政策的精準性越來越高，例如脫貧攻堅戰略中提出了精準脫貧，抗擊疫情中針對中小微企業出台了一系列金融扶持政策，數字技術能夠將這些政策精準地觸達需要服務的對象，防止政策的「大水漫灌」。此外，在抗擊新冠肺炎疫情過程中，政府建立的通信大數據平台，運用三大電信運營商基礎數據，藉助手機行程追蹤功能，輔之以疫情大數據分析模型，有效實現對涉疫人群點、線、面三維追蹤，快速形成疫情防控對策。

4. 泛在化

　　當前，以人工智能、區塊鏈技術為代表的新科技革命飛速發展，政府將變得「無時不在、無處不在」。一方面，各省市推動政務服務向移動端延伸，實現政務服務事項「掌上辦」「指尖辦」，政務服務將變得無處不在、觸手可及。另一方面，隨着信息技術的發展和應用，傳統意義上的實

體政府、服務大廳等轉變為「線上政府」「24 小時不打烊」等虛擬政府形式，政府提供服務不再局限於時間和空間的限制，對公眾來說，政府「無時不在」，但又隱形不可見。

5. 智能化

數字經濟時代，國家和國家的核心競爭力是以計算速度、計算方法、通信能力、存儲能力、數據總量來代表國家的競爭能力 —— 算力，算力的提升大幅提高了數字治理的預判性。數字治理的預判性一方面來自大數據的運用和算力的提升，另一方面來自數字融合世界。數字治理能夠通過數字孿生技術，在線上形成一個與線下相互映射的數字孿生世界，可以在其中進行數字化模擬，為線下政策制定或趨勢走勢形成參考性的預判。

（三）數字治理的優勢

基於數字治理的五大特點，其相較於傳統政府治理具備以下四點優勢：

1. 降低信息不對稱

信息不對稱一直都是國家管理工作和政府治理的難題，在面對突發情況時，如何能讓更多的人了解政府的最新政策信息至關重要。數字平台搭建和大數據挖掘，能夠有效地緩解政府與群眾之間的信息不對稱問題。例如，在 2020 年抗擊新冠肺炎疫情過程中，各地疫情數據通過全媒體、立體式滾動報道發佈並傳播開來，向國內公眾及國際社會傳遞準確信號、傳遞信心力量，讓公眾高度重視、嚴格防範，眾志成城抗疫情。此外，信息傳播難免魚龍混雜，政府不僅要及時發佈準確信息，還要關注謠言信息、虛假信息，警惕恐慌情緒蔓延。因此，在數字時代，對於政府和公共部門而言，信息公開不是負擔，而是義務和責任，信息公開是推進國家治理現代化的必選項，是社會的穩定器。

另外，政府完善網絡信息反饋渠道、認真傾聽百姓聲音、有效解民之憂，均要從百姓的需求和痛點出發，提出治理之策。數字治理改變了「以政府為中心」的傳統科層制治理方式，呈現出「以公眾需求為中心」的扁

平化、個性化治理特點。數字治理模式下，既能有效回應民意，又能跨越體制與制度差異，構建起行之有效的民主參與、民意表達和「民治、民有、民享」回應機制。[62]

2. 健全政府服務激勵機制

任何管理活動都面臨激勵問題，科學的評價制度是完善激勵機制的基礎。目前，各行各業都在引入數字技術，改善評價方式，提高治理的科學化程度。例如，2019 年國務院印發了《關於建立政務服務「好差評」制度提高政務服務水平的意見》，要求建成全國一體化在線政務服務平台「好差評」管理體系，各級政務服務機構、各類政務服務平台全部開展「好差評」。政務服務的「好差評」與政府工作人員的考核獎懲制度掛鈎，充分調動了政府工作人員的積極性、主動性。這一制度賦予辦事企業更多的話語權和監督權，倒逼政府進一步改善政務服務。

3. 提升政府決策科學性

數字治理核心是依靠數據決策，相較於傳統政府治理依據某一部門或某一領導決策，治理效能大幅提升。在科學決策層面，政府的整體主義決策不再是圍繞着政治精英，數字技術的廣泛、快速的傳播特性，使得任何一位具備信息技術素養的主體都能成為信息的生產者、傳播者。公共問題的解決不再僅依賴少數人的決策，而落實到「共商、共治、共享」的治理主體；政府決策方式不再是「出現問題 — 邏輯分析 — 因果解釋 — 制定方案」的被動響應模式，而是轉化為「數據收集 — 量化分析 — 明確聯繫 — 方案預備」的主動預測模式，[63] 從而提升政府決策的科學化、民主化水平。

4. 有效提升政府的公共服務水平

在政府治理創新中，政務服務創新是最受社會關注的領域，也是與普通老百姓的切身利益關係最密切的領域。近年來，浙江的「最多跑一次」、廣東的網上服務大廳、上海和佛山的「一門式服務」等，打破了線下公共服務中窗口數量、在線時間等方面的制約，服務能力大大增強，服務方式也更加人性化、智能化和智慧化，展現出數字治理在政府服務方面的巨大優勢。

二、數字時代的政府職能轉變

（一）政府職能轉變的背景

　　中共十八大以來，隨着中國經濟發展步入新常態，傳統的政府治理模式遇到許多挑戰。近年來，數字經濟的高速發展也對政府職能提出了新的要求。

1. 政策背景

　　轉變政府職能是深化行政體制改革的核心。中共十八大以來，政府職能深刻轉變、持續優化，對解放和發展生產力、促進經濟持續健康發展、增進社會公平正義發揮了重要作用。面對新時代新使命，必須加快轉變政府職能，建設職責明確、依法行政的政府治理體系。中共十九大報告中明確提出，「轉變政府職能，深化簡政放權，創新監督方式，增強政府公信力和執行力，建設人民滿意的服務型政府」。這表明政府職能轉變是建設服務型政府、優化政府運行過程的前提條件，也是行政體制改革的重要推動力。

　　2019 年，中共十九屆四中全會對推進國家治理體系和治理能力現代化進行全面佈局，提出「建立健全運用互聯網、大數據、人工智能等技術手段進行行政管理的制度規則。推進數字政府建設，加強數據有序共享」。2020 年新冠肺炎疫情之後，數字化越發成為全球經濟發展的驅動力之一，數字化轉型也成為推動政府職能轉變的重要力量。[64] 中共十九屆五中全會再次強調，加強數字社會、數字政府建設，提升公共服務、社會治理等數字化智能化水平，推動國家治理效能得到新提升。推進國家治理體系和治理能力現代化，首先應當實現政府治理的數字化。

　　政府職能轉變不是一般的職權、職責、職務的簡單轉型，而是政府權力、規模、行為的職能轉變，這種職能轉變的過程也是有限政府建設的過程。[65] 在計劃經濟時代，政府作為一個「全能型」的角色，掌管着經濟和社會的方方面面，通過直接的行政方式對各類資源進行調控。隨着社會主

義市場經濟體制的建立與完善，政府已經不能以「全能」的角色出現在經濟社會發展中，這就必然需要轉變政府職能，推動政府角色和職責在市場經濟條件下重新界定。政府角色隨着職能的轉變逐步變為市場的監管者和宏觀調控的管理者，並且確定政府的職責為「經濟調節、市場監管、社會管理和公共服務」，這是社會主義市場經濟條件下政府的四項基本職能。具體而言，政府在經濟和社會發展的各項活動中，從原有的直接管理轉變為間接管理，從微觀管理轉變為宏觀管理，從直接進行資源調配轉變為規劃、協調與監管資源市場化分配等。[66]

2.現實背景

（1）當前政府治理過程中存在許多挑戰

首先，隨着公共服務種類和內容需求多樣化的趨勢，政府的財政投入有限，公眾對公共服務和公共產品數量的需求卻日益增長，公共服務面臨供給滯後、供不應求等挑戰，公共服務的供求矛盾日益突出。

目前公共服務的供給是由政府主導的，由於缺乏有效的溝通渠道，民眾對公共服務的需求仍難以反映到公共服務的供給主體中，只能單向接受公共服務。面對公眾對公共服務的需求漸趨多元化的問題，政府難以對此進行有效的識別，只能提供較為單一的公共服務，無法照顧到每個群體的利益。[67]公共服務的供需矛盾問題來源於供給側，公共服務的供給側改革的迫切要求提出後，中國做了許多有益的嘗試，試圖通過改革公共服務供給體系來解決公共服務的供需矛盾，然而使公共服務的供給與需求達到平衡還需要結合外界環境與背景，需從思維、結構、體制、內容等各方面進行創新與變革。

其次，當前部門之間的數據孤島問題依然突出。數據孤島一般是指各個政府部門的信息來源彼此獨立，信息平台相互排斥，信息處理難以關聯互動，信息運用不能互換共享的信息壁壘和信息堵塞現象。[68]儘管在政策層面國家已經出台多項綱要、辦法對數據共享提出了明確要求，但受到各部門利益的影響、共享機制不完善以及技術標準的制約，數據共享問題在實踐中的推進困難重重。

最後，當前政府各部門之間的協同性依然有待提升。儘管目前政府部門在職責分工、領導體制和運作方式等方面逐步明晰和精細化，但依然存在政府職能定位不清、部門間職責關係界定不明確等問題，進而導致日常跨部門的協調配合有待進一步優化。此外，受限於部門權力化和利益化，各部門之間也缺乏協同意識。

（2）中國經濟步入新發展階段對政府治理提出新要求

當前中國已經步入新的發展階段，傳統的政府治理模式與當前的社會經濟發展已難以匹配。在新發展階段下，要貫徹落實新發展理念，推動高質量發展，加快構建以國內大循環為主體、國內國際雙循環相互促進的新發展格局。

在雙循環新發展格局下，中國的社會主義市場經濟體制將進一步完善，要素資源將在更高水平上實現優化配置，經濟增長將更可持續。在單純的外循環拉動下，中國經濟增長較為粗放，靠的是勞動力和資本的大量投入。經濟增長的內生動力不足，產能過剩和內需不足。建立國內大循環為主體的雙循環格局，不僅意味着要進一步打通生產、交換、分配、消費各環節的供給，形成更加暢通的經濟循環，而且意味着要深化產業政策、投融資體制的改革，深化要素市場改革，加快建立高標準市場體系，這都對政府治理水平提出了更高的要求。

（3）數字經濟成為當前經濟發展的重要引擎

當前數字經濟時代已經來臨，數字化轉型發展是不可逆轉的大趨勢。習近平向 2019 中國國際數字經濟博覽會致賀信，指出「中國高度重視發展數字經濟，在創新、協調、綠色、開放、共享的新發展理念指引下，中國正積極推進數字產業化、產業數字化，引導數字經濟和實體經濟深度融合，推動經濟高質量發展」。

數字產業化和產業數字化是數字經濟發展的兩個重要方面，有利於引導數字經濟和實體經濟深度融合，推動中國經濟高質量發展。其中數字產業化主要是將數據作為一種新型生產要素運用於生產；產業數字化則是運用大數據、雲計算、人工智能等數字技術為傳統經濟插上「數字翅膀」，

對其進行全方位、全角度、全鏈條的改造，推動傳統產業、國民經濟更好地發展。與此同時，數字產業化的發展以及產業數字化的轉型，造就了以數字化為核心的現代產業集群，並且參與了國際數字化的發展競爭。

發展數字經濟、實現數字化轉型，歸根結底就是要尋找能適應新生產力發展的新生產關係。數字經濟的飛速發展使生產力和生產關係也發生了相應變化，以大數據、人工智能、雲計算、工業互聯網、區塊鏈等為代表的新一代信息技術逐漸成為新的生產力，相應的生產關係也發生了變化。

當前全球主流的生產關係還是在工業時代所形成的層級化、職能化的生產關係，這種生產關係是為了適應工業上的大規模分工協作需要而建立的。進入 21 世紀以來，全球生產力高速發展，以「雲大智區」等技術為代表的先進生產力不斷出現，現有的工業生產關係已經不能適應數字生產力發展的需要。這種矛盾日趨激烈，全球範圍的疫情更是加劇了這一衝突。疫情隔離導致了原有生產流通體系的停滯，水平分工體系的崩潰使我們不得不重新思考建立一種怎樣的生產關係才能夠降低全球經濟運行的風險，適應數字生產力的需要，為全球帶來新的增長點。所以，發展數字經濟、實現數字化轉型，歸根結底就是要尋找能適應新生產力發展的新生產關係。不能匹配先進生產力的生產關係已經導致全球經濟出現了大量問題。一方面，大數據使社會向着透明、誠信、公平的方向發展，並呼喚組織結構日益扁平化的生產關係；另一方面，層級化、職能化的現有生產關係很容易導致單邊主義、保護主義，以及大量的權力尋租現象。基於這樣的背景，原先科層制的政府治理模式不再適用於數字經濟時代的發展，相應的政府職能也需發生相應的轉變。

（二）數字時代的政府職能

2016 年 10 月 9 日，習近平在主持十八屆中央政治局第三十六次集體學習時指出，「隨着互聯網特別是移動互聯網發展，社會治理模式正在從單向管理轉向雙向互動，從線下轉向線上線下融合，從單純的政府監管向更加注重社會協同治理轉變。我們要深刻認識互聯網在國家管理和社會治

理中的作用，以推行電子政務、建設新型智慧城市等為抓手，以數據集中和共享為途徑，建設全國一體化的國家大數據中心，推進技術融合、業務融合、數據融合，實現跨層級、跨地域、跨系統、跨部門、跨業務的協同管理和服務」。總體來看，政府職能轉變需要遵循以下四個原則：

一是有限但有為。「有限但有為」是政府數字治理的最基本原則，特別是在數字化發展這一有着高度不確定性的創新實踐中，我們需要避免政府職能的缺位，但更需要注意的是防止政府職能的越位，只有正確處理好政府和市場的關係，才能充分發揮市場在資源配置中的決定性作用。將有效市場和有為政府更好地結合起來，更加尊重市場經濟一般規律，最大限度地減少政府對市場資源的直接配置和對微觀經濟活動的直接干預，大力保護和激發市場主體活力；同時要繼續創新和完善宏觀調控，有效彌補市場失靈，着力推動形成新發展格局，努力實現更高質量、更有效率、更加公平、更可持續、更為安全的發展。因此政府在數字治理過程中，可以通過提供產權保護、平等准入、公平競爭、公正監督等公共產品，創造有效率的市場環境，使企業和個人等市場參與者在這樣的市場環境中優化資源配置。

二是服務人民為導向。為人民服務是中國共產黨的根本宗旨，也是各級政府的根本宗旨。當前，中國社會主要矛盾已經轉化為人民日益增長的美好生活需要和不平衡不充分的發展之間的矛盾。人民對美好生活有更多新期待，這就要求把加快轉變政府職能放在更突出位置，堅持以人民為中心的發展思想，不斷優化政府服務，創造良好的發展環境，抓住人民最關心、最直接、最現實的利益問題，大力保障和改善民生，促進社會公平正義，讓人民群眾有更多獲得感、幸福感、安全感。

數字化本身並不是最終目標，人民群眾的獲得感、幸福感和安全感才是政府工作的歸依。數字時代政府應堅持和踐行新時期服務型政府建設理念，通過政府流程再造，不斷降低制度性交易成本，讓數據多跑路、群眾少跑腿。一方面，政府建設始終圍繞解決群眾需求，強調以客戶需求為基礎進行組織重構和流程再造，通過提升治理能力和治理水平，增強民眾的

獲得感和滿意度。另一方面，政府主張由群眾評價建設效果，全面建成政務服務「好差評」制度體系，企業和群眾的評價權力得到進一步增強，途徑進一步擴展。

三是整體協同。數字時代政府強調整體建設理念，要求通過機制設計，不斷打通部門間壁壘，吸納多主體力量，實現更高層次協同。一方面，數字時代政府建設的一個重要目標就是打破以往條塊分割模式，建成上接國家、下聯市縣、橫向到邊、縱向到底的全覆蓋的整體型政府，實現政府內部運作與對外服務一體化、線上線下深度融合，如建設一體化政務服務平台和數據共享交換平台、一體化大數據中心等。另一方面，數字時代政府強調治理機制的協同推進。對內，各地政府積極搭建線上溝通平台，通過技術融合、業務融合、數據融合，實現跨層級、跨地域、跨部門、跨業務的協同管理和服務，減少科層體制帶來的溝通成本。對外，政府治理不斷引入企業和群眾參與，實現優勢互補、互利共贏。

四是依法推進。法制化是數字時代政府職能轉變的前提和基礎，各級政府作為國家權力機關的執行機關，承擔着實施法律法規的重要職責，必須堅持依法行政，讓權力在陽光下運行。2021 年 8 月中共中央、國務院印發了《法治政府建設實施綱要（2021 — 2025 年）》，其中提出政府需「堅持法定職責必須為、法無授權不可為，着力實現政府職能深刻轉變，把該管的事務管好、管到位，基本形成邊界清晰、分工合理、權責一致、運行高效、法治保障的政府機構職能體系」。這就要求加快轉變政府職能，推進機構、職能、權限、程序、責任法定化，推進各級政府事權規範化、法律化，強化對行政權力的制約和監督，進一步提高政府工作人員依法行政能力，確保政府各項工作在法治軌道上全面推進。

因此，數字時代政府職能轉變，需要在堅持以上四個原則的基礎上，為市場、社會主體的探索創新創造一個更加開放包容的環境。數字時代政府職能的有效實現有賴於三個方面的重要抓手：一是為市場、社會主體提供新型數字基礎設施；二是為數字經濟運行提供基礎性的規則和制度，既包括公共數據治理、數據要素市場構建，以及數據開放等，為數據資源這

一新型生產要素的價值轉化提供保障，也包含撬動科技創新、新技術轉化應用的制度創新以及包容審慎的監管機制；三是通過激發市民主體性來為數字化轉型提供人力資本。

三、建設新型數字基礎設施

2020 年 3 月，中共中央政治局常務委員會召開會議提出，加快 5G 網絡、數據中心等新型基礎設施建設進度。構建一個具有競爭力的數字社會，必須要有先進的數字基礎設施。新基建作為支撐數字經濟、數字社會治理的各種基礎設施，代表着人類文明的未來。新型基礎設施主要包括三大類。

第一類：信息基礎設施。信息基礎設施覆蓋面很廣，重點有三個方面。一是以 5G、物聯網、工業互聯網、衛星互聯網為代表的通信網絡基礎設施，通信設施一旦升級，時延降低，對於物聯網應用將會是極大的利好。二是以數據中心、智能計算中心為代表的算力基礎設施，也就是數據中心，中國的數據中心建設還比較缺乏，需要大力發展。三是以人工智能、雲計算、區塊鏈等為代表的新技術設施。

新技術的應用需要技術基礎設施作為支撐。例如對於人工智能而言，機器學習算法需要海量數據和相應的數據標註作為基礎，需要大量的可以產生數據的相關基礎設施。而算力基礎設施的價值不僅是一個數據中心的價值，還包含數據資產的未來價值：數據經濟時代，數據已經成為和土地、資本、技術一樣重要的新要素。只有擁有這樣新的基建、新基礎設施，才能把生產要素存儲好、使用好，才能基於生產要素開發更大的價值、發揮更大的作用。

第二類：融合基礎設施。融合基礎設施是指用大數據、人工智能、區塊鏈等新技術來升級舊的基礎設施，利用新技術賦予其新內涵，進而產生大量創新的可能性。事實上，融合發展的基礎設施，對每一個企業的創新

是極其重要的，它可能會改變每個人的生活，改變每個企業的生存環境，甚至改變整個社會運營的方式。以交通為例，如果為交通加入物聯網、車聯網，交通基礎設施就能實現智能化，進而可以去支撐未來更多交通行業的創新。在數字和物聯網時代，如果把公交車和數據融合在一起，把公交系統轉型升級，公交系統就變成了新型的城市基礎設施，它所承載的內容不只是每天在某城市有多少乘客這樣一個數字，而是這些乘客遍佈在城市哪些角落，從而指導相關企業去優化商業配置，把城市的潛力發揮出來。再如房地產，隨着數字經濟的發展，我們看到在物理空間裏還存在數字空間，人們不僅是在一個建築裏面遮風避雨，還需要了解這棟建築裏面空氣的質量、溫度、電磁輻射等，而經營這樣一個數字空間，就會為房地產業帶來新的發展機會。換言之，工業時代大量的傳統基礎設施，都需要通過和新技術的融合來做轉型升級，形成新的發展動力，創造出大量新價值。

第三類：研發型基礎設施。研發型基礎設施主要是指支撐科學研究、技術開發、產品研製的具有公益屬性的基礎設施，比如重大科技基礎設施、科教基礎設施、產業技術創新基礎設施等。這對綜合國力的提升具有非常重要的意義。中國在這方面已經加大了投入力度，例如天眼望遠鏡等一系列大型科研基礎設施在中國的建設已經全球領先，又如清華大學投入研發的全球分辨率最高的照相機，能幫助腦科學的研究上升到新的台階。當然在研發類基礎設施裏還有一項非常重要，那就是企業技術創新的基礎設施，每個企業只有加大在研發基礎設施上的投入，才有可能在激烈競爭當中立於不敗之地。

目前基礎設施的競爭已經在全球展開，基於這些基礎設施的產業互聯網創新已經在各個國家、各行各業中悄然進行。中央提出的新基建重大舉措，不僅要發揮建設項目本身的投資拉動作用，還要充分重視基於新基建的產業互聯網建設，有步驟、有計劃地通過產業互聯網完成城市基礎設施從工業時代向數字時代轉型。

在新基建的背景下，中國的產業互聯網已經在各地區、各行業如火如荼地開展起來。傳統的消費互聯網企業也已經意識到這一發展潮流，根

據自身特點積極佈局產業互聯網。比如，阿里巴巴的產業互聯網着力在雲計算領域，通過提供算力為產業生態賦能；騰訊則在自己擅長的社交網絡基礎上，從人入手，着力構建產業互聯網中各個企業的數字助手；百度着力在人工智能領域，力圖為產業互聯網的發展提供智能化工具；京東則充分發揮自己在物流體系上的優勢，在產業互聯網的版圖中加入智慧物流的支撐。這些互聯網企業的積極嘗試，一方面拓展了自身的發展空間，另一方面也加速了中國產業互聯網的建設。當前很多人思維模式還停留在工業化、信息化、消費互聯網的階段，對產業互聯網佈局的積極性和主動性不夠，所以需要各級政府發揮主導作用，率先完成思想革命，並主動引領各地產業走向數字化，並逐漸形成產業互聯網的新生態。

四、打造良好的數字營商環境

良好的數字營商環境既是數字經濟健康發展的需要，也是適應當前中國新發展階段的要求。在當前的雙循環新發展格局下，政府不僅需要考慮自身作為一個大型組織如何用數字技術提高運行效率，更需要在與市場、社會的互動中重新界定自身的職責邊界，為市場、社會主體的探索創新營造一個更加開放包容、市場化、法治化、國際化的營商環境。

（一）打造完善的數字經濟時代的社會信用體系

隨着中國市場經濟的發展，信用不僅是市場各部門的新契約，也成為一種基本要素。李克強總理在 2020 年 11 月 25 日國務院常務會議上指出：「市場經濟首先是信用經濟」，信用是中國市場經濟發展的前提和基礎。進入數字經濟時代，信用要素逐漸成為國民經濟的中樞。信用交易連接市場各部門，發揮着提升市場效率、潤滑經濟、激發市場活力等重要作用。信用要素能有效推動經濟向着更加公平、更有效率、更為暢通的方向發展，其對於「雙循環」新發展格局的順利實施至關重要。

　　信用和法律作為維持市場秩序的兩種基本手段，共同對交易行為和市場機制提出規範性要求、作出制度性安排。二者互為替代，同時互為補充，並在某方面上具有同質性。就替代性而言，良好的信用可以大大減少對法律的需求，節約交易成本。就互補性而言，一方面，由於大量的交易合同是不可能完備的，如果沒有信用，法律也是無能為力的；另一方面，如果沒有完善的法律，人們守信的積極性就可能大大降低。[69] 因此，完善的社會信用體系是經濟健康發展的基礎。

　　當前數字經濟蓬勃發展同樣離不開信用機制的支撐。數字經濟的發展有賴於信用保障，離開信用的保障，數字經濟不可能可持續發展，信用機制與數字經濟二者互相融合、互相促進。鑒於數字經濟的發展呈現出高度的信用化趨勢，可以說，數字經濟就是信用經濟。[69]

1. 信用體系的建設現狀

　　一直以來，中國高度重視社會信用體系建設。2014 年，國務院印發了《社會信用體系建設規劃綱要（2014 — 2020 年）》，提出在「政府推動，社會共建；健全法制，規範發展；統籌規劃，分步實施；重點突破，強化應用」的原則下，到 2020 年基本建成社會信用基礎性法律法規和標準體系與以信用信息資源共享為基礎的覆蓋全社會的徵信系統，基本健全信用監管體制。總體來看，中國社會信用體系建設在這期間取得了一些成就，例如，在信用信息歸集、記錄和整合方面，全國信用信息共享平台和很多部委、地方的信用信息平台已基本完成了初期建設。

　　健全社會成員信用記錄是社會信用體系建設的基本要求，在徵信方面，目前中國已經建立了金融、公共、商務市場三大徵信體系。其中金融徵信體系主要是為金融信貸服務的，包括中國人民銀行已經給予備案的 131 家企業徵信機構和兩家個人徵信機構（人民銀行徵信中心和百行徵信）。其中截至 2020 年 12 月底，人行徵信系統已採集 11 億名自然人、6092.3 萬戶企業和其他組織的信息，實現了信用卡、貸款、信用擔保、融資融券等金融領域負債信息的全覆蓋，可有效防範信用違約風險跨市場、跨行業、跨地域的轉移。在公共徵信領域，最有代表性的是國家發改委和

人民銀行指導成立的全國信用信息共享平台與「信用中國」網站，其功能與內容主要是信用瀏覽、行政許可與行政處罰信息公示，其在推動城市信用建設、公共信用信息共享與公開應用、守信聯合激勵與失信聯合懲戒、信用惠民工程等很多方面均發揮了重要的引領作用，對建立良好的社會信用環境和信用秩序起到了非常積極的推動作用。[70] 在商業徵信體系（市場徵信體系）領域，越來越多的商戶參與其中，願意為有信用的企業或個人提供各類產品和服務。他們利用企查查、天眼查等，了解企業或個人的信用狀況，根據不同的信用水平提供不同層級的信用服務。

隨着互聯網、大數據、雲計算、人工智能、區塊鏈技術等的長足發展，社會信用體系建設迎來了革命性、顛覆性變革，信用數據化、智能化程度不斷提升，社會信用變得可計算、可存儲、可編程、可流動、可變現、可治理；信用信息更為公開透明，信用資源更為複雜多變，信用流動變得更加迅速便利，信用價值更加顯著突出，信用邊界範圍更寬闊，信用融合程度更高。社會信用體系建設業已突破人格邊界、制度壁壘、行業隔閡，在人格信用、制度信用、法治信用基礎上，逐步走向智能信用、智慧信用、數據信用、協同信用、適時信用、共享信用、透明信用、精準信用的創新發展階段，呈現「牽一髮而動全身」的態勢，拉開了大數據時代社會信用建設序幕，全視域信用治理時機已經來臨。

2. 數字經濟時代社會信用體系的特點

當前社會信用體系建設不僅為數字經濟的發展和社會治理模式的創新提供了思路，而且為國家治理能力和治理體系現代化貢獻了力量。信用機制與數字經濟二者互相融合、互相促進，共同作用於社會發展。數字經濟時代的社會信用體系建設集中體現為四點，即信用監管平台化、獎懲精準化、信用信息動態化和信用信息多維化。

信用監管平台化。信用監管類服務就是以信用為基礎的新型監管所提供的各種各樣監管措施都應該有對應的服務，這個服務主要就是讓社會公眾能簡單、方便、快捷地了解、查詢和具體辦理這些信用監管相關事項。[70] 藉助於強大的數據和平台支撐，信用主體的基本信息、違約信

息、違法信息等可以比以前有更加充分的披露，方便信用信息的傳遞，從而有利於為特定主體的信用「畫像」，市場聲譽機制能夠得以真正實現。

獎懲精準化。基於數字化信息所賦予的強大力量，社會理性大幅度提高。藉助於各類電子化的信用信息，市場主體和社會成員可以根據對方信用狀況決定是否提高交易條件，或者拒絕同失信者交易。在社會治理方面，對於那些屢屢違法或者存在嚴重違法行為的主體，除依法應當承擔相應的法律責任外，還可以基於失信信息的共享而形成相應的信用懲戒機制，使違法者付出更高的成本。國務院印發的《關於加快推進社會信用體系建設構建以信用為基礎的新型監管機制的指導意見》要求，全國信用信息共享平台要加強與相關部門的協同配合，依法依規整合各類信用信息，對市場主體開展全覆蓋、標準化、公益性的公共信用綜合評價，定期將評價結果推送至相關政府部門、金融機構、行業協會商會參考使用，並依照有關規定向社會公開。推動相關部門利用公共信用綜合評價結果，結合部門行業管理數據，建立行業信用評價模型，為信用監管提供更精準的依據。

信用信息動態化。隨着大數據、區塊鏈技術的發展和應用，徵信體系中的數據能夠實現信用信息的實時動態更新，有效解決原先靜態信用信息定期更新帶來的時滯性問題。此外，區塊鏈技術的產生和應用為數字經濟下的信用體系帶來巨大的影響和改變，其不可篡改、可追溯等特點，極大地促進了陌生人之間建立互信體系，打破了信息孤島，成為保障數字經濟發展和信用傳遞的重要技術支撐。

信用信息多維化。數字經濟時代，淘寶、京東等互聯網交易平台以及各類小額貸款公司、金融科技公司等在各自細分領域中積累了海量個人信息，大數據、人工智能、區塊鏈等信息技術為處理量級大、碎片化、標準化程度低的個人信息提供了強大的科技支撐。此外，隨着產業數字化的發展，金融科技能夠對產業鏈內的資產實現穿透，獲取交易數據，其中既包括對資產的物流情況的監控，例如，資產在存續期的實時在途、在倉、在庫情況；也包括對資金流的監控，例如，資產存續期的實時還款情況的閉

環監測；還包括對商流和信息流的監控預警，例如，資產存續期市場公允價格的波動情況、企業自身和所在行業的突發風險事件監控等，進而實現產業鏈上企業交易信用的評估。

3. 數字信用體系建設路徑

新時代社會信用體系建設需要與時俱進，緊扣社會信用建設經絡脈搏，抓好抓緊社會信用數據化、智能化、智慧化建設。首先，要積極推進「互聯網＋信用」「人工智能＋信用」「區塊鏈技術＋信用」，加強國家層面信用數據庫、智能信用平台、信用天網工程的建設與管理，加大信用體系建設的科技創新投入、信息技術投入，做精做細做深信用信息系統，提高信用信息流動性、透明性，增強信用信息適時化、普適度。

其次，積極推進社會信用體系信息化、智能化建設的統一管理、標準管理、共享管理，強化信用信息採集、信息管理、數據運營、數據服務、數據安全、監督懲戒等科學化、規範化。

再次，有效整合政務、金融、財政、市場監督、稅務、大數據管理、社會信用機構等信用信息資源，優化完善社會信用治理系統，實現信用法治規範、制度準則、倫理道德等全流程嵌入，促進信用體系建設與法治建設、經濟發展、精神文明、社會治理等一體化發展，重構新時代社會信用關係模式。

最後，有效整合條塊化、分散化、碎片化的信用資源，打通國內國外、行業部門、網絡系統之間的信用信息壁壘，打破信息孤島，促進社會信用信息互聯互通、共創共享，增強供應鏈、產業鏈、價值鏈的良性閉環效應，打造立體化、個性化、多元化的社會信用體系，培育全天候、全方位的社會信用雲系統。

(二) 以可信計算為基礎的公平市場體系

1. 可信計算是破解數據產權不明約束、發揮數據價值的重要手段

數字經濟是人類在全球化數據網絡基礎上，利用各種數字技術，通過數據處理來優化社會資源配置、創造數據產品、形成數據消費，並進而

創造人類的數據財富、推動全球生產力的發展，數據是數字經濟發展的核心。隨着雲計算、物聯網、移動計算等技術的發展和應用領域的不斷拓寬，數據的價值潛力越來越受到重視。2020 年 3 月，《中共中央　國務院關於構建更加完善的要素市場化配置體制機制的意見》（簡稱《意見》）發佈，對要素市場的發展提出了新的構想，並首次把數據作為要素，提出了其市場化配置的發展方向。《意見》強調，從推進政府數據開放共享、提升社會數據資源價值、加強數據資源整合和安全保護三個方面加快培育數據要素市場。

但是，**數據資源整合不充分**一直以來都是制約中國數據產業發展的重要問題，大量的數據僅應用在個別的市場主體或個別業務活動中，數據整體的投入水平、配置水平還比較低，數據與實體經濟融合程度不高，數據對於促進經濟增長的作用還未充分發揮。[71] 數據擁有者出於數據安全保密的顧慮而不願共享數據，使得不同企業、不同機構間難以利用對方的數據進行聯合分析或建模。日趨嚴格的隱私保護監管也加重了企業對數據流通與協作合法合規的擔憂。此外，由於數據具備可複製性，且其價值本身就是信息，數據的信息價值可能在數據被「閱讀」時被獲取，數據拷貝成本低、維權難的困境也降低了企業分享重要數據的意願。而產生以上問題的根本原因都在於數據產權難以界定。

清晰的產權界定是數據要素通過市場競爭、交易、定價實現高效配置的前提和依據。只有產權清晰才能實現數據所有權與使用權的分離，從而實現數據要素在不同主體和部門之間的流動與分配；也只有產權清晰的數據才能通過市場交易實現主體的收益權，真正做到由市場評價貢獻、按貢獻獲取報酬。如果數據佔有者對數據的產權無法得到清晰界定和保護，就無法確定地從數據開放共享中獲得收益，反而面臨商業機密或數據生產者個人隱私泄露等數據安全風險，「數據壟斷」和「數據孤島」就成為理性選擇。

在當前數據產權還未能有效界定的情況下，可信計算的興起為人們提供了在數據安全合規、融合應用過程中尋求發展和安全之間平衡點的技術

路徑和解決思路，其正成為未來數字治理的有效路徑之一。可信計算能夠在不暴露原始數據的情況下計算數據，且計算結果可被驗證，進而實現了數據價值的運用，同時保護了用戶的隱私。

可信計算的概念最早於 1999 年由 TCPA（可信計算組織 TCG 的前身）提出，並沒有一個明確的定義，主要思想是通過增強現有的 IT 體系結構安全來確保整個系統安全。可信計算是信息安全領域一個重要的應用和研究分支，是從系統角度解決當前信息安全隱患的一種有效機制。無論是數據的提供者還是訪問者，對安全要求和重視程度越來越高。因此產業提出可信計算的概念，希望能夠實現數據存儲、流轉和處理中全程加密，既挖掘數據價值，又滿足隱私需求。國際上對可信計算的研究主要集中在產業界，可信計算的研究主要包括可信計算機體系結構、可信計算機硬件平台、可信計算機軟件平台和可信網絡接入四部分。

2. 可信計算助力公平市場體系建設

（1）可信計算有助於打破平台經濟的數據壟斷

2021 年，黨中央、國務院印發了《建設高標準市場體系行動方案》，在夯實市場體系基礎制度方面提出，「推動完善平台企業壟斷認定、數據收集使用管理、消費者權益保護等方面的法律規範」「加強平台經濟、共享經濟等新業態領域反壟斷和反不正當競爭規制」，多次提及平台經濟。事實上，平台企業是互聯網經濟背景下新興的市場主體，是科技創新和商業模式創新相結合的產物，其充分利用數據資源等關鍵生產要素，藉助網絡載體，在不斷進步的信息通信技術推動下，在經濟生活的各個領域和環節發揮着重要作用，顯示出傳統行業一些難以企及的競爭優勢。但是，平台企業在經營過程中憑藉數據、技術、資本優勢，頻頻基於「數據霸權」「程序霸權」作出排除、限制競爭，損害消費者利益的行為。

反壟斷法的目標就是要維護公平競爭的市場秩序，企業和資本尤其是大企業和大資本，應該做市場秩序的維護者。企業越大，對市場的影響越大。大企業和大資本更應積極履行維護公平競爭市場秩序的法律義務和社會責任，貫穿企業經營和資本擴張的始終。如果企業和資本的行為影響到

市場競爭秩序，國家有義務實施相應的法律，以維護市場秩序。

可信計算能夠確保在數據脫敏並不可追溯的前提下，將數據加工為產品並進行交易，體現了數據是個人與平台共有的屬性；允許第三方經個人授權後，有償訪問個人數據賬戶並為客戶提供增值服務，體現數據的公共資源屬性。[72] 因此，可信計算有助於打破平台經濟的數據壟斷，助力公平市場體系建設。

（2）可信計算有助於實現隱私保護

移動互聯網時代以來，人們對數據隱私保護的呼聲愈烈，人們對數據作為一種潛力巨大的價值資源的認識越來越清晰。互聯網企業在經營過程中不斷產生大量數據，並存儲在其公司的雲端，但這些數據大多處於模糊的「無主」狀態，產權關係並未明晰，一直以來卻被互聯網公司掌握並利用。當前許多智能服務背後都是來自互聯網公司 AI 機器人利用個人隱私數據進行機器學習的結果，在這個過程中，用戶是被動的，利益存在受損的嫌疑。《平台金融新時代》一書指出，對於個人隱私保護問題，平台金融科技公司存在未經授權收集個人信息、過度收集個人信息、隱私過度暴露和侵犯個人隱私的傾向。

可信計算可以在保護數據隱私的前提下，採用安全多方計算和同態加密等密碼學技術，對數據進行安全計算和處理，充分保護數據隱私。特別是在處理敏感數據時，可信計算可以為數據安全提供可信環境，在數據計算過程中實現數據隱私保護，有助於公平市場體系建設。

（三）用數字黨建實現監督與創新發展一體化

2019 年 7 月，習近平在中央和國家機關黨的建設工作會議上指出，「只有持之以恆抓基層、打基礎，發揮基層黨組織戰鬥堡壘作用和黨員先鋒模範作用，機關黨建工作才能落地生根」。基層黨組織是全黨「戰鬥力」的基礎，織密織嚴基層「組織網」就是要把中共的建設工作鏈條延伸到每個領域，形成「橫向到底、縱向到邊、上下貫通、執行有力」的嚴密組織體系，保證中共的各項決策部署「令必行、行必果」。

　　2019 年印發的《中國共產黨黨員教育管理工作條例》中提出，要充分運用互聯網技術和信息化手段，推進基層黨建傳統優勢與信息技術深度融合，不斷提高黨員教育管理現代化水平。當前，數字化向用戶精準投送信息和服務，給公眾的生活帶來便利，也給基層黨建工作帶來機遇，提高了黨務工作的公開透明度，提升了黨建工作效率等。基層黨組織如何充分運用好「數字黨建」新模式，將數字應用黨建、讓黨建進入數字，真正發揮黨對數字化的優勢汲取與管控能力，進而發揮中共的先鋒模範作用，是時代賦予的一項重要課題。

案例：億聯信息科技 —— 黨建引領基層治理數字化

　　習近平總書記在中央和國家機關黨的建設工作會議上的講話指出，「處理好黨建和業務的關係。解決『兩張皮』問題，關鍵是找準結合點，推動機關黨建和業務工作相互促進」。億聯信息科技推出了一套基層黨建引領基層治理數字化平台 ——「黨群 e 事通」。該平台充分運用數字化技術，通過創新構建線上黨員聯繫群眾社群，加強基層網格支部建設，打通服務群眾最後一公里的基礎上，把組織鏈條延伸到基層治理的「神經末梢」。此外平台通過「吹哨報到」流程，推動黨建網格與綜治、應急、城管等社會治理全科網格融合，實現「多網合一」，有效解決基層黨建和基層治理「兩條線」「兩張皮」的問題。目前平台已先後助力青島、濟南、四川、瀘州等全國各地 3000 多個基層黨組織做實基層黨建、社會治理和鄉村振興工作。

　　「黨群 e 事通」平台貫通由市級黨委到社區黨委、支部（網格）五級組織鏈條，支部建在網格上，建強組織體系「動力主軸」，激活組織「神經末梢」；構建黨員群眾社群，創新黨員聯繫服務群眾新模式，發揮黨員先鋒模範作用，密切黨群關係；黨建、基層治理工作信息化、數字化，補齊基層黨組織領導基層治理的各種短板，把基層黨組織建設成為實現黨的領導的堅強戰鬥堡壘。同時打造「民有所呼、

我有所應」的工作平台，創新實踐新時代「楓橋經驗」。「黨群 e 事通」
平台以信息化為支撐，實現治理精準落地，服務精準投送，將「提出
問題 — 把關篩選 — 線上討論 — 形成項目 — 吹哨報到 — 效果評估」
閉環流程作為平台建設的主線，打通基層「發聲」渠道，讓群眾不滿
有地方吐槽、求助有部門回應，切實提升群眾的獲得感、幸福感、安
全感。此外，「黨群 e 事通」平台通過數字化幹部績效，把基層治理
一線作為鍛煉幹部的「賽馬場」，為社區黨組織「補鈣」，讓機關幹
部「墩苗」，既激發廣大黨員幹部幹事創業的積極性，又為基層治理
注入生機和活力。通過科學制定黨建、治理、服務指標體系，實現基
於大數據分析的科學考評體系，數字化驅動問題上達、處理、分析全
流程，實現黨建、治理、服務的可視化、可量化。

黨建聲音
打造黨建引領基層治理宣傳平台，做好先鋒模範、典型案例等宣傳工作，宣傳黨的主張，貫徹黨的決定，弘揚正能量，發揮德治作用。

考核評價
搭建黨建引領基層治理評價體系，量化黨員幹部、各級部門工作評估；通過大數據算法和技術的應用，對居民訴求、黨建效果、治理效果等進行數據深度挖掘，助力科學決策。

社會服務
延伸政務服務範圍，推動公共服務提升，引入公益服務範疇，推動主動精準服務。

鄰里黨群社群
基層黨員發動周邊熱心群眾組建鄰里社群，黨員亮身份，聚焦居民訴求進行議題討論，由單純「反映問題」拓展為「一起商量問題，共同解決問題」，將組織優勢轉化為智力優勢，用群眾路線解決群眾問題，發揮群團帶動、居民自治。

黨群議事廳
構建線上黨群議事廳，民主協商，收集民意，意見表決，充分發揮公眾參與價值。

吹哨報道
黨群議事廳的熱點議題就是基層的哨聲，各科室按需報到，形成基層治理的有效聯動。也可以向社會組織吹哨，發動社會力量參與治理。

圖 8-1　黨建引領主要板塊

資料來源：作者整理

「數字黨建」較之傳統的黨建方式方法，創造了五方面價值。

1. 實現精準治理

依託雲計算技術，搭建集信息處理、黨建引領一體的大數據平台，結
合互聯網，能夠將黨建引領實時狀態以數字可視化的形態呈現，讓黨建、

組織力建設充分量化，建立一個動態、立體、全方位的黨建引領智慧社區共治管理模型，實現對海量抽象數據的可視化分析與展示，為黨建引領、精細治理等工作提供數據決策支持，真正實現黨建引領基層自治。

2. 暢通溝通渠道

在信息技術高速發展的今天，網絡平台已經成了不少群眾發表個人意見、表達訴求意願的主要途徑，黨員幹部要主動通過網絡平台了解民情、收集民意、引導輿論、化解矛盾，從「海量」的信息中，真正把群眾所思所想摸準，並積極通過官方渠道把群眾的合理訴求、實際困難回應好、解決好。

3. 有助於「聯動共治、快速響應」

協同治理推進數字政府建設，跨部門、跨區域、跨層級的協調與協同，提升公共服務、社會治理數字化、智能化水平，構建網格化管理、精細化服務、信息化支撐、開放共享的基層管理服務平台。

4. 提升治理效率

以綜治視頻綜合應用為目的，圍繞社會治安綜合治理重點業務，將視頻會議、視頻監控、視頻培訓、視頻調解、視頻信訪等功能整合，實現跨地區、跨部門、跨行業指揮調度、分析研判、應急處置、服務管理等業務。圍繞「建、聯、管、用」四個核心，開展公共安全視頻監控建設聯網應用工作，實現「全域覆蓋、全網共享、全時可用、全程可控」的目標。以視頻聯網應用為基礎，按照立體化防控要求，依據場景化部署原則，強化大數據發展、智能設備應用，健全公共安全視頻監控體系，夯實「雪亮工程基礎」，完善公共突發事件處置工作預案，提高處理公共突發事件能力。

5. 提升決策能力

了解掌握真實情況，摸清問題癥結，集深度分析、輔助決策等功能為一體，讓數據賦能，使「群眾跑腿、人找服務」變為「數據跑腿、服務找人」，進一步提升精細化治理的水平。以數字化的手段，構建有利於創新湧現的制度環境與生態，為管理和發展提供及時和充分的科學依據，使管理和為社會服務從定性化走向定量化；讓各職能管理部門和機關能有效且

實時地了解各方面發生的各類事件，實現信息的實時交互、決策和處理，為構建轄區和諧、平安起到較大的作用；可從基層治理、規劃等方面為決策者提供充分、科學的決策依據和優化方案，從而節省時間、提高效率；可充分協調職能部門間的關係，減少因溝通不暢、標準規範以及接口不統一而造成的損失。

五、監管沙盒

數字時代的創新呈現出日新月異的狀態。傳統市場監管的重心集中在生產安全及產品質量上，監管維度有限，容錯空間低。然而隨着服務業、金融業、「互聯網＋」產業的飛速發展，以及創新模式的不斷湧現，市場監管難度不斷升高。因此如何在總體風險可控的條件下給予創新模式一定的容錯空間，鼓勵創新是新時代背景下的監管難題。[73]2019 年 10 月國務院印發的《優化營商環境條例》提出，政府及其有關部門應當完善政策措施、強化創新服務，鼓勵和支持市場主體拓展創新空間，持續推進產品、技術、商業模式、管理等創新，充分發揮市場主體在推動科技成果轉化中的作用。如果將針對傳統經濟形態的監管思維、監管方式照搬到數字經濟新業態中，不但不能取得良好的監管效果，反而會抑制數字經濟的發展。

監管沙盒的提出為市場創新主體和監管者協同探索未來之路提供了新的思路。一方面，監管沙盒在現有監管框架內對創新活動進行一定的豁免，有利於創新項目的順利開展；另一方面，在沙盒測試開始前，監管部門與創新主體就測試參數、實施範圍等進行溝通；在測試進行過程中，雙方就沙盒測試的開展情況進行實時溝通，大大暢通監管部門和創新主體的溝通渠道。

（一）監管沙盒的基本概念

監管沙盒（Regulatory Sandbox）最早是由英國金融行為監管局提出

的，本質是一種通過隔離實現的安全機制，旨在維護金融市場穩定性、保護消費者的同時，增強監管機制容錯性，促進金融創新。根據其概念，監管機構為金融科技企業在現實中提供一個縮小版的創新空間，在保證消費者權益的前提下，給予該空間一個較為寬鬆的監管環境，使空間內部的企業能夠對其創新的金融產品、服務、商業模式進行測試，較少受到監管規則的干擾。該模式不僅能夠有效防止風險外溢，而且允許金融科技企業在現實生活場景中對其產品進行測試。

監管沙盒相較於試點試驗，兩者的出發點均是鼓勵創新，包容試錯，但不同的是，「監管沙盒」更強調監管機構與市場主體的互動性／能動性，彼此能夠相互協作，實現正向反饋，同時依託法律法規和沙盒協議，在沙盒測試各階段採取精細化管理，從而更有效地激勵市場創新、防範風險和保護消費者利益。

（二）監管沙盒的特點

1. 主動監管

監管沙盒的監管理念更具主動性。在作用方式上，現有監管機制遵循的是一種相對被動的監管邏輯，而監管沙盒機制基於監管者與企業之間的溝通，是一種相對主動的監管理念。監管沙盒作為一種監管創新方式，提供了相對包容的空間與彈性的監管方式。監管者在數字產品或服務設計早期便展開調研，這有助於其理解隱私保護法律法規在哪些階段才能實現，如何得到運用。基於此，監管沙盒能為公共政策的制定者提供更立體的、與實踐相關的經驗和參照，供監管者制定更有效的法規政策。

2. 事前監管

現有監管機制對市場創新的監管模式依舊屬於事後監管，而監管沙盒的作用時間則是在任何制度創新推向市場之前的測試階段。對於監管者，其能夠實現與新興領域內市場主體的對話，並獲得一手、新鮮的信息和資訊。進而能夠了解當下產業中的需求，並集中於法律法規存在的亟須明確的部分進行完善，緩解當前隱私保護立法與技術高速更新間較大的滯後性

問題。對於入盒企業來說，在推向市場以前，能夠同監管者展開積極、廣泛的合作，並在真實世界而不是模擬環境中去測試它們的創新產品是否滿足合規要求，由此得到的結果及對產品的修正更加具有實踐指向性。

3. 隱私保護

雖然「監管沙盒」是一項起源於金融領域的監管創新模式，但其能夠有效平衡隱私保護與激發科技創新兩者之間的關係，近年來其在數字治理領域的積極效用也在逐步顯現，很多國家和組織進行了相關探索。例如，2018 年 9 月，英國信息專員辦公室（ICO）開始研究如何藉助監管沙盒在促進技術創新的同時保護隱私，截至目前，項目涉及包括交通、安全、住房、醫療、金融、青少年保護等場景中的隱私保護問題。[74]

4. 鼓勵創新

現有監管機制的重點在於要求創新符合所有已定規則，而監管沙盒則主要站在創新的角度，在現有監管框架內對創新活動進行一定的豁免，在保證消費者權益的原則下，就不同個案提供其能夠提供的便利，有利於創新項目的順利開展。在沙盒測試開始前，監管部門與創新主體就測試參數、實施範圍等進行溝通；在測試進行過程中，雙方就沙盒測試的開展情況進行實時溝通，大大暢通監管部門和創新主體的溝通渠道。

但是監管沙盒也存在一些局限。監管沙盒本質上是一種小範圍的業務試點，業務規模有限，許多創新的風險點需要足夠規模才能暴露，或者必須依託於一定規模之上才能發揮其降本增效作用，小規模試點則讓這種規模優勢無從施展。此外，受限於規模，監管沙盒裏的科技創新試點只是有限試點，局限於表面，要探究深層次問題，仍不得不回歸現實環境。最後，企業需自己帶着市場和用戶來做實驗，許多針對 B 端機構用戶的創新，通常因為找不到願意配合的用戶，從而無法在沙盒中試點。[75]

儘管監管沙盒有其局限性，但是監管沙盒作為一種數字監管手段和監管理念，依然為探索數字治理的未來之路提供了一種重要的方法論。隨着越來越多的創新被納入沙盒監管，如何更恰當有效地利用監管沙盒並發揮其作用，將會基於實踐被進一步總結研究。

六、數字治理需要遵循的十條原則

　　不論是消費互聯網領域還是產業互聯網領域，大體有三大類型的企業。第一類是植根於數字技術的硬件、軟件研發，開發各類基礎性系統軟件、操作系統，開發各種基礎性硬件裝備、高性能芯片、電子元器件、智能終端、通信設備以及機器人等，這是數字經濟發展的基礎產業，是製造數字軟硬件裝備的高科技企業。第二類是將數字技術和軟硬件產業應用到社會經濟中去的平台型企業。包括消費互聯網的平台型企業或產業互聯網的平台型企業，這些平台型企業是專門為各類網絡公司提供生態環境的平台型企業。第三類是在平台型企業提供的互聯網平台上生存發展的千千萬萬個網絡公司，正是這些公司服務於社會民眾和經濟系統，構成消費互聯網和產業互聯網的應用場景。其中，數字化平台企業是數字經濟應用的核心、支柱、主賽場，往往是一個社會萬億元級企業的代表，也是一個國家數字經濟實力的最集中體現。一個平台往往承載着千千萬萬個網絡技術服務公司，具有公共性、社會性。這是因為數字化平台企業是以數據為關鍵生產要素、以新一代信息技術為核心驅動力、以網絡信息基礎設施為重要支撐的新型經濟形態。

　　事實上，在經濟社會中，平台並不是新生事物，而是自古有之。貿易集市、百貨商超是貨物流通平台，人力市場、獵頭公司是人力資源平台，婚姻介紹所、紅娘是婚介平台，等等。一般而言，平台具備兩種基礎性的功能：一是信息中介、交易撮合，實現上下游資源的高效匹配；二是直接提供商品或服務。對數字化平台而言，這兩類功能孕育了兩類代表性企業：一種是以淘寶、京東、拼多多為代表的銷售平台，以騰訊為代表的信息交流平台，以及攜程、去哪兒等旅遊平台等；另一種是直接提供內容的平台，如各種搜索引擎、新聞媒體、短視頻服務等。

　　在互聯網的應用和數據要素的支持下，數字化平台被賦予了全新的特徵內涵。第一，數字化平台企業以互聯網為主要載體，以新一代信息技術為核心驅動力，由於其信息傳播速度快、覆蓋範圍廣、穿透力強，一旦商

業模式行之有效，就能以極低的邊際成本迅速複製推廣，具有顯著的規模經濟效應，因此擴張速度遠遠超過傳統企業。第二，數字化平台以數據為關鍵生產要素，而數據是取之不盡、用之不竭的，可以經過多次轉讓和買賣，數據的使用和挖掘又會產生新的數據。平台在掌握大量活躍用戶數據的基礎上，生成用戶畫像並進行精準營銷，能夠提供的增值服務是成倍增長的，更容易做大。第三，互聯網行業始終是近 20 年來的投資熱點和風口，大量的資金湧入平台型企業，進一步助推平台型企業的繁榮發展。這些因素都決定了數字平台型企業更易於形成巨頭。

　　但是，任何一個平台型企業能夠成功的關鍵，仍在於瞄準行業的痛點，利用數字化技術針對性地解決供給與需求之間的結構性矛盾。在消費互聯網行業，各類電商平台解決了傳統零售行業中的渠道矛盾，支撐着上千萬個 B2B、B2C 類的網絡商品消費公司：如拼多多平台支撐着上百萬的商品、日用品、服裝類企業與上億客戶的打折交易；美團、餓了麼等外賣平台圍繞大量城市工薪階層對於便捷、實惠的用餐需求，為上游餐廳和下游消費者之間提供配送服務；騰訊微信支撐着數以億計的用戶信息交流；網絡打車平台支撐着數以千萬計的出租車運行；直播帶貨平台在一定程度上彌補了網購場景下用戶體驗方面的不足；等等。這些平台的確都為社會的方方面面帶來了效率上的提升。同樣，在產業互聯網方面，有科技金融平台類企業，為各類金融企業提升金融科技水平，改善金融資源配置效率，也為各類中小企業解決融資難、融資貴的問題；有數字物流企業平台為港口、鐵路、公路物流運輸企業提供倉儲物流高效率、低成本的無縫對接；有專為工業 4.0 自動化工廠提供智能軟件的平台企業；等等。

　　數字化平台一旦做大，就具有行業性、生態性、公共性、社會性、壟斷性等特性，發展過程中往往會形成行業秩序、公平公正運行的保障功能，行業性同類交易的集聚功能，平台商家入場交易成本的定價功能，資源優化配置功能，形成幾千億元、上萬億元甚至十幾萬億元的巨量資金的匯聚功能。具有這五種功能的平台公司，往往是一個國家消費互聯網和產業互聯網應用發展的標誌、旗幟，是國家和國家之間數字經濟強弱的核心

競爭力的關鍵。對此，一方面，國家應在這類具有平台意義的公司發展初期、雛形期予以全力支持，在其萌芽狀態重資注入，包括資本市場、金融市場、各類主權基金和公募、私募基金。另一方面，要考慮到這類公司的公共性、社會性、壟斷性產生的巨大的社會影響力，要有規範的負面清單管理規則。

具體而言，平台企業的社會影響力主要表現在以下四個方面：一是具有影響放大的作用。平台企業與平台上的商戶是深度融合的關係，平台企業在治理模式、價值取向方面都深刻影響了平台上千千萬萬個商戶和參與者，因此平台企業的社會責任也就不再局限於自身，也包括商戶的社會責任；一旦平台發生風險，不僅是企業本身的財務風險、法律風險，還會產生覆蓋範圍極大的社會風險。二是改變終端用戶的消費和行為習慣。比如電商平台的興起改變了消費者的購物習慣，移動支付改變了人們的支付習慣。三是具有輿論屬性和社會動員能力。部分大型網站和互聯網平台，尤其是資訊類平台傳輸的內容對於引導社會輿論走向起到了重大作用，具有較強的輿論屬性或社會動員能力。四是起到價值取向輸出作用。平台所傳播的社會觀念和價值取向會在潛移默化下影響公眾價值認知體系的塑造，特別是對世界觀、價值觀尚未完全成熟的青少年群體而言更是如此。某些平台上對於超前消費、享樂主義的過度宣傳和美化，從個人層面來看不利於腳踏實地、積極向上等優良品質的形成；從國家層面來看，不利於製造立國、實業興邦等國家戰略的推進。

因此，對於平台型企業，要堅持支持與監管並重原則，一方面鼓勵支持做大做強，另一方面釐清權益與責任的邊界，建立「事前＋事中＋事後」的全生命周期監管體系，形成規範而周密的負面清單管理規則。事實上，「數字化」並沒有改變人類社會基本的經濟規律和金融原理。各類互聯網商務平台以及基於大數據、雲計算、人工智能技術的資訊平台、搜索平台或金融平台，都應在運行發展中對人類社會規則、經濟規律、金融原理心存敬畏，並充分認識、達成共識。

第一，對金融、公共服務、安全類的互聯網平台公司要提高准入門

檻、強化監管。凡是互聯網平台或公司，其業務涉及金融領域，教育、衛生、公共交通等社會服務領域以及社會安全領域這三個領域的，必須提高註冊門檻，實行嚴格的「先證後照」，有關監管部門確認相應資質和人員素質條件後發出許可證，工商部門才能發執照，並對這三類網絡平台企業實行「負面清單」管理、事中事後管理、全生命周期管理。

第二，落實反壟斷法，尤其要防範市場份額的壟斷程度達到整個國家 80% 甚至 90% 的企業。要及時糾正和制止網絡平台公司以「融資 — 虧損 — 補貼 — 燒錢 — 再融資」的方式擴大規模直至打敗對手，在形成壟斷優勢後，又對平台商戶或消費者收取高額費用，或是強制要求用戶進行「二選一」、大數據殺熟等。這一類行為有違市場公平原則，擾亂市場秩序。

第三，限制互聯網平台業務混雜交叉。要像美國谷歌、臉書那樣嚴格要求資訊平台、搜索平台和金融平台之間涇渭分明。做資訊的就不應該做金融，做搜索的也不應該做金融，做金融的不應控制資訊平台、搜索平台。

第四，保障信息數據的產權。數據在利用的過程中產生了價值和產權，要像保障專利、知識產權那樣保障信息數據的產權。數據的管轄權、交易權由國家所有；所有權由雙邊交易的主體所共有，平台不能基於強勢地位擅自進行大數據殺熟，也不能未經個人同意非法將共有的數據轉讓；數據轉讓後的主體僅擁有使用權，不得再次進行轉讓；數據的財產分配權由數據所有者共享。

第五，確保信息數據安全。互聯網平台公司以及各類大數據、雲計算運營公司，要研發加密技術、區塊鏈技術，保護網絡安全，防止黑客攻擊，防止泄密事件發生，不侵犯隱私權等基本人權，絕不允許公司管理人員利用公司內部資源管理權力竊取客戶數據機密和隱私。

第六，提高數據交易領域的准入門檻，建立健全統一的數據交易制度規則。對於參與數據交易的各類市場主體，包括交易雙方以及提供數據交易中介、數據託管、數據加工、數據清洗等服務的第三方機構，都須經過

有關機構的許可後，由國家相關部門發給營業執照，持有牌照才能參與數據交易。建立健全統一的數據交易制度規則，防範數據非法交易、數據竊取等行為。

第七，確保各種認證技術和方法的準確性、可靠性、安全性。近幾年，網上許多認證，包括網上實名制在內，由於安全性差而遭到黑客輕易攻擊，造成隱私泄露、社會混亂的情況，亟須改進。最近一段時間，又有許多創新，如生物識別、虹膜識別或者指紋識別。這一類創新看似很先進，但是所有這些生物識別都是黑客可以仿造的，如果一個黑客破解人的虹膜、聲音、指紋等生物特徵，就是很難進行監管的。這些識別在線下常規情況下是準確的、唯一的，但是在線上就可以被仿製，難以搞清楚。所以，現在美國、歐洲不允許在線上做生物識別系統。

第八，凡是改變人們生活方式的事，一定充分聽證、逐漸展開；要新老並存、雙規並存；要逆向思考、充分論證非常規情況下的社會安全，絕不能由着互聯網公司率性而為。比如，這幾年中國在貨幣數字化、電子錢包、網絡支付方面發展很快，人們把手機當作錢包，衣食住行幾乎離不開移動支付，一些商店甚至不能使用人民幣。但是應當認識到無現金社會在面對戰爭、天災時的可靠性問題，龐大的社會電子支付體系可能會瞬間崩潰，因此要三思而後行。

第九，互聯網平台公司具有社會性公共服務的功能性後，一旦出事，後果嚴重。互聯網公司因其穿透性強、覆蓋面寬、規模巨大，一旦疏於管理，哪怕只有一個漏洞，放到全國也會有重大後果。比如，經營出租車、順風車業務是一種社會性公共服務，因為互聯網服務體系要覆蓋全國，它的規模可以達到幾百萬輛。如果由於公司管理體系不健全，出現了惡性事件，那不僅是一個企業停業整頓的問題，還有怎麼處罰的問題。常規情況下，一個出租公司有幾百輛車，出了事罰三至五倍的款，罰幾十萬元。美國的優步出事，非死亡事故就賠了幾千萬美元，不是因為公司大賠償數額也巨大，而是因為社會影響大，這一賠償讓企業損失慘重，倒逼企業徹底改正，絕對不再讓員工犯這類錯誤。所以，在這方面要打破常規，不能

用常規的管法。常規出租車出了事要賠款，正常的工傷死亡賠償是 60 萬元，事故死亡賠三倍，即 180 萬元。對於大規模的網約車絕不可以這樣，要加重罰款。

第十，規範和加強互聯網平台企業的稅務徵管。最近幾年許多百貨商店關門了，有一些大城市 1/3 的百貨商店都關了。其中，很重要的原因是網上購物分流了商店的業務量。而實體店無法與網店競爭的重要原因，除了房租、運營成本，就是稅收。對百貨商店徵稅是規範的、應收盡收的，而對電子商務系統的徵稅是看不見的，這就有違不同商業業態的公平競爭原則。

綜上所述，數字經濟是發展新引擎。要在宏觀上、戰略上熱情支持，但也要留一份謹慎，留一點餘地。對於涉及國家法理、行業基本宗旨和原則的問題，比如數據信息產權的原則、金融的原則、財政的原則、稅收的原則、跨界經營的約束原則、社會安全的原則、壟斷和反壟斷的原則，或者企業運行的投入產出的原則、資本市場運行原則，都應當有一定的冷思考、前瞻性思考，防患於未然。而政府在數字治理過程中，通過利用數字化的手段，在營造包容的營商環境、促進創新的同時，還要協調市場內部各利益主體之間的關係，維護市場中各主體間的公平競爭，防範數字經濟風險，在護航數字經濟健康可持續發展的同時，更好地發揮利用數字經濟的特點實現共同富裕。

第 9 章
數字經濟實踐案例

一、百度：用科技創新助力產業轉型，打造數字經濟「制高點」[①]

國務院 2021 年 12 月發佈的《「十四五」數字經濟發展規劃》中提出，「補齊關鍵技術短板，集中突破高端芯片、操作系統、工業軟件、核心算法與框架等領域關鍵核心技術」。這些核心技術是數字經濟發展的「制高點」，也是科技企業發展面臨的新機遇。百度等一批專注於核心技術研發的高科技企業，正在探索和實踐基於技術創新的發展路徑，搶佔數字經濟「制高點」，推動數字經濟快速發展。

（一）互聯網盛宴之後：如何用技術創新引領產業發展

2022 年 4 月 28 日，北京發放了無人化載人示範應用通知書，百度成為首批獲准企業，其旗下自動駕駛出行服務平台「蘿蔔快跑」，正式開啟無人化自動駕駛出行服務。自動駕駛是人工智能應用的頂級工程，從環境感知、行為預測，到規劃控制、高精地圖、高精定位，一輛無人車集納了多個領域頂尖的技術。這些核心技術是買不來的，只能靠中國企業自立自強、攻堅克難。

百度原本是一家做搜索引擎的公司，在互聯網飛速發展的時代用搜索技術創造了中國互聯網企業發展的奇蹟。百度天生具有技術創新基因，對前沿技術總是具有高度敏感性。在中國經濟數字化轉型伊始，百度就開始

[①] 本部分由百度集團協助供稿。

加大人工智能等前沿技術研發力度，助力中國產業走入數字新時代。

1.飛輪效應：研發高投入、高聚焦，形成高壓強

任何一個國家，其綜合國力的增長都與國家研發投入成正比。中國企業普遍存在研發強度不足的問題。研發投入如何發揮更大的效益，是中國政府和企業都在積極思考的問題。百度在研發上面走出了一條自己的道路，那就是提高研發投入、聚焦特定領域，用高壓強的研發尋求技術突破。在民營企業 500 強中，只有百度和華為研發投入強度超過 15%，百度位居第一，為 23.4%（2021），百度研發人員佔比達到 58.5%（2021）。這樣的研發強度，使得百度取得技術突破，成為全球領先的 AI 公司。在中國科學院、《哈佛商業評論》等多個國內外機構的評選中，百度都是唯一進入全球 AI 四強的中國公司。2021 年，百度人工智能專利申請量超過 1.3 萬件，申請量和授權量連續四年排名國內第一。百度在高端芯片、深度學習框架、預訓練大模型這些底層技術領域的突破和創新，對國家高水平科技自立自強形成了有力支撐。

飛槳深度學習框架與平台。深度學習框架是數字經濟發展中的核心技術，它上承應用，下接芯片，處於極為關鍵的位置。過去幾十年，中國在互聯網應用方面全球領先，但是在互聯網底層技術和系統上缺位。PC 時代，微軟 Windows 主導了桌面操作系統；移動時代，谷歌的安卓和蘋果的 iOS 操作系統一統天下。在人工智能時代，中國必須要搶下操作系統這一「制高點」。2017 年，國家發改委正式批覆，由百度牽頭，與清華、北航、信通院等單位共建「深度學習技術及應用國家工程實驗室」，2021 年升級為國家工程研究中心。飛槳深度學習平台是研究中心的重要成果，截至 2022 年 5 月，平台已匯聚 477 萬開發者，服務超過 18 萬家企事業單位。在國內深度學習市場上，飛槳趕超谷歌的 TensorFlow 和臉書的 PyTorch，位居國內綜合市場份額第一。

高端芯片。高端芯片是一個高技術門檻的領域，芯片底層技術自主可控非常重要。百度從十年前就開始佈局高端芯片，從專有芯片開始進行邊緣突破和創新。2018 年，百度雲端通用芯片崑崙 1（14 納米）實現量產，

2021 年崑崙芯 2（7 納米）實現量產。百度做高端芯片的路徑，一是靠技術創新，二是靠應用驅動。百度搜索每天響應數十億次搜索請求，百度地圖每天響應 1300 億次定位請求，超大的算力、算法需求，「逼迫」百度深入研究機器學習的算法以節省成本、提升效率。百度崑崙芯 1 已量產兩萬片，在搜索中替代了國外廠商的高端芯片。百度崑崙芯片已經在工業質檢、智慧城市、智慧金融等場景、近百家客戶中實現規模落地。值得一提的是，崑崙芯片除了擁有 100% 自研 XPU（雲計算加速芯片）架構及多項自主設計，還與多款國產通用處理器、操作系統以及百度自研的飛槳深度學習框架完成端到端的適配，擁有軟硬一體的全棧國產 AI 能力。百度鴻鵠芯片也是依賴百度全棧式的 AI 能力，為智能音箱等語音對話優化設計的芯片，在小度智能音箱上得到廣泛應用。

　　預訓練大模型（簡稱「大模型」）。作為當前人工智能發展的重要方向，預訓練大模型具有效果好、泛化能力強的特點，進一步增強了人工智能的通用性，讓廣大開發者可以更低成本、更低門檻地開發 AI 模型，促進人工智能的廣泛應用，成為人工智能技術和應用的新基座。

　　百度自 2019 年開始深耕預訓練模型研發，先後發佈知識增強文心（ERNIE）系列模型。文心系列模型基於持續學習的語義理解框架，從大規模知識和海量數據中融合學習，效率更高，效果更好。2019 年 12 月，ERNIE2.0 以九個任務平均得分首次突破 90 大關的成績登頂國際權威排行榜 GLUE 榜首。2021 年 7 月，ERNIE 3.0 英文模型在國際權威的複雜語言理解任務評測 SuperGLUE 上超越谷歌的 T5、OpenAI（人工智能非營利組織）的 GPT-3 等大模型，以超越人類水平 0.8 個百分點的成績登頂榜首。2021 年 12 月，百度與鵬城實驗室聯合發佈全球首個知識增強千億大模型鵬城 — 百度 · 文心，參數規模達到 2600 億，在 60 多項 NLP（自然語言處理）任務中取得最好效果。2022 年 5 月的 WaveSummit 深度學習開發者峰會上，百度發佈十個大模型，包括融合學習任務知識的知識增強千億大模型、多任務統一學習的視覺大模型、跨模態大模型、生物計算大模型、行業大模型等，並提出支撐大模型產業落地的三個關鍵路徑：建設更適配場

景需求的大模型體系，提供全流程支持應用落地的工具、平台和方法，建設激發創新的開放生態等。

文心·行業大模型基於通用的文心大模型，融合學習行業特有的大數據和知識，進一步提升大模型對行業應用的適配性。在能源電力領域文心大模型聯合國家電網研發知識增強的電力行業 NLP 大模型國網 — 百度·文心，在金融領域聯合浦發銀行研發知識增強的金融行業 NLP 大模型浦發 — 百度·文心，通過引入行業特色數據和知識，在電力、金融相關領域取得顯著的效果提升。在航天領域，文心大模型攜手中國航天發佈世界上首個航天大模型 —— 航天 — 百度·文心大模型，推進航天領域 AI 技術應用。

截至目前，文心大模型已應用於工業、能源、教育、金融、通信、媒體等行業，例如工業領域的零部件質量檢測、能源領域的輸電線路巡檢、教育行業的作文靈感激發、金融行業的合同信息抽取等，真正幫助企業降本增效並激發創新。同時，文心大模型還全面應用於智能搜索、信息流、智能音箱等互聯網產品，提升了用戶獲取信息、知識和服務的效率和效果。

AI 開放平台。技術生態和產業生態的建設是中國科技公司的短板，還沒有任何一家中國公司在一個大的技術浪潮中成功建立起有全球影響力的技術生態和產業生態。百度做 AI，無論是飛槳深度學習平台，還是崑崙芯片，都堅持開源開放，目的是讓大家少走彎路，讓整個賽道更寬廣，讓技術發展更快，讓應用普及更快。目前，百度 AI 開放平台已對外開放了 1400 多項 AI 能力，日調用量突破一萬億次，服務於千行百業的智能化升級。百度還擁有中國最大的開源社區 —— 開源中國。2020 年百度宣佈，將在未來五年為全社會培養 500 萬 AI 人才。

作為一家典型的技術公司，百度堅持的發展路徑是：通過高研發投入和創新，推動技術商業化，保持健康的公司運營，然後再投入研發創新，形成「飛輪效應」。高強度研發投入幫百度建立競爭優勢和護城河，並最終轉化為盈利能力。盈利能力確保持續的高強度投入，形成正反饋。

2. 乘數效應：AI 推動產業智能化，實現數字經濟快速增長

數字技術與傳統產業的融合，將產生顛覆性改造作用，通過數字產業化、產業數字化，對經濟發展產生疊加效應、乘數效應。

百度智能雲的發展，無論是從規模還是起步的時間看，在單純的雲計算服務 IaaS 上並不佔優勢。但百度憑藉自身在深度學習框架和高端 AI 芯片的積累，側重 PaaS 和 SaaS，提供基於人工智能算法和算力的「雲智一體」的服務。百度智能雲被稱為「最適合跑 AI 的雲」，可以消除企業在數字化轉型中面臨的算力負擔。百度智能雲在業界率先打造出 AI 原生雲服務架構。在算力層面提供面向 AI 場景的彈性高性能的異構算力，在應用開發層面，提供面向 AI 應用場景的系列低門檻開發平台，幫助企業把 AI 應用架構做得更加簡潔、更加敏捷。同時，百度智能雲還打造了綠色算力底座，包括自主研發的崑崙 AI 芯片、高性能極致彈性的計算架構，以及綠色節能的數據中心，有力支撐 AI 技術研發及大規模應用。百度的「雲智一體」，就是以雲為基礎做數字化轉型，以 AI 為引擎做智能化升級。以「適合跑 AI 的雲」和「懂場景的 AI」共同構造智能時代基礎設施。

百度智能雲在工業互聯網、智慧金融、智慧醫療、智能交通和智慧城市等領域已擁有領先的產品、技術和解決方案。百度智能雲「開物」工業互聯網平台已經在貴陽、重慶、蘇州常熟、浙江桐鄉等多個城市落地。2022 年 5 月，「開物」工業互聯網平台憑藉四個獨特優勢 —— 核心技術自主研發、構建完整的工業 AI PaaS 平台、平台開放和下沉運營、建設新型職業人才培養模式，成為工信部遴選的「跨行業跨領域工業互聯網平台」。「雙跨」平台代表着國內工業互聯網平台發展水平，入選企業則被視為「國家隊」，將發揮行業標杆示範作用，促進工業互聯網創新發展和生態繁榮。

在貴陽經開區，依據當地的產業基礎和行業特點，結合百度的 AI 能力和資源，建設了一個區域級的工業互聯網平台，平台上的企業平均生產效率提升了 5%，協同能力提高了 10%。在福建泉州，百度智能雲參與打造的「水務大腦」智能化升級城市水務流程，讓水務運行更高效。新疆電

網在接入百度智能雲的雲智一體的技術和產品後，電力設備實現智能化運行，保障線路傳輸及巡檢人員安全，實現智能巡檢、智能化管控。

3. 頭雁效應：自動駕駛領軍者，加速商業化落地

2022 年 4 月 21 日，美國汽車製造商特斯拉公司 CEO（首席執行官）馬斯克宣佈，特斯拉或將在 2024 年實現 Robotaxi（自動駕駛出租車）量產，而且希望自動駕駛出租車每英里的價格比公交車還要便宜。一周後，4 月 28 日，百度旗下自動駕駛出行服務平台「蘿蔔快跑」正式開啟無人化自動駕駛出行服務。百度創始人、董事長兼 CEO 李彥宏之前就作出預測，當每天有 5000 萬個訂單時，自動駕駛出租車的成本將會是現在的 1/5，屆時自動駕駛行業會進入全面商用階段。麥肯錫也曾預測，自動駕駛出租車與人類駕駛出租車相比，出行服務成本將在 2025 — 2027 年達到拐點，預計 2025 年之後的五年內，自動駕駛出租車的成本將出現快速下降。

在自動駕駛技術研發上，美國擁有發達的集成電路技術，在高端芯片設計領域也一直保持領先態勢。另外，在激光雷達、視覺技術等方面都保持領先。中國發展自動駕駛的優勢在於以下五個方面：第一，汽車市場足夠龐大，可帶來顯著的規模效應，也可支撐足夠多的細分場景。第二，基礎設施配套齊全。中國大力推行 5G、衛星互聯網、數據中心、智能交通等新型基礎設施建設，讓中國自動駕駛不僅可以實現單車智能，還可以走「車路協同」的發展道路。第三，中國自動駕駛在高精度地圖、激光雷達、車載計算芯片等領域都取得了很大進展，車規級激光雷達、人工智能芯片算力都達到國際先進水平。第四，智能汽車是自動駕駛的核心終端，在智能汽車大規模量產之時，中國製造的優勢將進一步凸顯。第五，國家層面的頂層設計和政策驅動。過去六年，中國已經連續發佈十餘項國家級政策，從國家戰略層面保證中國自動駕駛的競爭力。

作為中美兩國自動駕駛領域的「頭雁」，百度 Apollo 和谷歌 Waymo 都實現了自動駕駛的「無人化」，接下來將競速自動駕駛「商業化」。這方面，百度跑得更快。從自動駕駛出行服務訂單數量看，「蘿蔔快跑」半

年訂單就突破 30 萬單，而 Waymo 車隊的訂單量，據估算每季度僅為 2.6 萬～5.2 萬單。從訂單量看，百度 Apollo 後來居上，實現了對谷歌 Waymo 的反超，成了全球最大的自動駕駛出行服務商，中國頭雁開始領跑全球。百度還定下新目標：到 2025 年將業務擴展到 65 個城市，到 2030 年擴展到 100 個城市。

事實上，百度在自動駕駛領域「車—路—雲—圖」全棧式佈局，放眼全球都是獨一無二的。百度 Apollo 已經發展出了三種商業模式：一是為主機廠商提供 Apollo 自動駕駛技術解決方案；二是百度與吉利集團合資成立了智能汽車公司「集度」，端到端地整合百度自動駕駛方面的創新，把最先進的技術第一時間推向市場；三是 Robotaxi 自動駕駛出行服務。

從 2017 年開始，百度牽頭承擔首批「國家新一代人工智能開放創新平台」中的自動駕駛平台建設任務，成為自動駕駛的「國家隊」。其間不斷加強汽車、信息領域的關鍵核心技術研發攻關，並全力打造開源創新生態，加速了高校、科研機構與企業，特別是初創企業的跨界協同，有效推動了自動駕駛技術創新和產業發展。截至 2022 年 5 月，百度 Apollo 全球自動駕駛生態合作夥伴超過 200 家。

綜上，百度從搜索起家，服務了超過十億互聯網用戶；近十年通過在人工智能、大數據、雲計算等領域的嘗試和探索，逐漸成長為一家領先的 AI 公司，並形成了三大增長引擎：移動生態業務、智能雲、智能駕駛和智能助手。面向未來，隨着數字經濟的不斷發展，百度將不斷發揮技術創新優勢，努力在新一輪的科技競爭中成為全球的科技巨頭。

（二）人工智能推動產業轉型的典型案例

百度智能雲是百度 AI 能力的輸出者，憑藉「雲智一體」的獨特競爭優勢，以雲計算為基礎，人工智能為引擎，賦能千行百業為戰略，將 AI 技術輸送到地頭田間、工廠車間。百度建設的飛槳產業級深度學習開源開放平台、開物工業互聯網平台，都是雲智一體的智能化綜合性基礎設施，可以大幅降低數字技術和智能技術的應用門檻。

1. 工業互聯網：為區域經濟高質量發展打造新型基礎設施

《「十四五」智能製造發展規劃》提出，到 2025 年建成 120 個以上具有行業和區域影響力的工業互聯網平台，促進區域智能製造發展。百度智能雲「開物」以「AI＋工業互聯網」為特色，跨行業跨領域地為工業企業、產業鏈和區域產業集群提供「雲智一體」的整體解決方案。在貴陽經開區，百度智能雲「開物」打造的工業互聯網平台項目，對 400 餘家工業企業實施了數字化改造。在加入平台後，貴州勁嘉新型包裝材料有限公司的安全生產得到全面提升，智能化監管設備遍佈該公司生產車間的所有關鍵區域，當工人未按規定要求進入車間、違規操作時，系統可實現秒級速度反應，反覆提醒、糾正，為安全生產提供保障。貴陽興航機電技術有限公司藉助此平台，能夠更好地為全省工業企業提供優質維修服務。平台上企業如有維修需求，可實時聯繫到該公司，同步待修機器詳情，實現精準維修，提升了生產效率。

2. 智能交通：減少交通事故，提升交通效率，出行更低碳

智能交通是雲計算、大數據和人工智能三位一體最綜合的應用領域。百度智能交通解決方案包括車路協同、智能信控、智慧停車、智慧交管、智慧高速等，目前在北京、上海、廣州、長沙、重慶、陽泉、滄州、合肥等 50 個城市開展落地實踐。李彥宏認為，未來的城市智能交通不僅要有「聰明的車」，還要有「智慧的路」。以車路協同為基礎的智能交通，將能夠提升 15%~30% 的通行效率。四年之內，中國的一線城市將不再需要「限購」「限行」；九年之內，靠交通效率的提升基本上就可以解決擁堵問題。

車路協同。2020 年 8 月，廣州黃埔區、廣州開發區與百度 Apollo 開啟廣州市黃埔區、廣州開發區面向自動駕駛與車路協同的智慧交通新基建項目。在黃埔區 133 公里城市開放道路和 102 個路口，規模化部署了城市 C-V2X 標準數字底座、智慧交通 AI 引擎及六個城市級智慧交通生態應用平台，並與現有交通信息化系統實現對接應用，取得了明顯成效。在城區六條主幹道實施了動態綠波的控制策略，每條道路平均行程時間下降了25%，平均遇紅燈停車次數由三至四次下降為一次。其中核心幹道開泰大

道自東往西方向實現了一路綠燈通過 12 個路口。2020 年 5 月，北京 Apollo Park 在北京亦莊落成，這是全球最大的自動駕駛和車路協同應用測試基地。百度在此部署了 ACE 智能路口解決方案，這個方案具備「多杆合一、多感合一」「一次投資、持續收益」的優勢，目前部署了 300 多個路口。

智能信控。在廣州黃埔區科學城、知識城智能信控項目範圍內，自適應路口數量佔比達 57%，日均優化次數達 3600 餘次，路口車均延誤下降約 20%，綠燈空放浪費下降約 21%。讓每天開車經過的人切實感受到智能交通帶來的變化，體驗「一路暢通」的感覺。在湖南長沙，百度和公安局交警支隊合作打造了 87 個智能路口，路口通行效率提升 25% 以上，交通事故減少了 35%。

智慧交管。百度為保定打造了河北省首個新型智能交通項目「保定 AI 智慧交管大腦」。基於百度的車路協同、大數據和 AI 技術，已經在保定建設了 176 個智能路口，實現了對車輛的自動化、精準化、智慧化的管控。目前，保定城區高峰通行擁堵指數已下降 4.6%，平均速度提升 11.6%；應用動態幹線協調控制的四條主幹道，車輛行程時間平均縮短約 20%，車速平均提高約 6.5 公里 / 時。百度還在保定建設了一個特色場景：智能可變車道。在保定可變車道案例中，車道的切換是完全依靠百度的信控優化系統實現的，讓車道的方向與車輛的需求更匹配，更及時地解決左轉和直行排隊長度不均衡的問題。

智慧高速。百度智慧高速解決方案融合了大數據、人工智能、車路協同等關鍵技術，解決視頻聯網、監控調度、巡檢養護等傳統高速業務痛點問題。同時，百度智慧高速解決方案還面向自由流收費、全天候通行等下一代智慧高速應用場景，推動智慧高速的數字化、智能化升級。2020 年 8 月，國內首條支持高級別自動駕駛車路協同的高速公路 —— G5517 高速長益段正式通車；9 月，百度在四川都汶高速龍池段，建成了西南地區首個「全天候車路協同」試驗場。此外，百度在山西五盂高速公路 15 公里範圍內，建成了國內首條智能網聯重載高速公路示範路段。

2021 年，百度中標京雄高速河北段，將運用全新視角打造國內首條具

有 L2 至 L4 級自動駕駛專業車道的智慧高速公路。在京雄高速的建設過程中，百度基於「全棧閉環、主動交互」的車路雲圖高速數字底座，融合大數據、人工智能、車路協同等關鍵能力，協助其打造「一屏觀全域、一網智全程」的智慧高速樣板。京雄高速在全線設置了 3700 餘根智慧燈杆，整合了能見度檢測儀、邊緣計算設備、智慧專用攝像機、路面狀態檢測器等新型智能設備，依託北斗高精度定位、高精度數字地圖、可變信息標誌和車路通信系統等，可為車主提供車路通信、高精度導航和合流區預警等服務。

MaaS，出行即服務。2021 年 2 月，百度 Apollo 全球首個服務多元出行的 MaaS 平台亮相廣州。平台部署了包括自動駕駛出租車、自動駕駛公交、自動駕駛巡檢車以及自動駕駛作業車四支車隊，通過百度 AI 算法能力，智能調度引擎，可以對全局實時運營情況及供需信息進行分析，實現對 Robobus、Minibus、Robotaxi 各類車型的融合調度。不僅如此，廣州 MaaS 平台還接入公交、共享單車等其他第三方運力資源，打造基於自動駕駛的 MaaS 一站式出行平台。

3. 水電基礎設施智能化，助力綠色雙碳目標達成

智慧水務：在福建泉州，百度智能雲聯合合作夥伴打造「泉州水務大腦」，可對製水工藝進行智能化監測與預警，實現對生產流程的自動化控制與運維。一個 App 加上兩名工作人員就可實現對全廠多個工藝環節的管理控制。泉州水務製水供水單位能耗下降 8%，分散式污水處理設施正常運行率提升 5%。

智慧能源：傳統電網電力巡檢通常依賴人工，勞動強度高，效率低，且受惡劣天氣等外界因素影響較大。百度無人機每天可巡檢 40~50 級線路，長達 20 公里，減少了 60% 的人工巡檢工作量，大幅提升了工作效率。百度智能雲還助力國網山東電力搭建輸電通道可視化，輕鬆實現戶外各種複雜場景下的安全巡檢，煙火識別準確率由 70% 提升到了 90%，同時實現秒級報警。

4. 蔬菜設施智腦：推進鄉村振興及新型城鎮化建設

在「中國蔬菜之鄉」山東壽光，百度智能雲與當地政府以及合作夥伴

聯合打造了「蔬菜設施智腦」。在 AI 技術的加持下，壽光的蔬菜種植產量提升了 10%，商品果率提升了 15%~20%，水、肥、藥用量降低了 15%，蔬菜生產種植真正實現了降本增效。農業大田裏，老鄉只需要通過手機 App 便可以監控大棚內蔬菜的生長和環境情況，坐在家裏就能成為「農業專家」。用人工智能技術幫助蔬菜種植從「經驗種植」向「智能種植」轉變。

5. 智慧物流：讓城市動脈暢通無阻

百度地圖為物流行業輸出物流地圖、智能調度系統等智能物流解決方案，幫助合作夥伴降本增效。雙匯物流在全國推廣應用百度地圖智能調度系統後，提升調度人員整體操作效率 75% 以上，綜合節約運輸成本超 5%。除此之外，通過將車輛違章數據智能化分析的結果與智能調度系統進行打通，實現了在計劃層面對路線選擇的主動干預，不僅有效規避了事故與違章的高發路段，更實現了對司機行車安全的關懷。

6. 數字體育：提升體育科技研發水平及觀眾體驗

百度智能雲在觀眾觀看比賽體驗、運動員輔助訓練等多場景推出成熟的數字體育解決方案，並聯合央視、國家級運動隊共同打造出標杆案例，展現規模化複製能力。在北京冬奧會滑雪女子大跳台決賽中，谷愛凌最後一跳以向左偏軸轉體 1620° 的動作完美逆轉，獲得本場奧運會個人首金。然而高空滑雪作為一項「空中飛人」運動，觀眾在觀賽體驗上卻面臨一系列困惑：滑雪運動的評判標準究竟是怎樣的？裁判如何看清冠亞軍的差別？在央視總台播出的《奧祕無窮》節目中，百度智能雲通過「3D+AI」技術打造出「同場競技」系統，將單人比賽項目變成「多人比賽」，實現了冠、亞軍比賽畫面的三維恢復和虛擬疊加，方便觀眾通過一個賽道看到不同選手的實時動作。同時，通過技術手段對運動員動作進行量化分析，將滑行速度、騰空高度、落地遠度、旋轉角度等一系列運動數據與原始畫面疊加起來，觀眾可以多角度看清選手之間的技術差異，輕鬆看懂冠亞軍之爭。

7. 飛槳助力全球首個冰激凌行業「燈塔工廠」誕生

上海哲元科技基於飛槳 EasyDL 人工智能開發平台訓練出食品生產流

水線數量清點及外觀檢測模型，是為一家全球知名冰激凌品牌定製的檢測模型，能夠做到從蛋卷皮外觀、巧克力噴塗到灌料、撒料、壓蓋、包裝的全流程智能化檢測，實現了「快、全、省、安、優」── 從人工一秒檢測一個產品，到機器一秒檢測近百個產品；從只能識別一種缺陷，到可識別全流程幾十種缺陷，實現了機器 24 小時全檢，改變原有人工質檢模式，有效保障了食品的安全生產，同時保證了檢測質量與效率。2021 年9 月，在上海哲元提供的智能化質檢系統加持下，該冰激凌品牌位於江蘇太倉的工廠被認證為世界級「燈塔工廠」，更是全球冰激凌行業的第一家「燈塔工廠」。

8. 飛槳：虛擬傳感器模型，為中國交通機電安全護航

中車研究院選擇國產深度學習框架飛槳，利用飛槳構造出虛擬傳感器模型。從模型搭建、訓練到實際部署，中車研究院僅花了幾個月的時間，而傳統的方法則需要兩到三年。通過實驗室測試、鐵路環線驗證發現，採用虛擬傳感所得數據與加裝傳感器數據同等有效，並且在中車研究院的算法持續優化下，故障檢測準確率整體提升了 10%。目前，中車研究院利用百度飛槳開發的虛擬傳感器模型，已經加載於中車研究院自研的積木式設備物聯與計算平台中。未來，高鐵、動車、地鐵，甚至是風力發電機、電動大巴汽車裏都會有它的身影。

二、騰訊產業互聯網：以 C2B 優勢和科技創新助力數實融合 [1]

2018 年，騰訊在自己 20 周歲的時候宣佈「扎根消費互聯網，擁抱產業互聯網」的戰略。馬化騰在 2018 年《給合作夥伴的一封信》中明確表示，「要讓個人用戶獲得更好的產品與服務，我們必須讓互聯網與各行各

---

① 本部分由騰訊公司協助供稿。

業深度融合，把數字創新下沉到生產製造的核心地帶，將數字化推進到供應鏈的每一個環節。沒有產業互聯網支撐的消費互聯網，只會是一個空中樓閣」。為此，騰訊成立了雲與智慧產業事業群（簡稱 CSIG），全力推動產業互聯網戰略。

騰訊的產業互聯網戰略以騰訊雲為基座，融合安全、AI、大數據、IoT（物聯網）、多媒體等領先技術，與 9000 多家合作夥伴打造了超過400 個行業解決方案，服務出行、工業、製造、零售、金融、醫療、教育等各行各業數字化轉型。騰訊雲持續發力自主研發芯片、操作系統、服務器、數據庫、音視頻、安全等，構築自研產品矩陣，服務客戶已經達數百萬；騰訊會議用戶數突破三億；企業微信上的真實企業與組織數超 1000萬，活躍用戶數超 1.8 億，連接微信活躍用戶數超過五億。

（一）騰訊的產業互聯網產品佈局

增強連接和可靠度量，激活產業創新價值，是騰訊助力數字經濟的基本思路，也是騰訊開發產業互聯網產品的兩個基本支點。首先，數字經濟讓不同領域重新連接、組合，跨領域融合成為產業價值創新的方向。數據要素化為社會經濟系統中的所有單元提供了互聯的可能性，這種廣為存在、多樣化的連接，使得原有的產業格局發生重構。騰訊是因連接而生的企業，因此也最善於開發連接型的產品，加速數字技術與實體經濟的融合、不同產業之間的融合發展。其次，數據和連接價值的體現，離不開高精度的可靠度量。雲計算、AI、大數據等技術，為產業生態帶來更大範圍、更高精度、更可靠的度量。騰訊致力於不斷創新數字技術，並基於此開發各種度量方案，以此實現對產業互聯網生態的優化和轉型升級。產業互聯網所帶來的數字化度量是全面的度量，不只是生產資料、不同的生產服務環節，還包括產業生態中的每一個被連接者、每一個連接，都變得可觀測、可追蹤、可度量、可分析。

騰訊認為，需求是推動數字經濟創新發展的第一推動力。在各種各樣的連接中，生產端與消費者端的直達連接（也就是 C2B），是產業互聯網

相較於工業時代所帶來的最大變化。騰訊在消費端的產品優勢，同樣可以助力於生產端。

用戶直達層面，通過 QQ、微信、小程序、公眾號、微信支付等工具，把用戶觸達、洞察、分析的能力，開放給 B 端用戶。消費端的數據會轉化為真實需求，直接反饋到生產端。

產品層面，C2B 給實體產業帶來一種以用戶價值為出發點的產品設計方式。C2B 的連接帶來「以用戶為依歸」的價值觀，助力 B 端更深入挖掘用戶價值、關注用戶體驗、完善用戶服務。

技術層面，面向產業互聯網，騰訊將自己積累超過 20 年的技術開放出來，以騰訊雲為基座整合了 AI、大數據、安全、IoT 等關鍵技術能力，形成數字化工具箱。企業和開發者可以靈活地使用這些技術，運用到具體的業務場景中。

騰訊會議是騰訊 C2B 能力與優勢的集中體現之一。誕生於產業互聯網時代的騰訊會議，於 2019 年 12 月底上線之後迅速成為一款大眾熟悉的企業級通信產品。目前騰訊會議的用戶數已經突破兩億，覆蓋全球超過 220 個國家和地區，形成了一整套雲視頻會議解決方案。基於開放平台的 API/SDK 與應用入駐能力，騰訊會議企業版已覆蓋千行百業，包括支持廣交會線上開展、為清華大學等超過 300 所高校提供數字化協同等。

在用戶連接方面，騰訊會議實現了與微信等社交平台打通，一鍵即可轉發或者加入會議，便捷度超過電話撥號。騰訊會議企業版打通了企業通訊錄，在會議邀約時可以更精準地觸達企業員工。2021 年，騰訊會議、企業微信、騰訊文檔三大產品正式融合打通，進一步提升了連接效率。企業版還提供了自定義佈局、同聲傳譯、會議投票等能力，通過更豐富的協作和會管會控能力，提升會議效率。

在產品打磨方面，騰訊會議從一開始就明確了三個原則：簡單易用、互聯互通、堅守邊界。因為痛點清晰、系統簡潔，騰訊會議的產品主界面上甚至只能看到四個主要按鍵。與此同時，騰訊也明確「連接」是其核心優勢，做好相關軟件產品服務，不做硬件但可以適配各種硬件系統。

在技術探索方面，通過全球領先的音視頻和 AI 技術把降噪和延時做到極致，提升通話質量。騰訊雲音視頻首次利用 WebRTC 技術打造超低延時直播，降低延時 90% 以上，實現了 80 毫秒超低延時。藉助騰訊雲 AI 自動降噪，騰訊會議可以一次性針對鍵盤、觸屏、風扇等 300 多種噪聲實現降噪；基於個性化語音增強技術，騰訊會議還能夠在環境噪聲消除的基礎上，進一步消除周圍人聲的干擾，凸顯主講人的聲音信號，解決會議室複雜場景下遠場多人音頻通話、多人講話實時追蹤等技術難題，讓遠程交流如面對面交談般實時且清晰。

C2B 不只是消費者與企業生產體系的「連接」，而是以「融合」實現社會生產鏈條重塑，激活產業新價值。在騰訊的產業互聯網藍圖中，用戶的價值不再局限於商品的消費，在實時連接和大數據分析支撐下，研發、設計、生產、供應、服務等環節都可以從用戶視角來審視。比如，騰訊助力國家推動醫保電子憑證、電子健康卡的建設，助力醫療系統的數字化轉型，實現科普、掛號、問診、支付、疾病管理等個人健康服務全流程管控。同時，基於這些實時數據，也可助力管理部門科學決策，結合大數據分析來加強醫保控費。

隨着中國數字經濟發展進入產業互聯網階段，騰訊秉承技術和產品創新理念，在基礎軟硬件、前沿技術等方面也做了大量的佈局。

1. 加快基礎軟硬件技術創新，助力國家破解「卡脖子」難題

騰訊在互聯網工程技術、信息安全、媒體技術等互聯網信息的應用技術領域有一定領先性，在此基礎上，騰訊努力在基礎軟硬件等關鍵核心技術研發上發力，在服務器、操作系統、數據庫等底層能力上已經基本實現全自研。

自主軟件方面，操作系統一直是騰訊研發投入的重點領域，已經研發了國產操作系統 TencentOS 超十年。2021 年，騰訊對外發佈行業首家全域治理的分佈式雲操作系統「遨馳」，單集群支持十萬級服務器、百萬級容器規模，管理的 CPU 核數超過一億。

數據庫方面，騰訊雲分佈式數據庫可以支持 10P 存儲空間，單機

QPS（每秒查詢率）最大可達到每秒一億，已經與百餘家行業頭部合作夥伴完成了產品兼容互認證。目前客戶數超 50 萬，大量企業已採用國產化騰訊雲數據庫。

音視頻技術方面，騰訊自主研發的編解碼技術全球領先，已擁有超 100 項新一代國際編解碼專利，在 2021MSU 世界視頻編解碼大賽的多個主流賽道上奪得第一。

安全技術方面，騰訊安全依託 20 多年的實戰攻防經驗和「原廠原裝」的雲安全體系，持續加大技術投入，牽頭 40 多項國際、國家、行業標準研發與制定，擁有超過 2200 項專利授權，為數字政務、金融、零售、地產、醫療、能源等行業客戶開展數字化業務提供安全保障。2022 年初深圳疫情期間，騰訊安全還開展了「遠程辦公護航計劃」「數字菜籃子」等專項工作，為物流冷鏈、企業遠程復工等社會民生工作提供安全支撐。

此外，騰訊專有雲 TCE 獲得國內首批數字化可信服務平台認證。騰訊自研的第四代數智融合計算平台「騰訊 — 天工」採用自研隱私計算技術，從機器學習到大數據分析為各個場景提供全方位保護，可以支持千億級規模的海量數據訓練。在數據安全方面，騰訊能提供 3072bit（比特）業界最高強度加密和 TEE 硬件雙保險，最大限度確保數據安全。

自主硬件方面，2020 年騰訊成立了硬件實驗室 —— 星星海實驗室，面向產業互聯網加速技術自研，已經發佈了包括星星海服務器在內的多款自研硬件產品。和傳統服務器相比，騰訊雲星星海統一的整機方案可以支持不同的 CPU 主機。根據測試，騰訊雲星星海可以實現雲服務實例綜合性能提升 35% 以上，其中視頻處理速度提升 40%，圖形轉碼得分提升 35%，Web 服務頁面 QPS 提升高達 152%。2021 年 3 月，基於星星海靈動水系 AC211 服務器打造的 SA3 發佈，在 AI 場景下，實測性能提升 220% 以上。2021 年 4 月，基於星星海靈動水系 XC221 服務器打造的 S6/M6/C6，可以為遊戲、網關場景帶來最大高達五倍的性能增幅。目前，騰訊雲在全網運行的服務器已超 100 萬台，是中國首家、全球第五家運營服務

器超過百萬台的公司。而基於星星海打造的騰訊雲 100G 雲服務器，是國內首個規模應用 100G 超大網絡的雲服務器產品系列，進一步提升了雲場景適配度。騰訊還成立了專注芯片研發的蓬萊實驗室，旨在實現芯片端到端設計、驗證全覆蓋。2021 年，新推出三款自研芯片，包括 AI 推理芯片「紫霄」，用於視頻處理的「滄海」以及面向高性能網絡的「玄靈」。

2. 奮力挺進基礎前沿科學，潛心探索技術「深水區」

2019 年以來，在人工智能、機器人等前沿科學「深水區」，騰訊以「計利當計天下利」的責任感，舉自身之力先後建立人工智能、機器人、5G 和多媒體技術等前沿科技實驗室。騰訊建設實驗室一方面強調不得追求短期收益，確保結構、人員及資源配置穩定，且不進行常規績效考核，以保證科研人員能戒除浮躁，踏踏實實做好「面向星辰大海」的人；另一方面，尊重基礎前沿及關鍵技術研發規律，團隊做到涵蓋多個交叉學科的「多兵種配置」，並加強與國內外高校和科研機構的合作。

人工智能領域，AI Lab 已在 AAAI 等國際人工智能會議上發表超 600 篇文章。在 AI+ 醫療領域，騰訊通過發佈首個 AI 驅動的藥物發現平台「雲深」，幫助藥企和研究機構提高藥物研發的效率，降低成本；在 AI+ 內容領域，騰訊 AI Lab 持續將 AI 技術與翻譯、搜索、虛擬人等場景融合，2018 年推出交互翻譯產品 TranSmart、推出異構向量檢索系統 VeNN 及異構計算框架 HCF、發佈 AI 驅動的多模態 3D 虛擬人「艾靈」「小志」等。

機器人領域，2018 年成立 RobertX 實驗室，致力於機器人機電一體化、精確控制、視觸覺感知、智能決策等前沿技術研究。已實現了「機器狗 Leopard」從軟件到硬件的完全自主研發，目前集中攻關運動能力（如步態行走、輪式滑行、雙腿直立），下一步將積極探索在巡邏、安保、救援等多個場景的應用可能。2020 年 11 月，四足移動機器人 Jamoca 和自平衡輪式移動機器人首次對外亮相。其中，Jamoca 是國內首個能完成走梅花椿複雜挑戰的四足機器人。

5G 技術創新領域，2017 年底騰訊開始佈局 5G 技術和應用研究，

並率先提出「應用驅動網絡演進」理念。在 3GPP 5G 架構組成功主導
5G-AIS 雲遊戲標準立項，成為全球互聯網公司首個 5G 架構報告人單位，
在 eSBA、eV2X 等重點技術領域位居全球領先地位，累計提交 400 多篇
5G 國際標準提案，居全球公司前五位。同時，騰訊 5G 創新中心成為互聯
網領域首家入選工信部 5G 應用方陣企業。2021 年 11 月，騰訊 5G 遠程實
時操控解決方案實現了在武漢操控 1500 公里外鄂爾多斯礦區的卡車，延
時低至 100 毫秒。

**3. 通過開源、工具平台、人才培養等手段擴大自身科技創新的溢出
效應**

作為一家有着濃厚工程師文化氛圍的公司，騰訊自 2010 年開始在公
司範圍內鼓勵和推動開源的代碼文化，並在 2012 年開始對外發佈開源項
目，與廣大開發者一起創造正向價值。「開源協同」也成為騰訊技術發展
的核心戰略。在全球最大的代碼託管平台 Github 上，騰訊共貢獻了超過
140 個項目，貢獻者人數超過 3000 名，獲得的全球 Star 數超過 40 萬。並
且，騰訊蟬聯了 JDK15/16/17 中國企業貢獻度的排名第一，也是唯一連
續五年進入全球企業 KVM 開源貢獻榜的中國企業。

同時，騰訊打造了包括敏捷研發協作平台 TAPD、代碼管理平台工
蜂、智能化持續集成平台騰訊 CI（藍盾）等多個提升研發效能工具在內
的企業級敏捷研發體系。2017 年 TAPD 正式對外開放，助力騰訊以外的
企業提升研發效能。2021 年，TAPD 發佈《小微企業扶持計劃》，助力幾
十萬家小微企業進行敏捷轉型。

此外，騰訊還開展了犀牛鳥開源人才培養計劃，通過高校合作培育開
源人才、普及開源文化，助力開源人才生態的發展，目前已經吸引了來自
420 所國內外高校的超過 3000 名學生參與。

「數實融合」要「興實業、做實事、靠實幹」。在一個個的項目、一
次次的交付過程中，騰訊深刻感受到，產業互聯網是需要產業界與互聯網
行業攜手攻克的山峰。騰訊持續向合作夥伴開放產業資金與孵化資源、技
術基礎設施、中台研發資源、C 端場景資源、共建項目，助力生態合作夥

伴找到成長「加速度」，共同打造行業解決方案、服務行業客戶。例如在企業服務方面，騰訊與高燈科技聯合開發「騰訊雲智能票財稅 SaaS 解決方案」，基於智能票據識別、多票識別、自動驗真、銷項開票、電子會計檔案等核心技術打造全場景的企業數字化財稅服務，服務超級猩猩、天健集團、卡爾丹頓、麥克維爾等超過 1000 家客戶。

（二）發揮技術優勢和 C2B 的連接優勢，助力「數實融合」的典型案例

在推進產業互聯網的過程中，騰訊堅持產業互聯網核心是產業，數字技術是處理產業問題的工具。過去三年，騰訊以連接和度量為抓手，以 C2B 為關鍵優勢，堅持研發和落地同步進行，打造了一批中國產業互聯網的示範工程。

1. 助力工業互聯網建設，以數字化打造產業新模式，實現提質增效

工業是騰訊產業互聯網發揮價值的重要領域。在工信部 2020 年評選的十五家「雙跨」工業互聯網平台當中，騰訊參與建設的就有四家，包括富士康旗下的工業富聯、三一重工旗下的根雲工業互聯網平台、重慶的忽米網，以及騰訊的 WeMake 工業互聯網平台。

例如，玲瓏輪胎基於與騰訊雲的合作，藉助騰訊產業互聯網的 C2B 能力探索全新營銷模式。傳統輪胎行業分銷模式難以真正觸達終端用戶，商家、門店、渠道、消費者互相之間是割裂的，通過與騰訊產業互聯網打造智慧營銷雲平台，玲瓏輪胎打通了產業鏈上的數據孤島，形成統一的用戶畫像，並通過自動化營銷工具，根據客戶行為精準觸達客戶需求，基於渠道和門店銷售數據和庫存優化排產計劃。2020 年疫情期間，玲瓏輪胎銷售逆勢增長了 50%，而同期中國輪胎市場處於負增長狀態。

同時，騰訊提供數字化精準度量方案，提升企業數字化效能。

富馳高科是一家金屬注射成型零部件生產公司，生產的小型精密零部件應用於全球領先的手機廠商中。騰訊雲結合先進的光度立體、遷移學習等算法形成 AI 質檢方案，幫助富馳高科將人工一分鐘完成的質檢壓縮到

幾秒，缺陷檢出率達到 99.9%，讓不懂 AI 的工人也能操作，每年可節約數千萬元的質檢成本。2021 年 7 月，騰訊與寧德時代達成戰略合作，雙方重點對新能源質檢領域一系列世界級難題進行 AI 技術攻關，助力寧德時代提升研發效率，加快電動電池技術能力儲備，提高人工智能前沿技術研發水平，加速新能源產業智能化轉型升級。

2. 在零售領域，C2B 用戶直達助力搭建全域增長新體系

例如水果零售行業的領軍企業百果園，在與騰訊智慧零售的合作中藉助小程序、微信、企業微信搭建起了近 500 萬的私域社群用戶，以門店為引流點、以社群為私域運營陣地搭建用戶服務網絡，打通社群、小程序商城、線下門店，讓線上線下體驗一體化，為用戶提供精細化服務，提升銷量。疫情之下，百果園逆勢增長，一體化會員也已經突破 7000 萬。太古可口可樂基於微信生態打造了直連 200 萬小店的「服務＋生意」平台，並藉助騰訊優碼等溯源工具打通門店核銷，進一步激活線下售點，推動小程序訂單量持續提升。截至 2021 年底，在騰訊智慧零售的合作夥伴中，有四個品牌的小程序 GMV（商品交易總額）達到百億元量級，超十億元的達到 33 家，破億元的有 111 家。

3. 推動農業領域數字化轉型，用數字技術助力鄉村振興

在壹號食品的養殖基地廣東官湖村，村民通過數字化養豬的方式實現脫貧致富。藉助企業微信，壹號食品打通養殖基地各個環節的數據，包括水簾降溫系統、生豬電子檔案等，搭建標準化養殖體系並以「公司＋基地＋農戶」的模式，讓飼養員用一部手機就可以養好豬，例如哪頭豬該打疫苗、該配種、超過了預產期等信息，都會實時提醒。精細化的養殖之下，窩均產崽數提高了 8%~10%，村民收入也大幅提升。此外，騰訊還整合了產品溯源、區塊鏈、品牌保護及營銷風控等方面的核心技術和能力，推出一站式數字化服務平台 —— 安心平台。在農產品溯源、農產品品牌建設方面取得了很好的實踐價值。騰訊將在三年內助力 100 個優秀地標農產品品牌建立數字化新動能，成長為家喻戶曉的優秀品牌。該平台已在甘肅、山東、海南等農業資源豐富的省份落地。

4. 以連接提升交通出行體驗，助力基礎設施智慧化升級

在公共交通領域，騰訊與廣州地鐵集團共同打造並發佈了新一代軌道交通操作系統「穗騰 OS2.0」，這是業內首創的基於工業互聯網與物聯網的新一代軌道交通操作系統。系統重點打造了物聯平台、策略引擎平台、大數據平台、算法平台和開放平台五大核心平台，一方面，通過高效連接起各軌道交通設備和系統，實現一體化的智慧調度管理；另一方面，也可以支撐各類智慧應用的快速敏捷的開發與迭代，為軌道交通產業「建設、管理、運營、服務」全生命周期的數字化升級提供一體化的底座支撐。在客流疏導和出行效率提升方面，穗騰 OS 2.0 通過實時感知站台、列車各區域的客流密度，可以分析站台與列車客流的分佈情況，進而自動觸發手機 App、車站廣播、電子導引屏、電扶梯等關鍵服務設備，實現場景化的聯動控制，引導乘客有序分散乘車；在車站高效管理、運維和安防等方面，由於設備的聯調聯控，可以實現一鍵開關站、視頻巡更巡檢、車站應急預案一鍵啟動及全過程跟蹤等場景化模式控制，必要時還可以一鍵報警，為監測、運維、預警等提供更高效的決策輔助，降低運營管理成本。目前，穗騰 OS 2.0 已接入了 20 多個專業系統、兩萬多個設備，並且已經用於速度達到 160 公里／時的廣州地鐵 18 號線上，為「大灣區最快地鐵」高效、安全運營提供了智慧大腦。

5. 泛在連接激活健康管理，數字科技激發醫療創新

在醫療領域，騰訊健康以 C2B 和數字技術為抓手，助力醫療健康的智慧化。一方面，藉助「騰訊健康」小程序、電子健康卡、醫保電子憑證、騰訊醫典，連接個人與公立醫院、疫苗接種等公共衛生服務，助力打通資訊、掛號、問診、購藥、支付等健康服務環節，實現「權威科普一點查，就醫購藥一碼付，病歷檔案一卡管」，為個人用戶提供線上線下一體化的服務平台；另一方面，面向行業，騰訊健康以人工智能、大數據、雲計算等技術能力，助力醫療機構、醫聯體的數字化升級，助力城市級居民健康信息平台建設、公共衛生管理與預警、智慧醫保管理與決策，通過數字化解決方案，助力供給側創新。

例如，深圳市疾病預防控制中心和騰訊共同打造「深圳市現場流行病學調查處置系統」。該系統嵌入互聯網智能電話，讓流調訪談人員在騰訊企點客服機器人的幫助下解放雙手，實現邊訪談邊記錄。同時，為了使市民安心接聽流調電話，系統呼出的電話統一標識為「深圳疾控中心」來電，以短信形式提醒市民安心接聽電話，提升對流調工作的配合度。騰訊把語音識別、自然語言處理等人工智能技術應用在流調訪談中，訪談內容自動生成文本，還能智能識別提取核心信息，自動填寫流調表單。比如，當被流調人說出自己乘坐過深圳地鐵五號線時，系統會自動顯示五號線全部站點，流調人員只需要勾選相應站點，該信息就會自動填入表單。

6. 技術創新推動行業轉型，助力教育公平化、高質量發展

騰訊整合雲計算、存儲、安全、物聯、音視頻和 AI 等技術能力，搭建以音視頻、教育號和知識圖譜為核心的教育雲底座，助力打破應用孤島和重複建設等問題，激活教育變革的內生力量。比如，在深圳羅湖區，騰訊聯合區教育局共同打造羅湖智慧教育雲平台，實現入口統一、數據整合和應用服務多樣化。

此外，騰訊也將在各領域的產業實踐，沉澱為體系化的知識內容，提升人才培養適配性和效率。比如，在線終身教育平台騰訊課堂將分散的教育機構與分散的用戶需求連接起來，助力實現技能教育公平普惠。目前，騰訊課堂有超過 40 萬門課，在架課程中有 80% 和就業崗位密切相關，40% 是當年新增課程，緊扣各行業發展需求，幫助學員提升就業能力和競爭力。河南鹿邑縣「90 後」姑娘王某從小患有「脆骨病」，經歷過將近百次骨折，從來沒有進過學校，她想要學習手藝補貼家用，但苦於沒有途徑。2020 年，王某通過騰訊課堂公益行動「潮汐計劃」相關課程開始學習編織技能。通過與遠程老師課程的上百次連接後，王某終於編織出了惟妙惟肖的作品，並帶領村裏的留守媽媽共同創業，她們編織的花束還登上了 2022 年北京冬奧會頒獎台。

7. 助力社會治理決策科學化、精細化，公共服務高效化，推動數字政
務各領域深度協同發展

騰訊雲通過打造數字政務技術底座，助力數字政府、人社、稅務、市
場監管、水利水務、農業農村等行業進行數字化轉型。同時，根據民生、
營商、政務等相關業務場景，通過微信、企業微信、政務微信三大應用，
針對民眾、企業、政府公務人員三大群體提供相應服務，從便利民生事項
辦理、優化營商環境、提升政府行政效率等多方面助力「數字政府」建設。

例如，騰訊雲助力打造全國政務服務總樞紐小程序 —— 國家政務服
務平台小程序，作為全國政務服務統一入口平台，建立了健全的政務數據
共享協調機制，推動電子證照擴大應用領域和全國互通互認，實現更多政
務服務事項網上辦、掌上辦、一次辦，為企業和群眾經常辦理的事項基本
實現「跨省通辦」打下重要基礎。截至目前，國家政務服務平台實名用戶
4.1 億，總訪問量超 296 億次。

8. 助力打造自主可控、穩定安全的金融雲平台，打造金融新基建、數
字新連接、場景新服務

在金融領域，騰訊雲致力於建設自主可控、穩定安全的金融雲平台，
打造金融新基建、數字新連接、場景新服務。騰訊雲已經服務了涵蓋銀
行、資管、保險、泛金融等所有細分領域，超萬家金融行業客戶。

比如，騰訊雲助力建設銀行打造了多元融合、服務豐富、生態開放
的「建行雲」，成為行業最大規模的應用創新雲專區。騰訊雲也幫助中國
銀聯和深證通，打造了行業雲平台，構建全棧金融科技能力，支撐銀行業
和資本行業的雲化和金融科技輸出，降低行業創新門檻。此外，騰訊雲還
分別與頭部農商行廣州農商和上海農商合作，輸出從雲平台到上層業務的
「全家桶」方案，助力業務的全面數字化。在數字新連接方面，騰訊雲利
用領先的數字化技術，助力金融行業實現高效低成本的客戶觸達與運營，
提升金融機構獲客、活客與留客能力。針對具體服務場景，騰訊雲開放
AI、音視頻、低代碼等技術能力，助力金融機構打造虛擬營業廳等創新業
務模式。

9. 助力公益可持續發展，創新數字公益模式

「2021 感動中國年度人物」、清華大學博士江某，半歲時因為急性肺炎誤用藥物，導致左耳損失大於 105 分貝，而右耳的聽力則完全喪失，臨牀上被診斷為極重度的神經性耳聾。2018 年，江某植入了人工耳蝸，告別了 26 年的無聲世界，但人工耳蝸只是解決了「聽到」問題，由於聽覺中樞空窗期太長，需要堅持聽覺言語康復訓練來解決「聽懂」的問題。2021 年，江某試用集成騰訊天籟音頻 AI 技術和騰訊會議康復功能的新耳蝸，通過騰訊會議接受遠程的聽覺康復訓練，這幫助她提升單音節識別率 66%，聽力康復效果得到了有效提升。

騰訊還將 AI 和騰訊雲相關能力廣泛應用於公益服務中。例如，利用騰訊優圖實驗室的視覺 AI 技術用於尋找走失人群，並突破「跨年齡人臉識別」，幫助找回了多名被拐超過十年的兒童，讓更多家庭團聚。通過公益挑戰賽等方式，開放積累多年的雲端 AI 資源，幫助公益團隊利用騰訊雲圖像識別技術，打造中華白海豚個體識別與公民科學工具，極大地提升了白海豚個體識別的運算速度，增強了人們的物種保育理念，該項目還入選了 COP15（《生物多樣性公約》締約方大會第十五次會議）非政府組織論壇「全球生物多樣性 100+ 案例」。

騰訊公司高級執行副總裁、雲與智慧產業事業群 CEO 湯道生多次提到，產業數字化是循序漸進的過程，沒有一招制勝，對實體產業越了解越敬畏，專業知識精深，流程管理精細，每一次創新背後都要付出巨大的努力。在這個過程中，立足用戶價值和社會價值，堅持開放生態共生共贏，助力實體產業降本增效，推進數實融合，將是最佳路徑。

從消費互聯網到產業互聯網也是從連接到激活的演進。產業互聯網正在通過激活生產、激活組織、激活用戶，助力各行各業實現降本增效和創新發展。騰訊也將以 C2B 為關鍵優勢，以「數字化助手」為定位，攜手生態夥伴，用足夠的信心、耐心和全部能力，投入「數字中國」的建設；通過助力激發數字經濟活力，發揮數字技術對經濟發展的倍增作用；通過助力實體產業成長出更多的世界冠軍，助力中國產業在工業文明向數字文

明躍遷的軌道上爭得先機。

三、京東：以數智化社會供應鏈為載體，助力實體經濟數字化轉型 [①]

（一）京東的數字經濟佈局：用數字技術重塑實體供應鏈

　　數字經濟的一個重要組成就是數字市場和數字供應鏈，京東從誕生之日起，就是瞄準這一領域的高科技企業。

　　自成立以來，京東傾注資源大力進行基礎設施建設，推動科技創新與線下零售、產業帶等實體經濟深度融合，以「實」助實，提升社會效率，依靠科技創新重塑實體經濟供應鏈，賦能實體經濟的數字化轉型發展。時至今日，京東不僅擁有最先進的龐大物流體系，同時還擁有上萬家門店，並服務了鞋服、居家、美妝、運動等數十個產業鏈的數字化轉型。

　　1. 京東的數字經濟理念：建設堅實的數智化社會供應鏈基礎設施

　　從創業第一天起，京東就立志為中國的高質量發展做貢獻，並始終堅守自己的商業價值觀，為時代進步做最苦、最累，但最有價值的事。京東創建的電商平台，以正品行貨、合規經營作為立身之本，迅速得到了消費者和生產者的認可。

　　在推動電商平台建設的過程中，京東意識到數字經濟需要全新的數字基礎設施，尤其是物流基礎設施。所以，京東不斷佈局數智化供應鏈基礎設施。截至 2022 年 3 月 31 日，京東物流在全國運營約 1400 個倉庫，含雲倉生態平台的管理面積在內，京東物流的倉儲網絡管理總面積超 2500 萬平方米。京東物流在全國 33 個城市運營了 43 座「亞洲一號」，不僅大大提升了偏遠地區的配送時效，配送時間也從以前的一兩周縮短到如今的

---

① 本部分由京東消費及產業發展研究院協助供稿。

一兩天，同時還有力地帶動了當地產業發展和就業。2021 年末，京東物流的一線員工數量超過 30 萬人，超過 60% 實現了在本鄉本土的穩定就業。

京東作為一家新型實體企業，是數字經濟與實體經濟深度融合的產物，通過全渠道的服務，為原本在線下實現的消費，提供在線購買的便利，促進線下渠道與線上渠道之間的互動與轉化，並帶動線上消費持續高增長。所以在大力發展電商平台的同時，京東也佈局了遍佈全國的 1.5 萬家京東家電專賣店。線上與線下網絡的融合，使京東可以為家電企業提供更加完整高效的供應鏈服務，拓展了市場空間。這種模式也使京東電子產品及家用電器商品收入在 2021 年增長了 22.9%。

基於數智化的物流基礎設施，京東工業努力解決工業企業遇到的訂單渠道分散、物資供應不及時、庫存管理成本高等一系列痛點，創新性地打造了企配中心、京工櫃、智能移動倉等新一代基礎設施，目前已在全國範圍內部署超過 200 個。此外，京東已相繼在英國、德國、荷蘭、中東、澳大利亞等地陸續開倉運營了 80 個保稅倉及海外倉，為中國製造走向全球奠定了物流設施基礎。

2. 努力為實體企業打造數智化供應鏈，提升實體企業競爭力

目前，京東擁有超千萬 SKU（庫存單位）的自營商品，佈局了京東家電專賣店、京東電腦數碼專賣店、七鮮超市、京東便利店、京東京車會、京東大藥房等數以萬計的線下門店；京東的供應鏈還連接着百萬級的社區超市、菜店、藥店、汽修店、鮮花店……

2007 年京東成為資本市場青睞的對象，但是京東並沒有隨波逐流搶奪互聯網流量，而是沉下心來自建物流，打造當時並不被外界看好的數智化供應鏈基礎設施。2020 年，京東首次對外闡釋了面向未來十年的新一代基礎設施 —— 京東數智化社會供應鏈，用數字技術連接和優化社會生產、流通、服務各個環節，提高社會整體效率。目前，京東的數字供應鏈基礎設施服務 5.697 億個體、超 800 萬企業客戶，京東物流服務觸達超 60 萬個行政村，全國 93% 的區縣、84% 的鄉鎮實現了「當日達」或「次日達」。

作為一家「以數字供應鏈為基礎的技術與服務企業」，京東的數智化社會供應鏈有兩大獨特優勢：一是京東獨特的一體化供應鏈模式，保證了最優的效率與彈性；二是京東具備行業內鏈條最全、流程最完整、價值最大的數智化供應鏈。這兩點讓京東能不斷向零售上游邁進，數字技術服務深入產品的設計、研發和製造中，與實體企業產生強大的協同效應，為其注入數字化轉型的新動能。

京東認為，數字化零售商業模式不是簡單的買貨賣貨，而是通過大量的基礎設施投入和數字技術創新，幫助合作夥伴快速實現數字化轉型，從而提升運營效率、加快資金周轉。

2022 年第一季度，京東在超 1000 萬自營 SKU 商品的基礎上，庫存周轉天數進一步降至 30.2 天，在過去三年間快了八天，繼續保持運營效率全球領先；應付賬款周轉天數縮短至 45 天，在過去的三年間縮短約 15 天。

3. 基於數智化社會供應鏈，推動實體經濟的數字運營模式創新

京東始終堅信，只有整個行業健康發展，品牌廠商有足夠多的利潤，有創新和新產品，消費者才有持續的購買意願，整個行業生態才能健康持續發展。京東希望通過數智化社會供應鏈服務，實現供需更精準、更高效、更智能的匹配。2022 年第一季度，京東線上第三方商家成交活躍，超過 1.1 萬個線上第三方商家店鋪的日均成交額較 2021 年同期增長超過十倍；面向優質個體工商戶推出的「京東小店」每月新增數量環比增長五至六倍，商家生態發展迅速。商家的增長帶來了更加豐富的商品品類，滿足了更加多元化的需求。2021 年，京東新品發佈規模同比增長超過150%，25000 多個品牌的新品成交額實現翻番。有了數字平台，京東可以幫助企業創新實現 C2M（顧客對工廠）反向定製商品，讓消費者獲得最適合自己的產品和服務。目前，京東零售已為超過 2000 家製造企業建立了 C2M 反向供應鏈。未來三年，京東的目標是為超過一萬家製造企業打造 C2M 反向供應鏈。

健康的數字市場一定是實體零售與電商平台融合發展的市場，但是中國目前的實體零售模式還較落後，亟須數字化轉型。京東積極探索佈局

數字經濟與實體經濟深度融合的全渠道服務，佈局新型實體零售，形成線下渠道與線上渠道之間的互動與轉化。2021 年，京東的全渠道 GMV 同比增長接近 80%，佈局了京東 MALL（商城）、京東電器超級體驗店、京東家電專賣店、京東電腦數碼專賣店、京東大藥房、七鮮超市等數萬家線下門店。其中京東七鮮 2021 年第四季度就在全國十個城市新開業了 12 家門店，京東家電專賣店已經佈局超過 1.5 萬家門店，滿足了大量鄉鎮消費者對高品質家電商品和服務的需求。京東通過開放自身的數智化供應鏈、數字化運營和整合營銷能力，可以極大地帶動商家特別是線下門店的增長，同時也能為汽車、能源、機械、家電等眾多實體產業數字化轉型升級做消費驅動、供應鏈支撐的「數字大腦」，形成產業數字閉環。

（二）京東促進實體經濟數字化轉型的實踐案例

作為同時擁有數字技術和能力，具備實體企業基因和屬性的新型實體企業，京東開放的生態和數智化供應鏈為合作夥伴帶來了創新的空間、經營的效率和增長的質量，在中國數字經濟建設過程中具備獨特的價值。

1. 用數字技術助力鄉村振興

案例 1　提升農產品供應鏈效率，打造鄉村振興產品矩陣

從 2016 年河北武邑縣的跑步雞開始，京東就介入養殖、加工、品牌營銷、物流、技術追溯等各環節，打造出游水鴨、飛翔鴿、游水魚、跑山豬等標準化的農特產品供應鏈，形成品牌化的京東鄉村振興產品矩陣，陸續在江蘇泗洪、新疆和田、遼寧寬甸等全國更多地區複製推廣開來，用數字產業鏈促進當地農民增收致富。2021 年，通過陝西武功縣的京東產地智能供應鏈中心，帶動周邊 30 萬獼猴桃種植果農致富增收；通過西藏拉薩的大型智能物流倉，藏區農牧民購買大家電的配送時間從一兩周縮短到一兩天。

2020 年 10 月，京東提出支持鄉村振興的「奔富計劃」——以京東數智化社會供應鏈為基礎，從打造數字農業供應鏈、建設數字鄉村入手，建立高品質農產品循環，從供需兩端提供完整的鄉村振興解決方案，截至 2021 年底，該方案已覆蓋農村 3200 億元產值。

在西藏波密縣川藏線 318 國道旁，帕隆藏布江奔騰而下，江邊就是波密高原藏天麻公司百畝種植基地。基地正搭建智能環境監測系統、農作物生長視頻監測系統等，依託「京東農場」的智慧物聯網體系，提升現代農業管理水平，並打通天麻的銷售渠道。為波密這家天麻農場提供從技術到供應鏈的支持，是京東「奔富計劃」的一部分。

京東努力將物流基礎設施網絡和供應鏈能力向偏遠地區延伸，極大地釋放了這些地區的產業發展活力和居民消費潛力。在林芝「一區六縣」，京東家電專賣店實現全部覆蓋，直接將「萬人縣城」的網購速度提升為兩到三天，門店有貨一天即達。截至 2021 年 3 月 31 日，京東物流服務已觸達全國超 55 萬個行政村。

案例 2　建設高品質農產品供應鏈，用數字紅利促進農民增收

京東通過持續向農村下沉，讓農民可以得到數字基礎設施和技術服務，從而實現農業生產和需求的直接對接，提高了農業生產的數字價值。藉助於京東的全鏈條助力，江蘇宿遷霸王蟹、貴州修文獼猴桃、福建寧德大黃魚、寧夏鹽池灘羊等一大批優質農產品打開了全國市場，高品質、高信用的農產品得到了高價格的市場回報，從而形成「質量越高—消費者越滿意—農戶收益越高—改善生產—提供更多高質量農產品」的正向循環。

在生產端，京東於 2018 年啟動京東農場項目，與種植方共建數字化生產基地，培育高品質農產品；在消費端，提高優質農產品的附加值和品牌影響力，建立優質優價的正向激勵機制。數據顯示，在煙台、大連、丹東、阿克蘇等暢銷農產品產地，縣域農村地區的消費連

年高倍數增長，農村地區網購的成交額增速高於所在城市整體的增速數倍，成為消費增量的重要動力。

京東銷售情況顯示，大連海參、贛南臍橙、四川耙耙柑、煙台蘋果、庫爾勒香梨等成為 2021 年全國成交額最高的產地農產品。在農產品熱銷的幾大產地，煙台、大連近三年農村地區線上成交額年均增長都超過了十倍，丹東、阿克蘇近三年農村地區線上成交額年均增長超過 150%。

2. 發揮數智化供應鏈優勢，助力傳統產業打造「數字大腦」

京東發揮自身數智化供應鏈與技術服務能力，面向汽車、能源、機械、家電等眾多實體產業數字化轉型需求，打造「數字大腦」幫助合作夥伴提質、降本、增效。

案例 3　北汽集團：共建工業品採購數字供應鏈

2021 年，京東集團與北汽集團正式簽署合作備忘錄，全面深化雙方在數字化領域的戰略合作。雙方將圍繞數字基礎設施、智能製造、工業品採購、無人智能物流車、數字化營銷及用戶運營、汽車後服務平台、智能供應鏈、數字化經營平台等全鏈條展開合作。汽車將成為智能物聯時代的超級終端，以數字化手段創新商業模式、提升運營管理能力是北汽數字化轉型戰略的重要目標。北汽集團管理層表示，開啟數字化轉型已經不是一道選擇題，而是一道贏得未來的必答題。

在工業品採購領域，雙方將基於京東的數字化能力，推動供應鏈「四要素」── 商品、採購、履約、運營的數字化轉型。根據規劃，北汽將攜手京東工業品共建工業品採購管理平台，推動北汽集團多場景、全鏈條工業品採購的管理可視化。從金屬加工工具到低壓控制系統，從員工勞保用品到車間存儲搬運 …… 各類型生產經營場景所

需的物品均可通過統一入口完成尋源、下單、審批、執行、交付、結算，實現一站式的線上採購和數字化管理，推動採購從「成本中心」升級為「管理中心」。

　　京東與北汽的戰略合作，是互聯網企業與汽車企業聯合進行數字創新的有益嘗試，是京東以數智化社會供應鏈能力支持實體經濟實現數字化轉型的重要實踐。未來雙方將持續推動數字化管理轉型、運營轉型、產業鏈生態數字轉型，建立覆蓋研、產、供、銷、服整個汽車產業鏈的數字化生態圈，打造數字製造的典範。

案例 4　中聯重科：打造泵送機械 AI 專家診斷系統

　　作為連接北京與雄安的交通大動脈，隨着京雄高速河北段於 2021 年 5 月底率先建成通車，北京段的施工也進入了攻堅階段。為了保障施工現場泵車設備的正常運行，中聯重科和京東雲聯合打造了國內首款泵送機械 AI 專家診斷系統。在 AI 專家診斷系統的幫助下，從發現故障、尋找解決方案到排除故障所需時間大大偏短，效率得到了大幅度提升。

　　該 AI 專家診斷系統依託京東智能客服團隊成熟的技術能力，以人工智能技術為驅動實現工業診斷的自動化與智能化，在提升設備故障診斷效率的同時，有效保障了客戶施工的連續性，每年可幫助售後團隊節省故障排查時間 4200 小時，單次設備維修時間縮短了 20% 以上，為單產品線創造間接經濟效益超過 230 萬元。

3. 用規範化、規模化數字市場助力中小企業創新發展

　　在京東打造的供應鏈生態中，最為活躍的就是中小微企業，助力中小微企業的健康發展，自然也就成了京東必須完成的任務。多年來京東堅持從全鏈條視角切入，與中小微企業站在一起，用數智化社會供應鏈賦能中小微企業數字化轉型。

案例 5　摯達科技：用供應鏈數據能力實現補鏈強鏈

京東通過自身供應鏈與中小企業產生深度協同，幫助它們打破供應鏈「孤島」、補齊短板，增強抗風險能力。通過產業生態圈建設，將中小企業納入京東服務商體系，助其拓展市場、提升技術服務能力，從而達到「強鏈」的效果。

2020 年，工信部中小企業發展促進中心聯合京東發佈了全國性中小企業服務行動 ——「滿天星計劃」，在全國各地啟動「一城一策」式的專項服務，截至 2021 年底，已覆蓋全國 28 個城市，惠及 120 萬家中小企業。其中，京東服務的省級專精特新中小企業超過 2.7 萬家、專精特新「小巨人」超過 3200 家，佔全國近 70%。2022 年 1 月，京東聯合北京市中小企業公共服務平台，共同啟動面向北京「專精特新」中小企業的「2022 專精特新暖心服務計劃」，在金融服務、商品服務、商事服務、銷路拓展等多個領域，幫助「專精特新」中小企業「減壓減負」，強化競爭力，打造發展新動能。

「小巨人」摯達科技是國內最早一批佈局新能源汽車充電設備的企業，擁有強大的技術能力，但欠缺終端消費者市場的運營經驗，也缺乏與之匹配的精準客戶渠道。2021 年 6 月，摯達科技通過與京東合作，成功找到了撬動終端消費者市場的「密碼」。

在同摯達科技的合作中，京東覆蓋線上線下的全渠道，成功幫助摯達科技快速建立覆蓋全國的渠道體系，實現了向全地域、全客群的滲透。同時，京東的高質量用戶也與摯達科技的目標客群高度匹配，為摯達科技在終端消費者市場快速「破冰」、強化品牌影響力提供了有力支撐。2021 年 8 月，摯達科技在京東的營業額環比增長近十倍。

案例 6　京喜工廠：產銷全鏈路助力傳統工廠轉型升級

為了滿足新興市場的消費需求，2022 年 1 月，京東旗下生活消費商城京喜在「京喜年貨節」期間，重磅推出「京喜工廠」項目。京

喜工廠以「直發更省錢」為理念，依託京喜商流、物流一體化供應鏈能力，連接全國 300 餘個產業帶的頭、腰部工廠，不僅通過到店、到家、預售自提等多場景、多模式，為消費者帶來物超所值的工廠好貨與服務，還通過選品定款、出品定標、生產定量、銷售擴容等全鏈路數字體系建設，助力產業帶的工廠實現數字化轉型升級。

以京喜與紐斯葆廣賽工廠合作的運動營養食品為例，京喜為工廠提供數智化運營、研發設計等支持，助力工廠精準定位區域市場，並以低成本高性價比研發出受消費者青睞的兩款輕養生商品：京喜聯名多種維生素牛磺酸耐力片和京喜獨家定製益生菌玫瑰果味飲品，這兩款產品以高品質觸達消費者，獲得了巨大的成功。

京喜工廠立足於連接供應鏈上下游，堅持為消費者帶來高性價比的源頭好物，助力成熟品牌企業持續推進產品創新，幫助新銳品牌拓展銷售市場，大量工廠積極參與，有力地促進了中國經濟建設高質量內循環體系。

案例 7　凌尚貿易：用產業帶「C.E.O」計劃加速轉型

2020 年末，京東自有品牌推出產業帶「C.E.O」計劃，全力推動產業帶上的中小企業加速實現轉型升級、降本增效，2021 年該計劃已助力 61 件製造型商品銷售額破千萬元。

「消費者需要什麼，我們就生產什麼，我們在京東京造的服裝庫存方面控制得非常好。」2021 年 4 月寧波凌尚貿易有限公司（以下簡稱「凌尚」），與京東自有品牌京東京造合作的「第三代水柔棉 T 恤」上線，截至當年 6 月底，這款單品月均銷售額增長了 100%。

事實上，寧波服裝產業帶、千年瓷都景德鎮產業帶等傳統產業帶都面臨著類似的困境。從賣方市場到買方市場，對市場變化和消費者需求不敏感、生產效率低，成為這些傳統企業發展的瓶頸。京東京造協助凌尚建立起「小單快反」的柔性供應鏈，用數字化平台幫助工廠

隨時根據前端訂貨情況制定更為靈活的銷售策略，避免無效庫存，降低銷售成本。

再如，2018 年河北承德寬城板栗與京東京造合作，通過「京東京造＋產業帶工廠＋合作社」的合作模式，來自艾峪口村的渠道定製產品，打上「京東京造」的品牌標籤迅速銷往全國各地，板栗仁的銷量每年平均增速達 134%。2020 年京東京造與雲南普洱產區合作打造了一款掛耳咖啡，在「618」期間每周都有 50% 以上的增速；2021 年，京東京造與三寧茶業合作，以「農戶＋合作社＋滇紅茶＋京東京造」的模式推出鴻運四方禮盒，當天銷出 6000 多單。

案例 8　聯源陶瓷：用數字市場助力高水平經濟內循環

「我們聯源與京東自有品牌合作推出了 90 多款產品，其中數十款成為爆品。」得益於與京東自有品牌的合作，2020 年潮州市聯源陶瓷製作有限公司（以下簡稱「聯源」）在國內市場的銷售額較 2019 年增長了 50%，達到歷年最佳，內銷比重也由此前的 25% 提升到了 50%。

2020 年疫情導致海外市場訂單銳減，以聯源為代表的潮州瓷器生產企業紛紛與京東自有品牌進一步加深合作，在內銷市場發力主品牌的同時，藉助京東自有品牌的力量，通過「第二品牌」聯合開發適合國內市場的細分產品，獲取更多內銷市場增量。京東通過對消費趨勢的深刻洞察和及時反饋，幫助這些企業產品創新方向更準確，從而實現爆款頻出。

中小微企業數字化轉型的難點就是建立全國一體化數字基礎設施的成本過高，而京東所堅持投入的就是以交易市場和物流為代表的數字經濟基礎設施。有了這些基礎設施，中小微企業就可以不斷創新「以用戶為中心」的 C2M 產業鏈模式，並推出更多能夠滿足「用戶所想」的產品和服務，實現企業的數字化轉型升級。

四、阿里雲在數字經濟領域的思考與實踐 [①]

2022 年，阿里雲成立 13 年，與阿里雲攜手同行十年以上的客戶有 9626 家。在與千行百業數字創新者同行的路上，阿里雲打磨了一些技術能力，找到了一些實踐路徑，總結了一套轉型方法論。

（一）阿里雲對企業數字化轉型的探索

1. 阿里雲的企業數字化轉型方法論

阿里雲認為未來數字經濟有六大融合趨勢：多源數據融合、全棧技術融合、複雜場景融合、全鏈生態融合、數字產業融合、生產消費融合。六大融合之下，企業的數字化轉型有以下四個方向：

一是產品服務更加普惠。讓人類社會在數字化、智能化的模式下運行，解決傳統的交通、環境等問題。

二是協同產業鏈。用數字技術打通供應側和消費側，消除產業和產業之間的壁壘，實現產業鏈高效運轉。

三是企業全流程數據智能化。通過構建統一的數據中台體系、業務中台體系，為企業注入數字活力。

四是綠色可持續發展。企業要利用數據實現能源消耗的可見、可控、可管，讓社會可持續發展變成可能。

具體而言，阿里雲認為企業的數字化轉型要堅持三個核心理念。首先，沒有最先進的技術，只有最合適的技術。採用最符合企業當下發展階段的技術，比採用最前沿的技術更容易達到預期效果。其次，數字化一定是由離業務最近的人來實現。阿里雲的客戶都在雲平台上自己搭建系統，要讓人人都有數字化創新的能力，能夠把自己的工作數字化。最後，數字化最難的是「善於思考」，不是「善於決策」。數字化轉型能否成功，取

---

① 本部分由阿里雲協助供稿。

決於是否有理念、有方法、有合適的技術工具。

基於過去服務企業數字化轉型的經驗，阿里雲總結提出了「企業數字化三步走」的實踐路徑：先醫後藥、先軟後硬、先點後面。

一是先醫後藥。企業管理者經常聽到 IT 服務商說「我們可以先試一試」。「先試試」的結果就是一定沒結果。背後的原因是，從董事長、CEO 到中層、基層，大家對數字化轉型的理解都不同，如果沒有統一的藍圖、統一的認知，則很難把數字化真正落地。大部分成功的數字化轉型案例，首先做的是藉助有成功實踐的「外腦」做數字化轉型的諮詢設計，評估企業現狀、調研問題點、梳理業務流程、分析場景，再對症下藥，制定出切實可行的轉型目標、藍圖、架構設計、技術路線、組織文化。

二是先軟後硬。過去大量企業習慣硬件投資先行的發展模式，但硬件投資一經確定後就很難動態適配和柔性調節。2020 年四川智慧高速公路的建設，採用的是先軟後硬的方案。項目首先融合已有的交通卡口視頻數據與高德數據，利用 AI 技術實現高峰期分流調度，大大緩解了擁堵問題。同時，通過感知設備監測路面狀況，主動發現道路上的事故和異常，事故率和二次事故率降低了 15%。然後，根據具體需求重新定義硬件需求，在部分路段增加和智能算法適配的硬件設備，進一步提升安全性。先軟後硬，讓數據、算法和硬件的價值都進一步釋放。

三是先點後面。數字化轉型切忌孤注一擲地全線出擊。先找到具體的場景作為破局點，由點及面、小步快跑，才是最佳方法。數字化轉型做得好的企業往往有一個非常輕巧的切入點，比如浙江省政府的數字化轉型成效顯著，開始就是一句話「最多跑一次」。阿里雲和攀鋼的合作是從「冷軋板的表面檢測」切入的，然後才進入煉鋼核心的工藝優化，利用智能化的參數調優模型為企業帶來一年 1700 萬元的直接收益。

2. 如何在數字化轉型中找到關鍵場景，擊破關鍵痛點

數字化轉型是一個大命題，涉及企業方方面面，歸納來看，以下三個場景最為關鍵：

一是以消費者運營為核心。沉澱數據、構建數據中台，可以幫助企

業打造基於客戶的精細化運營。例如，阿里雲給光明乳業做整體藍圖諮詢後，在門店、供應鏈領域做了一些解決方案，讓消費端的多個渠道連通，通過線上、門店、配送員等數據打通，光明乳業用戶量同比增長 38%，其線上訂購平台「隨心訂」的 SKU 數量增加了一萬多個。

二是實現製造端智能化升級。製造領域有五個關鍵要素：人、機、料、法、環。阿里雲在製造端把「人」的經驗變成數據模型，沉澱下來、重複利用、不斷調整，把老工人、老專家的工藝變成算法和系統的機理。逐漸實現「供研產銷」四個領域的智能化，形成工業大腦。

三是供需協同的全鏈路數字化。包括工廠數字化、產品智能化、產業鏈數字化的三個集成。首先是縱向集成。2020 年，阿里雲在一汽將紅旗「繁榮工廠」利用數字化技術進行系統重構，實現了跨產線、跨車間的調度能力。其次是橫向集成。從供應鏈到物流、MES、銷售的橫向價值鏈整合，打通從獲取客戶需求到完成產品生產和交付的在線和協同。最後是產品的智能化集成。天貓精靈通過與 3C 公司在 AIoT（智聯網）方面的合作，將 3C 產品的芯片疊加了達摩院語音識別的能力，實現了室內智能家居與天貓精靈的連接。

3. 阿里雲數字技術的四大引擎

一是 IT 基礎設施雲化。很多人認為「雲」最重要的價值是混合雲降本。其實，混合雲是「路徑」而不是目的，企業應該首先考慮的是基於雲的企業級安全體系的重構。很多企業決策者認為，雲好像就代表不安全，恰恰相反，道理類似於今天不會有人把大筆現金放在家裏。無論是部署混合雲、專有雲，還是部署公共雲，首先都要藉「上雲」的契機，把企業的安全體系認真做一次梳理。2020 年，一家位列世界五百強的國企的董事長與阿里雲做了一個約定：讓阿里雲攻擊 72 小時，目的是掃描整個自建 IT 的安全性。結果只用了 24 小時，所有軟硬件防火牆全部破防。

企業建混合雲的整體策略應該是 —— 公共技術「雲上用」，應用技術「業務定」，核心技術「自主研」：涉及 IT 基礎資源的技術應該「拿來主義」地使用雲計算；涉及企業自身業務發展的應用，可由企業聯合生態

夥伴來共同搭建，在貼近場景的地方創新；涉及自身獨特價值的核心技術，應該集中優勢資源，重點打造競爭壁壘。

二是整體架構數據化。基於互聯網技術、雲原生技術，實現一切業務的數據化和一切數據業務化。「一切業務數據化」是為了活在當下；「一切數據業務化」是為了發展未來。數據化架構的核心是阿里在業內首創的中台理念，中台既是一組確保數據資產的工具集，也是一套方法論，還是一種組織模式。每個企業都應該搭建中台，但中台要與企業自身的業務特點、數字化水平、資金狀況和技術人才現狀、產業特性相匹配。

三是應用場景數據智能化。阿里雲與國家電網共同合作部署國網總部和省公司的統一雲架構，2021 年 10 月上雲的應用有 217 個，數據中台上的表單有 110 萬張。電力巡檢員查看各個線路的故障後會打電話回來問詢處理方法，因為線路、數據、應用操作太複雜，故障維修的流程就變得很長。但基於 AI 知識圖譜，調度員能夠快速找到類似問題的解決方案，大幅減少等待時間，甚至很多時候 AI 會自動把一些問題回答了。僅此一項，國網一年就能節省約 2000 萬元。今天，我們不得不承認，應用場景的智能化對企業的價值主要體現在降本提效上；未來，應用場景的智能化是要找到新商業模式，讓智能技術成為企業增長的第二曲線。

四是組織的協同辦公和敏捷創新。組織是否高效，取決於兩個能力：一是全員是否實時在線，是否具備跨部門、跨地域、跨供應商、跨合作夥伴、跨客戶的連接能力，協同辦公；二是組織是否具備快速開發的能力，實現流程管理和業務創新的敏捷開發。釘釘作為低代碼應用開發平台，讓非技術人員也能開發業務應用，讓企業擁有數字化轉型的主動權。今天，1900 萬家企業藉助釘釘開發了 150 萬個應用。未來企業一定需要基於移動場景的協同辦公，基於業務需求的敏捷應用開發。舊地圖上找不到新大陸，誰先掌握數字化時代的新工具，誰就能率先重新定義組織。

4. 數字創新，阿里雲積極參與超級數字工程

越來越多的企業開始構建自己的數字化系統，系統的複雜性也越來越高，對技術的要求也在呈指數級上升。成百上千個系統交織交匯的「超

級數字工程」，已經是很多企業數字化的常態。其涉及公司內的生產、運營、銷售等領域，也涉及國計民生的各個領域。數字化轉型已經從過去一個企業、一個系統的單點建設，向一個城市的「全要素」數字創新的深水區挺進，牽一髮而動全身。

從城市大腦、12306 等超大規模業務平台的建設，到煉鋼、水泥、汽車製造等行業解決方案的打磨，阿里雲從過去的技術服務中沉澱出方法論，嘗試把一些共性的服務抽象化，以平台化的方式，輔助國企全要素「超級數字工程」的實現。「超級數字工程」不是簡單地安裝操作系統，而是指把上億行代碼有效耦合、重構業務邏輯、搭建行之有效的系統、適配硬件。神舟十三號本質上就是一個「超級數字工程」，政府、金融等大型政企的全要素數字化也是如此，其核心是構築自主研發的技術工程化能力。所以，數字創新不是單個公司的業務，不是單個雲服務商的項目，而是我們這群人肩負的時代責任。

（二）阿里雲企業數字化轉型的典型案例

1. 中建三局，在數字世界蓋一座摩天大廈

中國建築第三工程局有限公司（簡稱「中建三局」），先後承建、參建了全國 50 餘座 300 米以上高樓，年營業收入約 3000 億元。中建三局一公司基於阿里雲的雲平台，中間是三個中台：業務中台、數據中台、物聯網平台，在雲和中台之上構建各種各樣的業務應用。

阿里雲首先以數據打通為切口，在內部，幫助中建三局打通了從集團到公司，再到項目的系統，減少數據重複填報；在外部，實現了中建三局和上級住建部委系統的互聯互通，讓數據多跑路，讓員工少跑路。員工只需在工地現場拍一張照片，數據就能自動流轉在各級系統，實現數據在線化。進而，阿里雲與中建三局共同設計了「雲—網—端」的應用架構。首先，應用歸集到一個端。為管理層、員工等的各類場景提供既統一又千人千面的應用服務端。其次，能力集中到一朵雲。將企業的數字化能力與各類資源沉澱到雲上、各類智慧場景連接到雲上，數智平台是面向各級組

織和產業開放的能力中樞。最後，產業匯聚到一張網。將企業的核心數字化能力、資源整合能力、數據能力向產業輸出，打造全新服務生態，推動產業從勞動密集型向數據和技術密集型轉變。

基於阿里雲數據倉庫架構，數據中台實現了中建三局一公司的主數據治理，從而支撐上層業務應用，實現數據的分析挖掘和可視化呈現。此外，物聯網平台採集的數據也可以經由數據中台統一標準，進行清洗和打標，讓匯入數據中台的數據標準化。在業務中台層面，阿里雲前期實現了用戶中心與合同中心的落地，後期將逐步增加新的業務能力中心。

當數據積累到一定規模，就能實現智能化的知識共享，結合企業的知識和歷史數據，將企業的組織、材料、設備、工期等數據進行結構化，形成標準化的模塊，讓企業具備動態學習和積累的能力。同時，知識共享能夠促進基層業務數據的積累和迭代，提升企業整體數字化治理和應用的能力。數智建造平台通過技術賦予了進化的能力，創造了人員、工具、工藝等生產要素的變革，藉助數字技術的重構，創新了行業的施工模式，貫穿整個全產業鏈的生態，實現生產力的解放和發展。

2.上汽集團，傳統 IT 全面上雲勢在必行

上海汽車集團股份有限公司（簡稱「上汽集團」）是國內產銷規模最大的汽車集團。上汽集團作為老牌汽車製造企業，正在加速轉型，從傳統的製造型企業向為消費者提供移動出行服務與產品的綜合供應商發展。在這個過程中，傳統 IT 系統不足以支撐未來汽車產業的需要，為此上汽集團與阿里雲合作打造面向數字時代的新系統。

阿里雲彈性高性能計算，賦能汽車仿真測試。上汽集團乘用車仿真測試需要模擬在各種複雜物理環境下，完成工業級的仿真工作，需要大量高性能計算和高性能存儲資源，以快速創建和訪問仿真模型和數據，實現較高程度的自動化仿真流程。阿里雲彈性高性能計算（E-HPC）能幫助客戶自動增加計算節點和自動減少集群，並根據整個高性能集群的負載，動態調整集群的擴容和縮容。通過阿里雲，上汽集團每年運維管理成本可以減少 60%，時間成本減少 90% 以上。

出行服務數據處理和風控安全，助力智慧出行。享道出行是上汽集團旗下的移動出行平台，提供多元化的一站式出行服務。要實現多元化智慧出行，背後是海量的平台數據，提升數據處理的效率和保障數據安全尤為重要。阿里雲提供的自研數據平台技術，通過數據緩存加速功能和公共雲大帶寬網絡資源的支持，提供高吞吐的穩定數據處理能力。同時基於阿里雲大數據平台的智能實時計算模型，為共享出行提供全鏈路的業務風險防控能力。通過與阿里雲的合作，依託雙方技術和生態的聯合賦能，享道出行持續提升用戶體驗，優化出行產品，推動品質出行服務，並覆蓋更豐富的出行場景。

3. 魯商集團，數字化轉型從數據中台「下手」

山東省商業集團有限公司（簡稱「魯商集團」）是山東省最大的商業集團，2020 年實現營業收入逾 420 億元。2019 年，魯商集團攜手阿里雲，開始打造區域型商超行業「新零售」樣本。

魯商集團數字化轉型戰略分為三個階段：第一階段，搭建數據中台，實現主要板塊的數據互通共享，經營報表實時呈現，購物中心、超市數字化；第二階段，利用數據中台，賦能數據管理與決策；第三階段，繼續沉澱魯商集團的數字化核心能力，實現線上線下商品互通，形成集團的能力中心，支撐業務發展。

搭建數據中台，數據實時可視，優化經營決策。魯商集團各業務板塊都有自己的信息系統及 ERP 系統，20 多年發展沉澱的數據資產被分散在各個系統中互不相通，難以充分發掘數據價值。魯商集團與阿里雲達成戰略合作後，第一步就是有針對性地梳理集團數據，建設數據中台，形成新的數據引擎，支撐經營數據實時獲取、查詢和分析。數據中台上線後，經營數據的實時可查詢有力地支持了零售商超業務的發展。集團各個業務板塊關鍵數據可視化，讓集團領導可以隨時了解各業務的運行情況。

超市銷售智能預測和補貨系統，提升庫存周轉率。對魯商集團 140 多家連鎖門店的運營來說，補貨、庫存、流轉等指標是精細化運營的關鍵。基於數據中台，阿里雲協助魯商集團上線了超市銷售智能預測和智能補貨

系統，通過對超市銷售的歷史數據和庫存數據開發智能算法模型，提升庫存周轉率並降低缺貨率。

數字化門店改造，探索新零售。魯商集團旗下銀座百貨、購物中心門店眾多，但運營模式較傳統，管理者無法知曉每個門店的客流動線及購物喜好，無法及時了解消費者是不是會員，也基本沒有線上有針對性的營銷。阿里雲協助魯商集團旗下銀座百貨開展數字化門店改造，實時統計百貨商場、購物中心門店內的客流熱度，可關聯到具體樓層和商戶並與銷售數據結合，針對性地開展會員營銷工作，輔助運營調整，優化招商，調整租金和店舖位置。

4. 人民日報社，技術驅動智慧媒體轉型升級

人民日報社是中央直屬事業單位，有 23 個內設機構、一個所屬事業單位（新媒體中心）、72 個派出機構。2016 年，人民日報社與阿里雲達成合作，利用互聯網和雲計算技術，面向全球海量用戶，構建媒體傳播新陣地。2020 年全國「兩會」前夕，人民日報社技術部與阿里雲視頻雲共同研發的「人民日報社 AI 智能編輯部」成功發佈，通過人工智能技術，賦能全媒體新聞採編及生產流程。

人民日報客戶端全面上雲。人民日報客戶端擁有 1.1 億下載量，是移動互聯網上的主流新聞門戶。人民日報客戶端的全面上雲主要做了四件事：一是實現架構進一步優化，利用水平擴展、彈性伸縮等雲計算能力，更好地滿足用戶量快速增長的需求；二是利用阿里雲 CDN（內容分發網絡）、無線加速 CAS（中央認證服務）、視頻雲、移動數據分析等技術，從產品性能、客戶體驗、安全性等方面，為人民日報客戶端提供保障；三是阿里雲大數據平台，構建移動數據平台進行數據分析，提升數據處理能力；四是基於阿里雲專業化運維能力，讓客戶端獲得更加可靠的業務連續性保障。

AI 編輯部，實現新聞生產全流程智能化。2019 年，人民日報智慧媒體研究院、傳播內容認知國家重點實驗室相繼成立，以人工智能技術為研究核心，向媒體業務的智能化轉型發展。阿里雲視頻雲 AI 編輯部，通過

人工智能技術賦能媒體智能化生產全流程，支持分層解耦與其他業務流程進行配合。AI 智能編輯部的主要功能包括：雲上精編、智能海報、一鍵特寫，高效處理素材；多模搜索，精準查找；智能審核，嚴格把關。

融合阿里雲在人工智能、雲計算、大數據方面的技術，「人民日報社 AI 智能編輯部」順應了重大報道移動化、視頻化、智能化的發展趨勢，用 AI 賦能報社全媒體生產，進一步提升了新聞生產力。

參考文獻

[1] 吳國林.量子計算及其哲學意義［J］.人民論壇・學術前沿，2021（07）：21-37.

[2] 賽迪顧問.量子計算技術創新與趨勢展望［J］.軟件與集成電路，2021（9）：64-70.

[3] 章巖扉.量子計算機的原理、發展及應用［J］.內燃機與配件，2018（7）：224-225.

[4] 葉明勇，張永生，郭光燦.量子糾纏和量子操作［J］.中國科學：G 輯，2007，37（6）：716-722.

[5] 葉珍珍，范瓊，湯書昆.歐美量子科技政策及其背後相關科學家分析［J］.世界科技研究與發展，2021，43（01）：77-88.

[6] 王立娜，唐川，田倩飛，等.全球量子計算發展態勢分析［J］.世界科技研究與發展，2019，41（06）：569-584.

[7] 參考消息.日本公佈量子技術國家戰略草案［EB/OL］.（2022-04-08）.https://baijiahao.baidu.com/s?id=1729541613105966319&wfr=spider&for=pc.

[8] 郭國平.量子計算政策發展與應用研究綜述［J］.人民論壇・學術前沿，2021（07）：57-63.

[9] 芯智訊.達摩院公佈量子計算重大進展，新型量子比特挑戰傳統比特［EB/OL］.（2022-03-25）.https://xueqiu.com/2156146731/215194638.

[10] 光子盒.硅量子計算的重大突破，同時三篇論文實現 2Q 門保真度 99% 以上［EB/OL］.（2022-01-24）.https://baijiahao.baidu.com/s?id=1722817237254278089&wfr=spider&for=pc.

[11] 周武源，張雅群，許丹海，等.全球量子計算專利態勢分析［J］.中國發明與專利，2021，18（07）：35-43.

[12] 中國科學報.57 個量子比特！科學家造就迄今最大時間晶體［EB/OL］.

（2022-03-05）. https://m.thepaper.cn/baijiahao_16962276.

[13] 新華網. 最快！我國量子計算機實現算力全球領先［EB/OL］.（2020-12-04）. http://www.xinhuanet.com/2020-12/04/c_1126818952.htm.

[14] 瞭望智庫.「第二次量子革命」，會帶給我們什麼未來？［EB/OL］.（2021-12-22）. https://www.huxiu.com/article/483942.html.

[15] 環球網. 它只用了 200 秒就完成了超算 6 億年的計算量［EB/OL］.（2021-03-04）. https://baijiahao.baidu.com/s?id=1693259727008825134&wfr=spider&for=pc.

[16] Arthur Herman, Idalia Friedson. Quantum Computing: How to Address the National Security Risk［R/OL］. https://s3.amazonaws.com/media.hudson.org/files/publications/Quantum18FINAL4.pdf.

[17] 中國信通院. 量子通信技術應用與發展［EB/OL］.（2015-08-10）. http://www.caict.ac.cn/kxyj/caictgd/201804/t20180428_159157.htm.

[18] 量子客. 歐盟所有 27 個成員國承諾，共同建設歐盟的量子通信基礎設施［EB/OL］.（2021-07-29）. https://www.qtumist.com/post/18222.

[19] 光明日報. 我國構建全球首個星地量子通信［EB/OL］.（2021-01-08）. http://www.gov.cn/xinwen/2021-01/08/content_5577894.htm.

[20] 許華醒. 量子通信網絡發展概述［J］. 中國電子科學研究院學報，2014，9（03）：259-271.

[21] 港股解碼. 量子黑科技上升為國家戰略，量子通信概念股強勢大漲［EB/OL］.（2020-10-19）. https://www.jiemian.com/article/5134059.html.

[22] 腦極體. 偉大前程與技術難關：量子機器學習該如何走進現實？［EB/OL］.（2020-06-10）. http://xysti.cn/index.php?c=article&cateid=A0002&id=4805.

[23] CSDN. 機器學習框架 _ 谷歌開源 TensorFlow Quantum，用於訓練量子模型的機器學習框架［EB/OL］.（2020-12-08）. https://blog.csdn.net/weixin_39853590/article/details/111346278.

[24] 劉偉洋，于海峰，薛光明，等. 超導量子比特與量子計算［J］. 物理教學，2013，35（07）：2-5.

[25] 中國電子學會，眾誠智庫諮詢顧問（北京）有限公司，伏羲九針智能科技（北京）有限公司. 2021 全球腦科學發展報告［R］.2021.

[26] 國務院關於印發「十三五」國家科技創新規劃的通知［Z］.2016-08-08.

[27] 蒲慕明. 腦科學研究的三大發展方向［J］. 中國科學院院刊，2019，34（7）：807-813.

[28] Markram H, Meier K, et al. The Human Brain Project: A Report to the European Commission ［R］. Technical Report, 2012.

[29] 余山. 從腦網絡到人工智能 —— 類腦計算的機遇與挑戰 ［J］. 科技導報，2016，34（7）：75-77.

[30] 莫宏偉，叢垚. 類腦計算研究進展 ［J］. 導航定位與授時，2021，8（4）：53-67.

[31] 陳怡然，李海，陳逸中，等. 神經形態計算發展現狀與展望 ［J］. 人工智能，2018（2）：46-58.

[32] 王巍. 美歐積極發展新興類腦微處理器 ［J］. 中國集成電路，2014，23(11)：87-90.

[33] 王東輝，吳菲菲，王聖明，等. 人類腦科學研究計劃的進展 ［J］. 中國醫學創新，2019（7）：168-172.

[34] 張旭，劉力，郭愛克.「腦功能聯結圖譜與類腦智能研究」先導專項研究進展和展望 ［J］. 中國科學院院刊，2016，31（7）：737-746.

[35] 毛磊，姚保寅，黃旭輝，等. 類腦計算芯片技術發展及軍事應用淺析 ［J］. 軍事文摘，2021（7）：57-61.

[36] 施路平，裴京，趙蓉. 面向人工通用智能的類腦計算 ［J］. 人工智能，2020（1）：6-15.

[37] 張鑫. 類腦計算：未來技術和產業「鍛長板」突破口 ［J］. 新經濟導刊，2021（3）：18-21.

[38] Zhang, Y., Qu, P., Ji, Y. et al. A System Hierarchy for Brain-inspired Computing ［J］. Nature, 2020（586）：378-384.

[39] 陳子龍，程傳同，董毅博，等. 憶阻器類腦芯片與人工智能 ［J］. 微納電子與智能製造，2019（4）：58-70.

[40] Yao P., Wu H., Gao B., et al. Fully Hardware-implemented Memristor Convolutional Neural Network ［J］. Nature, 2020.

[41] 邊緣計算產業聯盟. 邊緣計算產業聯盟白皮書 ［R］.2016.

[42] 雷波. 整合多方資源 算力網絡有望實現計算資源利用率最優 ［J］. 通信世界，2020（8）：39-40.

[43] C114 通信網. 中國移動研究院發佈國內首個《算力感知網絡技術白皮書》［EB/OL］.（2019-12-10）［2022-04-12］. http://www.c114.com.cn/news/118/a1111108.html.

[44] 中國聯通網絡技術研究院. 中國聯通算力網絡白皮書 ［R］.2019.

[45] 中國聯合網絡通信有限公司.中國聯通算力網絡實踐案例（2021）[R].2021.

[46] 中國移動通信集團有限公司.中國移動算力網絡白皮書 [R].2021.

[47] 唐雄燕，張帥，曹暢.夯實雲網融合，邁向算網一體 [J].中興通訊技術，
2021，27（3）：42-46.

[48] 王禹蓉.中國聯通 — 華為算力網絡聯合創新實驗室廣東示範基地正式
成立 [EB/OL].（2021-09-29）[2022-04-12].http://www.cww.net.cn/
article?id=492078.

[49] 高瑞東，劉星辰.拜登刺激法案提升美國增長預期 [J].中國改革，2021
（5）：57-65.

[50] 王曉菲.《數字羅盤 2030》指明歐洲未來十年數字化轉型之路 [J].科技
中國，2021（6）：96-99.

[51] 中華人民共和國國民經濟和社會發展第十四個五年規劃和 2035 年遠景目標
綱要 [Z].2021-03-13.

[52] 關於加快構建全國一體化大數據中心協同創新體系的指導意見 [Z].2020-12-
23.

[53] 關於印發《全國一體化大數據中心協同創新體系算力樞紐實施方案》的
通知 [Z].2021-5-24.

[54] 工業和信息化部關於印發《新型數據中心發展三年行動計劃（2021 — 2023
年）》的通知 [Z].2021-07-04.

[55] 王若林.Uber 還是滴滴快的，誰更能體現共享經濟的未來？[J].
互聯網周刊，2015（10）：22-23.

[56] MEEKER M. Internet Trends 2017 [R/OL].2017. https://www.kleinerperkins.
com/perspectives/internet-trends-report-2017.

[57] IT 桔子.2020 — 2021 中國新經濟十大巨頭投資佈局分析報告 [R].2021.

[58] 孟天廣.政府數字化轉型的要素、機制與路徑 —— 兼論「技術賦能」與「技
術賦權」的雙向驅動 [J].治理研究，2021，37（01）：5-14+2.

[59] 趙崢.地方數字治理：實踐導向、主要障礙與均衡路徑 [J].重慶理工大學
學報（社會科學），2021，35（04）：1-7.

[60] 趙亮.數字治理視角下地方政府公共服務能力提升路徑研究 —— 以 Z 市為
例 [D].南寧：廣西大學，2020.

[61] 萬相昱，蘇萌.數字化治理：大數據時代的社會治理之道 [EB/OL].（2020-12-
10）.https://www.sohu.com/a/437462119_100016190.

[62] 張建峰.數字治理：數字時代的治理現代化［M］.北京：電子工業出版社，2021.

[63] 徐繼華，馮啟娜，陳貞汝.智慧政府：大數據治國時代的來臨［J］.中國科技信息，2014（Z1）：108.

[64] 鬱建興，高翔.以數字化改革提升政府治理現代化水平［EB/OL］.（2022-03-07）.https://nic.zjgsu.edu.cn/2022/0307/c2953a118613/page.htm.

[65] 羅敏，張佳林，陳輝.政府職能轉變與政府建設的三維路向［J］.社會科學家，2021（05）：145-149.

[66] 岳嵩.新時代政府職能轉變的四個向度［J］.人民論壇，2019（11）：50-51.

[67] 陳水生.公共服務需求管理：服務型政府建設的新議程［J］.江蘇行政學院學報，2017（01）：109-115.

[68] 陳文.政務服務「信息孤島」現象的成因與消解［J］.中國行政管理，2016（07）：10.

[69] 任豪.數字經濟的信用監管［EB/OL］.（2019-12-19）.https://credit.yuncheng.gov.cn/doc/2019/12/19/2178.shtml.

[70] 吳晶妹.我國信用服務體系未來：「五大類」構想與展望［J］.徵信，2019，37（08）：7-10+92.

[71] 毛振華，陳靜.數據要素市場化的核心［EB/OL］.（2021-07-09）.http://k.sina.com.cn/article_5367424460_13fec65cc01900veap.html.

[72] 吳曉靈.構建面向數字時代的金融科技監管框架［EB/OL］.（2021-11-16）https://baijiahao.baidu.com/s?id=1716573863307778742&wfr=spider&for=pc.

[73] 麥肯錫.三大創新打造國際一流的營商環境［EB/OL］.https://www.mckinsey.com.cn/三大創新打造國際一流的營商環境/.

[74] 騰訊研究院.「監管沙盒」—— 開啟數字治理探索之路［EB/OL］.（2021-03-05）.https://new.qq.com/rain/a/20210305A0BUXY00.

[75] 薛洪言.監管沙盒有何局限性？［EB/OL］.（2020-02-16）.https://baijiahao.baidu.com/s?id=1658663098540098454&wfr=spider&for=pc.

後記

　　近年來，互聯網、大數據、雲計算、人工智能、區塊鏈等技術日新月異，不斷為人類社會提供新的勞動工具和勞動方法，不斷拓展人類社會經濟系統的存在空間。人類社會從單一的物質的實體世界，逐漸走向了實體與數字兩個維度融合發展的全新時代。在數字時代中，社會經濟系統的基礎規則在發生改變，人類亟須對這一融合系統的規律進行觀察、總結，並進而創新出具有中國特色、世界領先的新經濟理論體系，也就是數字經濟理論體系。雖然經典經濟學的一些基本原理依然適用於實體數字系統，但因為人類社會系統底層特徵的改變，這些基本原理也需要補充和發展。尋找「實體＋數字」社會經濟系統的內在規律，也就成為數字經濟理論體系的發展方向。

　　從一般意義上來看，西方經濟理論與西方千百年來形成的哲學思想是一致的，都充分體現了還原論對世界本源的認知途徑。這種分解式的思維模式與工業時代所需要的大規模機械化生產有着天然的契合，因此按照這種思維模式所總結出的經濟、管理、治理理論，也都有着工業分工的痕跡，是對當時生產關係的觀察、總結和推理。隨着數字生產力的普及，人類對世界的認知方式又開始從局部走向整體，我們可以藉助數字技術觀察到系統中每個細微部分之間的數據聯繫，而這種聯繫在工業時代因其微不足道而往往被忽略。這些聯繫一旦被發現，就可以在數字系統中不斷被增強，從而變得不可被忽略，甚至成為主宰系統的新要素。所以，數字技術讓人類社會開始進入系統論主宰的時代，系統思維成了建設數字經濟的主

要思維方式。不難發現，中國傳承千年的哲學思想就是以系統論為主的，無論是老子、莊子還是孔子、孟子，都在天地人的系統中尋找世界的自然規律。近現代以來，從毛澤東思想到鄧小平理論，再到「三個代表」重要思想、科學發展觀，以及習近平提出的新時代中國特色社會主義思想，都充分體現了系統思維模式，因此也是指引數字經濟發展的重要理論。正是這種思維模式的一致性，中國在構建數字經濟理論體系、探索數字經濟發展路徑上會有一定的優勢。中國政府準確把握了數字經濟的思維模式和發展方向，在理論和實踐上都已經做了具有前瞻性和卓有成效的工作。

2000 年習近平在福建工作期間就提出了建設「數字福建」，2003 年在浙江工作期間又提出建設「數字浙江」。2016 年在十八屆中央政治局第三十六次集體學習時強調要做大做強數字經濟、拓展經濟發展新空間；同年在二十國集團領導人杭州峰會上首次提出發展數字經濟的倡議，得到各國領導人和企業家的普遍認同；2017 年在十九屆中央政治局第二次集體學習時強調要加快建設數字中國，構建以數據為關鍵要素的數字經濟，推動實體經濟和數字經濟融合發展；2018 年在中央經濟工作會議上強調要加快 5G、人工智能、工業互聯網等新型基礎設施建設；2021 年習近平在致世界互聯網大會烏鎮峰會的賀信中指出，要激發數字經濟活力，增強數字政府效能，優化數字社會環境，構建數字合作格局，築牢數字安全屏障，讓數字文明造福各國人民。中共十八屆五中全會提出，實施網絡強國戰略和國家大數據戰略，拓展網絡經濟空間，促進互聯網和經濟社會融合發展，支持基於互聯網的各類創新。中共十九大提出，推動互聯網、大數據、人工智能和實體經濟深度融合，建設數字中國、智慧社會。中共十九屆五中全會提出，發展數字經濟，推進數字產業化和產業數字化，推動數字經濟和實體經濟深度融合，打造具有國際競爭力的數字產業集群。中國出台了《網絡強國戰略實施綱要》《數字經濟發展戰略綱要》，從國家層面部署推動數字經濟發展。這些戰略佈局和實踐，充分體現了中國的系統哲學體系與數字經濟發展的高度一致性，也揭示了數字經濟在中國社會經濟系統中會得到大發展的必然性。

　　習近平在《不斷做強做優做大我國數字經濟》一文中進一步強調,「綜合判斷,發展數字經濟意義重大,是把握新一輪科技革命和產業變革新機遇的戰略選擇。一是數字經濟健康發展,有利於推動構建新發展格局。構建新發展格局的重要任務是增強經濟發展動能、暢通經濟循環。數字技術、數字經濟可以推動各類資源要素快捷流動、各類市場主體加速融合,幫助市場主體重構組織模式,實現跨界發展,打破時空限制,延伸產業鏈條,暢通國內外經濟循環。二是數字經濟健康發展,有利於推動建設現代化經濟體系。數據作為新型生產要素,對傳統生產方式變革具有重大影響。數字經濟具有高創新性、強滲透性、廣覆蓋性,不僅是新的經濟增長點,而且是改造提升傳統產業的支點,可以成為構建現代化經濟體系的重要引擎。三是數字經濟健康發展,有利於推動構築國家競爭新優勢。當今時代,數字技術、數字經濟是世界科技革命和產業變革的先機,是新一輪國際競爭重點領域,我們一定要抓住先機、搶佔未來發展制高點」。

　　《數字經濟的內涵與路徑》這本書的最初構想就是在中國近些年在數字經濟領域的偉大實踐的基礎上,總結提煉中國數字經濟發展的一般規律,分析解決遇到的一些問題,討論提出一些可能的發展方向。三位作者雖然分別來自政、研、產三個領域,但都具有統一的數字思維模式和對中國數字經濟發展的共同認知,並由此形成了本書的邏輯架構和理論體系。本書的很多總結和表述都來自著者多年來的實踐工作,這些觀點在當時特定的環境中有一定的正確性,但也難免會失之偏頗,敬請讀者諒解。

　　2022 年 4 月 25 日,習近平在中國人民大學考察時強調,「加快構建中國特色哲學社會科學,歸根結底是建構中國自主的知識體系」。數字經濟已經成為建構中國自主知識體系的重要領域,只要我們堅持以中國為觀照、以時代為觀照,立足中國實際,解決中國問題,努力把中華優秀傳統文化思想與數字技術相結合,在中國海量數據和豐富應用場景優勢基礎上,不斷推進數字經濟領域的知識創新、理論創新、方法創新,具有中國

特色的數字經濟理論就一定可以屹立於世界學術之林。

　　本書的部分案例由百度集團、騰訊公司、京東消費及產業發展研究院、阿里雲提供，正是這些數字經濟先行者的努力探索，為中國數字經濟的發展奠定了堅實的基礎，他們在數字產業化、產業數字化領域的很多實踐也是本書理論總結的基礎，在此對他們的智慧貢獻表示感謝！

數字經濟的內涵與路徑

黃奇帆　朱巖　邵平　著

責任編輯　李夢珂
裝幀設計　鄭喆儀
排　　版　黎　浪
印　　務　劉漢舉

出版　開明書店
　　　香港北角英皇道 499 號北角工業大廈一樓 B
　　　電話：（852）2137 2338 傳真：（852）2713 8202
　　　電子郵件：info@chunghwabook.com.hk
　　　網址：http://www.chunghwabook.com.hk

發行　香港聯合書刊物流有限公司
　　　香港新界荃灣德士古道 220-248 號
　　　荃灣工業中心 16 樓
　　　電話：（852）2150 2100 傳真：（852）2407 3062
　　　電子郵件：info@suplogistics.com.hk

印刷　中華商務彩色印刷有限公司
　　　香港新界大埔汀麗路 36 號中華商務印刷大廈 14 樓

版次　2024 年 1 月初版
　　　© 2024 開明書店

規格　16 開（240mm×160mm）

ISBN　978-962-459-291-7